Petra Hampel/Franz Petermann

Anti-Streß-Training für Kinder

Materialien
für die
klinische Praxis

Herausgegeben von
Martin Hautzinger und Franz Petermann

Petra Hampel/Franz Petermann

Anti-Streß-Training
für Kinder

BELTZ

PsychologieVerlagsUnion

Anschrift der Autoren:
Dr. Petra Hampel
Zentrum für Rehabilitationsforschung
Universität Bremen
Grazer Str. 2 und 6
28359 Bremen
e-mail: petra@uni-bremen.de

Prof. Dr. Franz Petermann
Zentrum für Rehabilitationsforschung
Universität Bremen
Grazer Str. 2 und 6
28359 Bremen
e-mail: fpetermann@uni-bremen.de

Lektorat: Karin Ohms

Herausgeber der Reihe „Materialien für die klinische Praxis"
Prof. Dr. Martin Hautzinger
Universität Tübingen
Psychologisches Institut
Abteilung für Klinische und Physiologische Psychologie
Reutlinger Str. 12
72072 Tübingen

Prof. Dr. Franz Petermann
Zentrum für Rehabilitationsforschung
Universität Bremen
Grazer Str. 6
28359 Bremen

Umschlaggestaltung: Dieter Vollendorf, München
Druck und Bindung: Druckhaus „Thomas Müntzer" GmbH, Bad Langensalza
Printed in Germany
Gedruckt auf säurefreiem Papier

© 1998 Psychologie Verlags Union, Weinheim

ISBN 3-621-27392-1

Inhaltsverzeichnis

Vorwort

Das vorliegende Buch stellt eine wichtige Ergänzung unserer symptomorientierten Verhaltenstrainings dar (vgl. z.B. das Training mit aggressiven Kindern). Das Anti-Streß-Training (AST) repräsentiert ein Präventionsprogramm der Altersgruppe von acht bis 13 Jahren. Das Programm ist ambulant und stationär einsetzbar, da für die Anwender vier Versionen des AST vorliegen, die ein praxisnahes und flexibles Vorgehen ermöglichen. Das AST kann auch mit anderen Programmen kombiniert werden, so zum Beispiel mit symptomspezifischen Verhaltenstrainings und Patientenschulungsansätzen.

In den Abschnitten 3 bis 6 befinden sich die Instruktionen der vier Trainingsversionen und die Arbeitsmaterialien für das Anti-Streß-Training. Bei jeder Trainingsversion erfolgt zunächst eine tabellarische Stundenübersicht, gefolgt von den Instruktionen. Abschließend sind die trainingsspezifischen Arbeitsmaterialien aufgeführt. Die Arbeitsmaterialien für die Kinder gliedern sich auf in allgemeine Arbeitsmaterialien (Abschnitt 7.1) und in Arbeitsblätter (Abschnitt 7.2). Zur Orientierung sind die Arbeitsmaterialien zusätzlich in der Tabelle 7.1 dargestellt worden. Auf den Arbeitsblättern wurde zusätzlich angegeben, in welchen Trainingssitzungen die Arbeitsblätter benutzt werden. Zur Vereinfachung wurden in allen Instruktionen die Handlungsanweisungen und die verbalen Instruktionen in unterschiedlichen Schriften gedruckt.

Bei der Entwicklung des AST unterstützten uns viele Helfer, bei denen wir uns herzlich bedanken möchten. So gestaltete Herr Dipl.-Ing. Gerd Ostermann die Arbeitsmaterialien und unsere studentischen Hilfskräfte, Boris Dickow und Astrid Schwarz, sowie unsere Diplomandinnen, Martina Faiß, Nicole Gerken, Karin Haneberg und Michaela Pawlowski, beteiligten sich bei der Materialentwicklung unter Durchführung des Trainings. Herr Michael Schuster entwarf die Karten „Positive Selbstinstruktionen". Frau Gerlinde Aden bearbeitete unser Manuskript und glich die verschiedenen Versionen des AST ab.

Die Kinder und Eltern, die sich an unserem AST beteiligt haben, erfüllten unser Vorgehen mit Leben und regten uns zu Veränderungen im praktischen Vorgehen an. Wir wünschen allen „Streßgeplagten", daß sie das AST mit Freude und Gewinn umsetzen können.

Bremen, im Frühjahr 1998

Petra Hampel und Franz Petermann

1 Grundlagen

1.1 Einleitung und Übersicht

Schon Kinder erleben in einem hohen Ausmaß Streß und weisen sogar starke psychische wie physische Beanspruchungssymptome auf (vertiefend s. Arnold, 1990; LaGreca, Siegel, Wallander & Walker, 1992; Seiffge-Krenke, 1995): Sie fühlen sich oftmals angespannt, nervös, unwohl und ängstlich. Darüber hinaus geben sie sehr oft Schlafschwierigkeiten sowie Appetitlosigkeit an und klagen sehr häufig über Kopf- sowie Bauchschmerzen (Lohaus, Fleer, Freytag & Klein-Heßling, 1996). Weitere Studien ergaben alarmierende Zahlen: 32% der zwölf- bis 17jährigen Schüler nehmen einmal pro Woche Medikamente gegen Streß (Nordlehne, Hurrelmann & Holler, 1990). Werden die Kinder über die Ursachen dieser Beanspruchungssymptome befragt, können sie jedoch meist keine Auslöser benennen (Lohaus, 1990).

In vielen Studien hat sich ergeben, daß das Streßerleben von Kindern und Jugendlichen mit schul- und leistungsbezogenen Problemen in Beziehung steht (zusammenfassend s. Lohaus et al., 1996; Ziegler, 1996). Dies stimmt mit der Annahme überein, daß die Kinder in der heutigen Zeit schon in dieser frühen Entwicklungsphase gute schulische Leistungen erbringen müssen, um später auch den Zugang zu einer anerkannten beruflichen Qualifikation zu erhalten (vgl. Ziegler, 1996). Allerdings wissen sie wenig über die Möglichkeiten, wie sie Streß erfolgreich bewältigen können (Lohaus, 1990). Bisherige Programme zum Streßabbau im Kindesalter haben vorwiegend Entspannungsmethoden, wie zum Beispiel Autogenes Training, eingesetzt. Diese Verfahren können sicher streßbezogene Anspannungen vermindern, sie sind aber keine Hilfen für einen langfristigen erfolgreichen Umgang mit Streß. Multimethodale Streßbewältigungstrainings, wie sie im Erwachsenenbereich in einer Vielzahl entwickelt wurden, liegen jedoch für das Kindes- und Jugendalter kaum vor. Während im englischsprachigen Raum einige Ansätze formuliert wurden, ist im deutschsprachigen Raum bislang nur ein präventives Streßbewältigungsprogramm für Kinder im Grundschulalter entwickelt und evaluiert worden (Klein-Heßling & Lohaus, 1997).

Mit dem Anti-Streß-Training (AST) liegt ein kognitiv-behaviorales Streßmanagementtraining für Kinder im Alter von acht bis 13 Jahren vor. Es hat zum Ziel, den Kindern Selbstkontrollfertigkeiten zu vermitteln, um insbesondere schulbezogene Belastungen kurz- und langfristig besser bewältigen zu können. Das Training vermittelt den Kindern verschiedene Techniken zum Streßabbau: Zunächst sollen die Kinder lernen, welche Belastungssituationen und -reaktionen auftreten können, so daß sie Belastungen besser erkennen können. Weiterhin lernen die Kinder anhand von Videos, günstige von ungünstigen Bewältigungsmaßnahmen zu unterscheiden. Abschließend werden günstige Verhaltensweisen aufgebaut: So werden unter anderem auch Entspannungsverfahren eingeübt. In diesem Buch wird eine kindgerechte Version der Progressiven Muskelrelaxation angeboten, die mit Hilfe von Audiokassetten auch zu Hause durchgeführt werden kann. In Spielen werden positive Selbstinstruktionen gelernt und in Rollenspielen vielfältige günstige Bewältigungsstrategien vermittelt.

Im AST wird auch das Verhalten in „Streß-Pausen" besprochen, denn oft ist Kindern nicht bewußt, wie sie Erholungsphasen besser nutzen können. Dies basiert auf Erkenntnissen, daß für eine Entstehung von Beanspruchungssymptomen nicht allein entscheidend ist, wie die Belastungssituation an sich gemeistert wird, sondern wie die Abfolge von Erholung und Belastung gestaltet ist (vgl. Allmer, 1996; Stoyva & Carlson, 1993; Wieland-Eckelmann, Allmer, Kallus & Otto, 1994). Haben sich die Kinder noch nicht von einer Belastung erholt, bevor sie mit der nächsten Belastungssituation konfrontiert werden, sind sie anfälliger gegenüber weiteren Stressoren.

Die Anwendungsbereiche des AST sind deswegen besonders vielfältig, weil es in vier verschiedenen Varianten vorliegt. Neben zwei Kurzversionen sind außerdem zwei Versionen als intensive kognitiv-behaviorale Streßbewältigungsprogramme entwickelt worden. Die Kurzversionen erstrecken sich über zwei (ohne Entspannung) und vier Sitzungstermine (mit Entspannung) und können als Modul in Verhaltenstrainings und als primär-präventive Maßnahme angewandt werden. Die als intensives Training entwickelten Varianten umfassen sechs (ohne Elternbeteiligung) oder acht Sitzungstermine (mit Elternbeteiligung) und können als Verhaltenstraining zur Bewältigung krankheitsbezogener psychosozialer Belastungen oder als Maßnahme zur Sekundärprävention durchgeführt werden. In den Kurzversionen lernen die Kinder Techniken, mit denen sie unmittelbar mit aktuellen Belastungssituationen besser umgehen können. Ein Beispiel hierfür ist das Erlernen von positiven Selbstinstruktionen. Aspekte einer langfristigen Streßbewältigung (z.B. durch Problemlöseverhalten) werden in diesen beiden Kurzvarianten zwar schon erarbeitet, können aber erst in den beiden intensiven Programmen umfassend berücksichtigt werden. Diese Trainingsvarianten haben zum Ziel, vielfältige günstige Bewältigungsmaßnahmen aufzubauen.

Das AST ist im Schwerpunkt ein personenbezogenes Streßbewältigungsprogramm. Es wurde jedoch ein Trainingsbaustein entwickelt, der die Eltern einbezieht. Durch die aktive Beteiligung eines Elternteils in der achtstündigen Version wird erreicht, daß die Eltern die Perspektive ihrer Kinder übernehmen. Hierdurch wird es möglich, daß die in der Literatur berichteten Unterschiede in der Wahrnehmung der Stressoren, der Beanspruchungssymptome und der Effektivität der Bewältigungsmaßnahmen vermindert werden (vgl. Seiffge-Krenke, Roth & Kollmar, 1997; Trad & Greenblatt, 1990).

Das Buch ist in drei große inhaltliche Abschnitte unterteilt: Zunächst wird der theoretische Hintergrund ausgeführt und danach eine Übersicht über das Vorgehen gegeben. Abschließend werden die Programmvarianten dargestellt. Hier befinden sich die vier unterschiedlichen Trainingsmanuale mit den trainingsspezifischen Arbeitsmaterialien. Um Überschneidungen zu vermeiden, wurden die übergreifenden Trainingsmaterialien gesondert in einem Unterabschnitt zusammengefaßt. Abschließend erfolgt die Beschreibung des Elternabends mit den dazugehörigen Arbeitsmaterialien.

1.2 Psychologische Streßkonzepte

Der Begriff „Streß" wird im Alltag sehr häufig benutzt, wobei er allerdings zu undifferenziert verwendet wird. Selbst in der Streßforschung gelang es bislang nicht, eindeutige Aussagen aus einer Fülle von Ergebnissen abzuleiten. So konnte der Begriff „Streß" noch nicht allgemein gültig definiert werden (vgl. Kallus, 1992).

Die uneinheitliche Verwendung des Begriffs ist überwiegend darin begründet, daß der Forschungsgegenstand von unterschiedlichen Disziplinen untersucht wird. So kann sich Streß auf direkte Einwirkungen schädlicher Reize, körperliche Anstrengung, subjektive Bedrohung, physiologische Reaktionsmuster oder aber auf bestimmte psychische Zustände beziehen.

Alle unterschiedlichen Streßkonzepte gehen jedoch von einer *Organismus-Umwelt-Adaptation* aus. So präzisiert Nitsch (1981, S. 40): „Streß ist mit Situationen verbunden, in denen sich ein Anpassungsproblem stellt, man also einen erreichten, aber gefährdeten Anpassungszustand verteidigen, sich an neue oder veränderte Umweltgegebenheiten anpassen, gegen Widerstände sein eigenes Leben gestalten muß".

Übereinstimmend mit der neueren Literatur soll Streß im vorliegenden Buch als relationaler Begriff verstanden werden (vgl. Lazarus, 1991; Lazarus & Launier, 1981). Hierbei stellt *Belastung* (englisch „load") die von der Umwelt auf das Individuum einwirkende Kraft und *Beanspruchung* (englisch „strain") die resultierende Belastungsreaktion dar, dagegen wird *Streß* als vermittelnder Prozeß verstanden, der die Beziehung zwischen den Belastungsdimensionen und den Charakteristika der Objekte beschreibt.

In der Literatur werden verschiedene streßtheoretische Ansätze unterschieden (zusammenfassend s. Hampel & Petermann, 1997; vertiefend s. Goldberger & Breznitz, 1993; Schwarzer, 1993). Unsere Konzeptbildung bezieht sich auf die psychologische Streßkonzeption von R.S. Lazarus (Lazarus & Folkman, 1986; Lazarus & Launier, 1981). Lazarus nimmt eine wechselseitige Person-Umwelt-Auseinandersetzung an, in der sowohl die Person aktiv handelnd auf die Umwelt einwirkt als auch die Umwelt auf das Verhalten der Person. Somit trägt die Person aktiv zum Streß- und Bewältigungsgeschehen bei. Darüber hinaus postuliert Lazarus, daß diese Interaktion einen prozeßhaften Charakter aufweist, indem die streßvolle Auseinandersetzung einem dynamischen Anpassungsprozeß entspricht. Dies bezeichnet Lazarus als „transaktional".

Lazarus definiert hierbei (Übersetzung; Lazarus & Folkman, 1986, S. 63):

> *„Psychologischer Streß* bezieht sich auf eine Beziehung mit der Umwelt, die vom Individuum im Hinblick auf sein Wohlergehen als bedeutsam bewertet wird, aber zugleich Anforderungen an das Individuum stellt, die dessen Bewältigungsmöglichkeiten beanspruchen oder überfordern."

In der Definition werden die beiden wesentlichen Bestimmungsstücke der Theorie benannt: Das Bewertungs- und das Bewältigungskonzept (vgl. Abb. 1.1).
Die Person-Umwelt-Beziehung wird durch kognitive *Bewertungsprozesse* bestimmt, die sich auf

*   das Wohlbefinden der Person (primäre Bewertung; nach Schwarzer, 1993: Ereigniseinschätzung),
*   die verfügbaren Bewältigungsfähigkeiten und -möglichkeiten (sekundäre Bewertung; nach Schwarzer, 1993: Ressourceneinschätzung) und
*   Neubewertungen der sich verändernden Auseinandersetzung beziehen.

Bei den *primären Bewertungen* schätzt die Person die Anforderungen als irrelevant, positiv oder streßhaft ein.

Es werden drei Arten von streßbezogenen Transaktionen unterschieden:

*   Schaden/Verlust,
*   Bedrohung und
*   Herausforderung.

Vergangenheits- bzw. gegenwartsorientiert ist der Schaden/Verlust, der sich auf eine bereits eingetretene Beeinträchtigung bezieht. Dagegen sind Bedrohung und Herausforderung zukunftsorientiert. Bei einer Bedrohung wird eine Schädigung erwartet, während bei einer Herausforderung die erfolgreiche Bewältigung einer risikoreichen oder schwierigen Situation möglich scheint.
Alle drei streßbezogenen Transaktionen beeinträchtigen das Wohlbefinden negativ: Die Einschätzung als

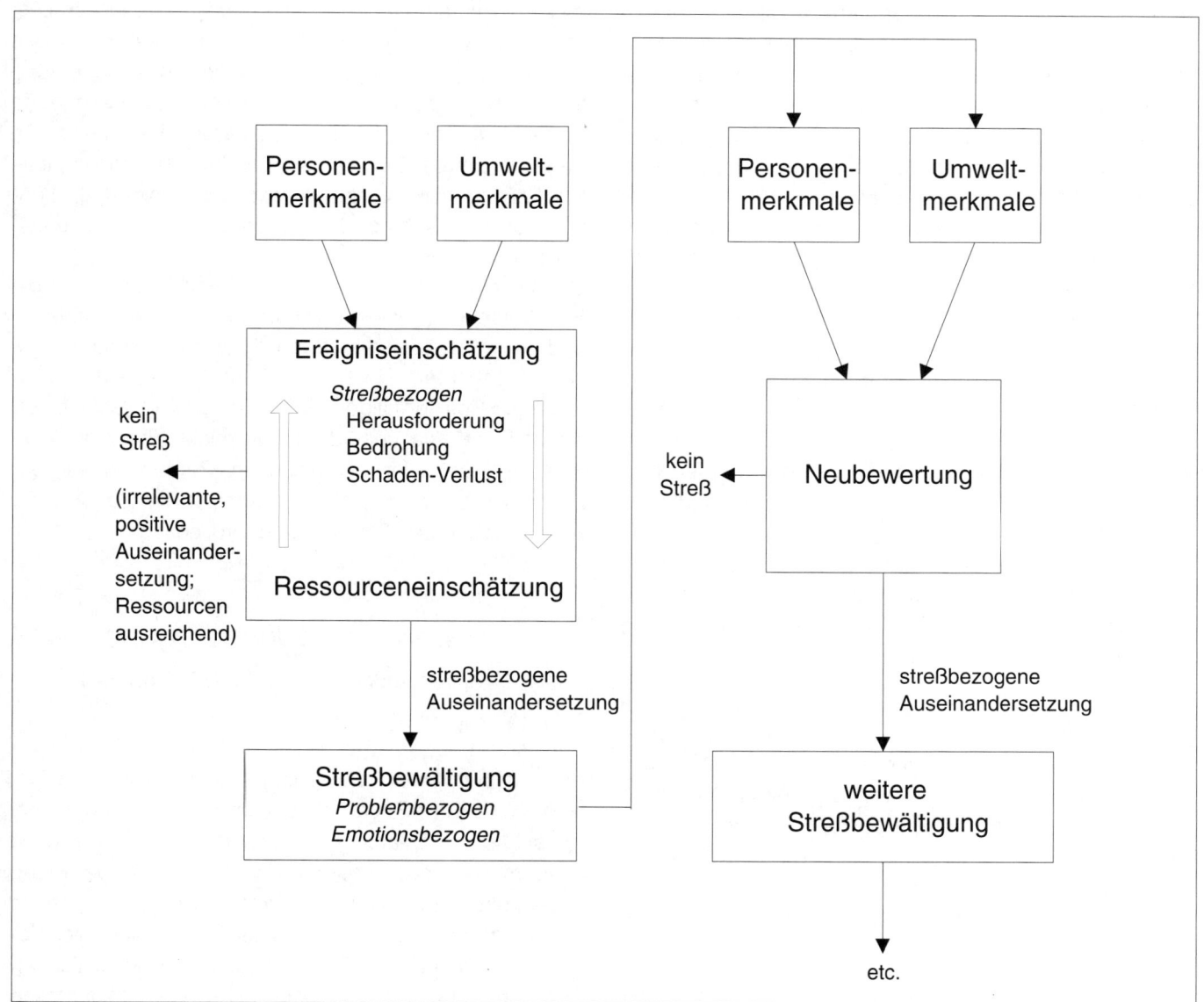

Abbildung 1.1: Streß und Streßbewältigung aus transaktionaler Perspektive nach Lazarus (entnommen aus Hampel & Petermann, 1997, S. 58).

Bedrohung oder Schaden/Verlust soll mit Emotionen negativer Valenz einhergehen. So wird Angst erlebt, wenn eine streßbezogene Auseinandersetzung als bedrohlich bewertet wird. Dagegen ist die Herausforderung allein mit unspezifischer Erregung verbunden.

Ob eine Person eine Situation als bedrohlich oder herausfordernd bewertet, hängt wesentlich davon ab, ob sie überzeugt ist, die Situation bewältigen zu können. Dieser Aspekt ist für ein Streßbewältigungstraining von Bedeutung: Erwartet die Person eine mißlungene Bewältigung der Belastungssituation, wird sie Angst erleben und diese Situation meiden. Erwartet sie dagegen eine erfolgreiche Bewältigung, ist ihre Motivation zur positiven Bewältigung der streßbezogenen Auseinandersetzung erhöht (vgl. Ziegler, 1996).

Bewertet eine Person die Transaktion als streßhaft, so werden Bewältigungsmaßnahmen mobilisiert. Hierzu erfolgt eine Bewertung der Bewältigungsfähigkeiten und -möglichkeiten, die als *sekundärer Bewertungsprozeß* bezeichnet wird. Die Ressourcen bestehen in Fertigkeiten und Fähigkeiten der Person psychologischer und physischer Art, aber auch im Vorhandensein sozialer Unterstützung (vgl. Schwarzer, 1993).

Die primären und die sekundären Bewertungsprozesse folgen nicht unbedingt zeitlich aufeinander. Sie können sich sogar wechselseitig beeinflussen, so daß die sekundäre Bewertung für die Ausformung der primären Einschätzungsprozesse bedeutsam sein kann. So ist eine streßvolle Transaktion beendet, wenn die Ressourcen die situativen Anforderungen überschreiten.

Diese Bewertungen unterliegen dabei einem andauernden „Rückkopplungsprozeß": *Neubewertungen* werden auf der Grundlage neu eingehender Informationen vorgenommen.

Der sekundäre Bewertungsprozeß bestimmt auch die Auswahl der *Bewältigungsmaßnahmen*. Hierbei definieren Lazarus und Launier (1981, S. 244) Bewältigung wie folgt:

> „*Bewältigung* besteht sowohl aus verhaltensorientierten als auch intrapsychischen Anstrengungen, mit umweltbedingten und internen Anforderungen sowie den zwischen ihnen bestehenden Konflikten fertig zu werden (d.h. sie zu meistern, zu tolerieren, zu reduzieren, zu minimieren), die die Fähigkeiten einer Person beanspruchen oder übersteigen."

Die Bewältigungsmaßnahmen werden nach ihrer Funktion in zwei Kategorien unterschieden: Im Falle einer *„instrumentellen"* oder *„problembezogenen Be-*

wältigung" wird die streßvolle Auseinandersetzung direkt verändert, indem entweder die Umwelt verändert wird (z.B. durch eine Umorganisation des Umfeldes) oder sich die Person an die Umwelt anpaßt (z.B. durch eine Veränderung von Zielen oder Überzeugungen). Dagegen werden bei der *„palliativen"* oder *„emotionsbezogenen Bewältigung"* streßbegleitende Emotionen, wie Angst, Zorn oder Depression, reguliert. Eine emotionsregulierende selbstbezogene Bewältigung wäre zum Beispiel die Bagatellisierung der Situation, während eine emotionsregulierende umweltbezogene Bewältigung zum Beispiel im Ausdruck von Ärger bestehen könnte.

Die Effektivität der Streßbewältigung hängt wieder von Merkmalen der Situation und der Person ab, wie der Kontrollierbarkeit der Situation oder dem Motivationsmuster bzw. der Kontrollüberzeugung der Person. Diesem in Erweiterungen der Theorie formulierten Bewältigungskonzept wird von Lazarus eine große Bedeutung für die Anpassungsfolgen der Person zugeschrieben (Lazarus & Folkman, 1984). Lazarus räumt zwar ein, daß bestimmte Bewältigungsformen das individuelle Erkrankungsrisiko erhöhen oder aber erniedrigen können, allerdings sind die Aussagen zu Anpassungserkrankungen nicht präzise.

Das psychologische Streßkonzept von Lazarus hat die Streßforschung theoretisch außerordentlich angeregt und den Blick auf die psychologischen Vermittlerprozesse gerichtet. Noch heute ist die kognitiv-transaktionale Position allgemein akzeptiert (vgl. Schwarzer, 1993, S. 14), da über die Berücksichtigung kognitiver Prozesse und der dynamischen Person-Umwelt-Beziehung ein umfassenderer theoretischer Zugang zur Beschreibung des Streßgeschehens gelingt.

1.3 Streß und Streßbewältigung bei Kindern und Jugendlichen

Erst seit neuerer Zeit findet in der Forschung im Bereich der Klinischen Psychologie nicht nur die Beschreibung und Erklärung psychischer Störungen bei Erwachsenen Beachtung, sondern es werden auch zunehmend Erklärungsmodelle für das Kindes- und Jugendalter entwickelt (vgl. Petermann, 1997a; b). In dieser jungen Disziplin, der Klinischen Kinderpsychologie, wurden jedoch bislang Aspekte einer klinischen Streßforschung vernachlässigt. Erste epidemiologische Untersuchungen zeigen aber, daß Kinder und Jugendliche durchaus Streß erleben und schon starke Beanspruchungssymptome aufweisen (vertiefend s. Arnold, 1990; Hurrelmann, 1990; 1995; LaGreca et al., 1992; Seiffge-Krenke, 1995). Analog zu Befunden in der Streßforschung bei Erwachsenen (zusammenfassend s. Krohne, 1997) hat sich in den wenigen Untersuchungen mit Kindern gezeigt, daß die Beziehung zwischen kritischen Lebensereignissen und psychologischen Beeinträchtigungen jedoch nicht eindeutig ist (vgl. Mellins, Gatz & Baker, 1996). Hier liegen interindividuelle Unterschiede vor, die insbesondere dadurch erklärt werden können, daß die Kinder unterschiedliche Streßbewältigungsstrategien einsetzen. Somit kann auch im Kindes- und Jugendalter die Streßbewältigung als ein wesentlicher Schutzfaktor bei psychischen Belastungen angesehen werden.

Erste Hinweise wurden gefunden, um Belastungssituationen, Beanspruchungssymptome und präferierte Bewältigungsmaßnahmen beschreiben zu können:

Hinsichtlich der *Belastungssituationen* hat eine Untersuchung von Lohaus (1990) ergeben, daß 72% der sieben- bis elfjährigen Grundschüler über eigene Streßerlebnisse berichten, die mit Situationen überwiegend im schulischen und leistungsbezogenen Kontext in Verbindung stehen. Spirito, Stark, Grace und Stamoulis (1991) führen aus, daß Kinder im Alter von neun bis 13 Jahren folgende vier allgemeine Stressoren benennen:

- die schulische Situation,
- Geschwister-Konflikte,
- Eltern/Kind-Konflikte und
- Streit mit den Freunden.

Silverman, LaGreca und Wasserstein (1995) untersuchten bei sieben- bis zwölfjährigen Kindern, worüber sich die Kinder sorgen. Die Kinder berichteten über Besorgnis, der kognitiven Komponente der Ängstlichkeit (vgl. Spielberger, Gonzalez, Taylor, Algaze & Anton, 1978), vor allem in den folgenden drei Bereichen:

- Schule,
- Gesundheit und
- persönlicher Schaden.

Sears und Milburn (1990) fassen die Befunde der bislang untersuchten allgemeinen Stressoren so zusammen, daß sich die Stressoren von der Schulangst über die Angst vor Zahnbehandlungen bis hin zu familiären Konflikten erstrecken. Die Autoren betonen jedoch, daß die meisten Stressoren im schulischen Kontext anzusiedeln sind, wie Durchfallen durch eine Arbeit, Unfähigkeit, die Schulhausaufgaben fertigzustellen, oder der elterliche Leistungsdruck. Auch Kiselica, Baker, Thomas und Reedy (1994) schlußfolgern aus den Befunden zu den schulischen Belastungen, daß die

„schulische Umgebung eine Quelle von angstinduzierenden Reizen" darstellt.

Darüber hinaus zeigen Untersuchungen auf, daß Kinder unter Belastung starke *Beanspruchungssymptome* entwickeln: So konnte bei chronisch belasteten Kindern nachgewiesen werden, daß physiologische, emotionale und verhaltensmäßige Anzeichen zu beobachten sind (vgl. Banez & Compas, 1990). Die Autoren konnten einen positiven Zusammenhang zwischen der Anzahl belastender Lebensereignisse und der berichteten Angst- und depressiven Symptome aufzeigen. Greene, Walker, Hickson und Thompson (1989) konnten sogar zeigen, daß sich Patientengruppen im Alter zwischen elf und 19 Jahren mit körperlichen Beschwerden anhand der kritischen Lebensereignisse differenzieren lassen. So berichteten Patientengruppen mit psychisch bedingten Rückenschmerzen, Verhaltensauffälligkeiten bzw. stabilen chronischen Erkrankungen mehr negative Lebensereignisse im Vergleich zu Patientengruppen mit einer Diagnose von organisch bedingten Bauch- und Rückenschmerzen oder Patienten, die nur wegen einer Routineuntersuchung die Klinik aufsuchten. Hurrelmann (1990) beschreibt, daß sieben bis zehn Prozent aller Kinder und Jugendlichen streßbedingte Beeinträchtigungen des Wohlbefindens angeben. Lohaus et al. (1996) erfragten die physischen Beanspruchungssymptome von 638 Dritt- und Viertklässlern, wobei 29% angaben, mehrmals in der Woche nicht gut schlafen zu können, 17% hatten mehrmals in der Woche keinen Appetit, 17,1% Kopfschmerzen und 11,1% Bauchschmerzen. Garmezy und Rutter (1985) führen folgende streßbezogene Störungen an: Nachtträume, Schlaflosigkeit, Schuldgefühle, Ängstlichkeit, Depression, Hypervigilanz oder Rückzugsverhalten. Ryan-Wenger (1990) stellt fest, daß Kinder auf Belastungen im Positiven mit einer Steigerung der Selbstwirksamkeit reagieren können, jedoch sich im Negativen auch Verhaltens-, soziale, Schulleistungs- und psychosomatische Störungen manifestieren können. Hierbei beschreibt sie ausführlich den ungünstigen Einfluß von Streß auf psychosomatische Störungen und schlußfolgert, daß Streß den Verlauf von psychosomatischen Störungen verschlechtert. Sears und Milburn (1990) führen aus, daß die im schulischen Kontext beobachtbaren Belastungsreaktionen und Ängste ein Kontinuum von milden bis zu starken Störungen, wie z.B. Schulphobien, bilden.

Neuere Befunde weisen darauf hin, daß Jugendliche und Kinder im Vergleich zu ihren Eltern und vor allem zu ihren Lehrern stärkere Beanspruchungssymptome angeben. So besteht eine bedeutsame Diskrepanz zwischen den selbst- und fremdeingeschätzten psychischen Symptomen (zusammenfassend s. Seiffge-Krenke et al., 1997): Während die Einschätzung psychischer Auffälligkeiten durch Eltern und Lehrer signifikant übereinstimmt, korrelieren die Beurteilungen zwischen Kindern oder Jugendlichen und ihren Eltern oder Lehrern gering. Hierbei sind die geringen Übereinstimmungen der Fremdbeurteilungen mit den Selbsteinschätzungen für Jugendliche ausgeprägter als für Kinder. Die Einschätzungen der männlichen Jugendlichen und deren Väter weisen sogar keinen Zusammenhang auf.

Welche Strategien setzen nun Kinder in Belastungssituationen ein, um den Streß zu bewältigen? Über *präferierte Bewältigungsmaßnahmen* liegen allerdings noch keine hinreichenden Erkenntnisse vor. Die vorliegenden Befunde lassen sich wie folgt zusammenfassen:
Schon Grundschulkinder berichten zwar über zahlreiche alltägliche Belastungssituationen, wissen allerdings zu wenig über ihre Möglichkeiten zur Streßbewältigung (vgl. Lohaus, 1990). Auch Seiffge-Krenke (1988) konnte zeigen, daß der hohen Anzahl von alltäglichen Problemsituationen eine zu geringe Angabe von Bewältigungsmaßnahmen gegenübersteht: So entfielen in einer freien Befragung von 107 Jugendlichen im Alter zwischen zwölf und 18 Jahren lediglich ein Sechstel der Äußerungen auf die Bewältigungsmaßnahmen.
Kinder im Alter von sechs bis neun Jahren setzen am häufigsten Problemlösestrategien ein, während emotionsregulierende Bewältigungsmaßnahmen selten sind (Spirito et al., 1991). Dies wird durch Ergebnisse von zwei weiteren Untersuchungen unterstützt: Compas, Malcarne und Fondacaro (1988) erfragten bei zehn- bis 14jährigen Kindern, inwieweit sie emotions- und problembezogene Bewältigungsstrategien in sozialen und Leistungssituationen einsetzen. Hier deutet sich ein Geschlechts- und Alterseffekt an: Alle Jungen wählten in den Leistungssituationen eher eine problembezogene Bewältigung. In den sozialen Situationen lassen sich die Altersgruppen dagegen unterscheiden: Die jüngeren Jungen präferierten auch hier den Einsatz problembezogener Bewältigungsmaßnahmen. Die älteren Jungen regulierten jedoch eher die streßbegleitenden Emotionen, als daß sie die Situation an sich veränderten. Bei den Mädchen zeigte sich kein Unterschied zwischen den Situationstypen: Sowohl in den sozialen als auch in den Leistungssituationen setzten jüngere Mädchen mehr problembezogene Bewältigungsstrategien ein im Vergleich zu einer emotionsregulierenden Bewältigung. Ältere Mädchen präferierten jedoch eher emotionsregulierende Bewältigungsmaßnahmen.

Mellins et al. (1996) konnten ebenfalls bei Kindern im Alter von neun bis 16 Jahren nachweisen, daß die Kinder am häufigsten Problemlösestrategien und am geringsten Ablenkung einsetzten. Dies läßt sich dadurch erklären, daß Kinder im Alter von sieben bis elf Jahren externale Verursachungen von Streß betonen (Lohaus, 1990). Erst die älteren Kinder (12 bis 16 Jahre) nennen sowohl externale als auch internale Streßursachen. Dabei weisen die Kinder geringe Kenntnisse über Bewältigungsmaßnahmen auf. 25% der Kinder nehmen sogar an, nichts gegen den Streß unternehmen zu können. Wurden Strategien benannt, bezogen sie sich auf die Einhaltung von Ruhepausen oder Veränderung des Zeitplans. Außerdem hat sich ergeben, daß die Kinder die Effektivität ihrer Bewältigungsmaßnahmen wesentlich geringer einschätzen als ihre Eltern (vgl. Trad & Greenblatt, 1990).
Darüber hinaus zeigen Mellins et al. (1996) mit ihrer Studie zur Zwillingsforschung auf, daß genetische Faktoren individuelle Unterschiede im Einsatz von Streßbewältigungsstrategien bei den Kindern und Jugendlichen erklären können. So waren genetische Faktoren wesentlich für die Erklärung von Problemlösestrategien und von den Bewältigungsstrategien „Selbst-Beruhigung", „Ablenkung" sowie „Inanspruchnahme sozialer Unterstützung von den Eltern". Bei den Umgebungsfaktoren konnte die gemeinsame familiäre Umgebung keinen Beitrag zur Varianzaufklärung leisten. Dagegen waren die individuellen Umgebungsfaktoren wesentlich für die Erklärung der Problemlösestrategien und der Bewältigungsstrategie „Inanspruchnahme sozialer Unterstützung von Gleichaltrigen". Die Autoren fassen ihre Befunde so zusammen, daß genetische Faktoren ebenso wie einzigartige Umgebungseinflüsse eine wichtige Rolle bei der Entwicklung eines „widerstandsfähigen" (resilienten) Kindes spielen.
Die genannten Befunde legen nahe, altersangepaßte Präventionsprogramme durchzuführen, um die verfügbaren Bewältigungsstrategien zu erhöhen (s. auch Abschnitt 2.2.3). Hierdurch wird erreicht, daß sich die Kinder effizienter mit Belastungssituationen auseinandersetzen können, so daß ihr Selbstwert gesteigert und darüber hinaus die Inzidenz für streßbezogene Erkrankungen vermindert wird (vgl. Noshpitz, 1990). So haben Studien auch gezeigt, daß eine verbesserte Bewältigungskompetenz Jugendliche weniger vulnerabel gegenüber Drogenmißbrauch macht (vgl. Wills, McNamara, Vaccaro & Hirky, 1996). Neben diesen primär-präventiven Effekten können ebenfalls positive Einflüsse auf den Verlauf vor allem psychosomatischer Erkrankungen angenommen werden (vgl. Hampel &

Petermann, 1997). Zusätzlich soll darauf hingewiesen werden, daß Streßbewältigungstrainings gleichfalls als tertiär-präventive Maßnahmen für die Krankheitsbewältigung bei Kindern und Jugendlichen bedeutsam sind: So weisen chronisch kranke Jugendliche im Alter von zwölf bis 20 Jahren mit einer ineffizienten Krankheitsbewältigung verringertes gesundheitsbezogenes Verhalten auf (Seiffge-Krenke, 1990).

2 Übersicht über das Vorgehen

In diesem Abschnitt werden zunächst allgemeine methodische Ansätze beschrieben, die bei der Entwicklung des AST berücksichtigt wurden. Da die intensiven Versionen des AST nach den Richtlinien des Streßimpfungstrainings von Meichenbaum konzipiert wurden, soll hier eine kurze Darstellung dieses Interventionsansatzes erfolgen. Abschließend wird das AST vorgestellt, indem die Streßdiagnostik und Indikationsstellung sowie die Trainingsziele und Trainingselemente besprochen und die unterschiedlichen Versionen kurz beschrieben werden. Außerdem erfolgt eine Darstellung der ersten Evaluationsbefunde des AST.

2.1 Streßimpfungstraining von Meichenbaum

Im Erwachsenenbereich ist das *Streßimpfungstraining (SIT)* von Meichenbaum die am häufigsten angewandte und auch am besten evaluierte Methodik eines Streßbewältigungsprogramms. Meichenbaum begann 1969 mit der Entwicklung des Trainingskonzeptes, das innerhalb seiner Arbeitsgruppe modifiziert und in verschiedenen Bereichen angewandt wurde (u.a. Meichenbaum, 1975; Meichenbaum & Novaco, 1978). Eine zusammenfassende Darstellung der Konzeption und aller klinischen Anwendungen befindet sich in Meichenbaum (1985; dt. 1991; vgl. auch Meichenbaum & Fitzpatrick, 1993). Auch im Kindes- und Jugendalter wurde das SIT häufig in Interventionsstudien eingesetzt (vgl. Abschnitt 2.2.3). Meichenbaum versteht das SIT als ein Programm der kognitiven Verhaltenstherapie, das an das transaktionale Streßkonzept von Lazarus anknüpft. Wesentlich ist, daß im SIT Belastungssituationen als lösbare Probleme statt als persönliche Bedrohungen bewertet werden sollen.

Das SIT faßt verschiedene Methoden der kognitiven Verhaltenstherapie zu einem halbstrukturierten und flexiblen Trainingsprogramm zusammen, deren Auswahl spezifisch auf jeden Klienten abgestimmt sein

soll. Mit Hilfe der Methoden soll ein flexibles Repertoire an Bewältigungsstrategien für aktuelle und zukünftige Belastungen aufgebaut werden. In den meisten Fällen besteht das SIT aus zwölf bis 15 Sitzungen mit anschließenden Nachuntersuchungen, so daß sich das Programm über sechs bis zwölf Monate erstreckt.

Meichenbaum (1991) unterscheidet in seinem SIT drei aufeinanderfolgende Phasen:
- die Informations-,
- die Lern- und Übungsphase sowie
- die Anwendungs- und Posttrainingsphase.

In der *Informationsphase* stehen die Vermittlung des transaktionalen Streßkonzeptes, die mit Hilfe verschiedener Methoden erstellte Streßdiagnostik (klinisches Interview, vorstellungsgestütztes Erinnern, Selbstbeobachtung, Verhaltensdiagnostik und psychologische Testverfahren) und insbesondere die Schaffung einer „tragfähigen therapeutischen Arbeitsbeziehung" im Vordergrund. Den Teilnehmern wird eine differenzierte Sicht des Streßprozesses vermittelt, wodurch das Streßgeschehen schon neu bewertet wird.

In der *Lern- und Übungsphase* sollen Bewältigungsstrategien aufgebaut werden, indem in erster Linie schon bestehende Bewältigungskompetenzen verstärkt und zum anderen neue Strategien eingeübt werden. Dies erfolgt mit Hilfe verschiedener Techniken:
- Entspannungsverfahren sollen eingeübt werden. Zusätzlich soll Entspannung aber auch durch die Ausführung von „anstrengenden" Aktivitäten, wie sportliche Betätigung, erreicht werden.
- Dysfunktionale Gedanken und Gefühle sollen durch kognitive Techniken, wie kognitive Umstrukturierung, Problemlösungsstrategien und funktionale Selbstinstruktionen, verändert werden.
- Darüber hinaus wird vermittelt, daß eine realistische Einschätzung der Situation vor allem in Situationen förderlich ist, die kontrollierbar sind. Dagegen sind in Unkontrollierbarkeitssituationen, wie dem Verlust eines Lebenspartners, defensive Bewältigungsstrategien (z.B. Verleugnung) günstig.

In der ersten Phase soll somit zunächst die Bewertung des Stressors im Sinne einer Herausforderung geändert werden. In der zweiten Phase sollen dann effektive Bewältigungsstrategien aufgebaut werden. Dagegen sollen in der *Anwendungs- und Posttrainingsphase* die erworbenen Fertigkeiten auf Alltagssituationen übertragen werden. Hierbei kommen Techniken wie die Vorstellungs- und Verhaltensübungen, Rollenspiele, Modellernen und schrittweise Konfrontation mit dem Stressor zur Anwendung. Darüber hinaus wird Rückfällen vorgebeugt, um insbesondere die Selbstwirksamkeit zu optimieren. In einem Zeitraum von drei, sechs und zwölf Monaten können bei Interesse der Teilnehmer Nachtrainingssitzungen durchgeführt werden, um die aktualisierten Bewältigungsstrategien zu überprüfen und möglicherweise zu verbessern.

Den Ausführungen ist zu entnehmen, daß das SIT eine theoretisch gut fundierte Methodik zur Streßbewältigung ist, die sich etablierter Techniken der kognitiven Verhaltenstherapie bedient. Deswegen wurde versucht, im AST diese Trainingskonzeption umzusetzen und es kindgerecht anzupassen.

2.2 Streßbewältigungsprogramme für Kinder und Jugendliche

2.2.1 Anforderungen an Streßbewältigungstrainings

Das übergeordnete Ziel einer Konzeption eines Streßbewältigungstrainings besteht darin, Risiko- und Schutzfaktoren gegenüber psychischen Belastungen zu modifizieren. Es konnten erste Schutzfaktoren identifiziert werden, die es durch Streßbewältigungsprogramme zu optimieren gilt: Zusammengefaßt kann festgehalten werden, daß eine emotional flexible Persönlichkeit mit positivem Selbstwert (z.B. internale Kontrollüberzeugung, gute Problemslösefähigkeiten, Humor), eine familiäre Bindung und eine soziale Unterstützung durch Gleichaltrige wesentliche Determinanten einer „Widerstandsfähigkeit" (oder Resilienz) darstellen.

Mit Hilfe eines theoretischen Leitmodells zu den *Schutz-* und *Risikofaktoren* kindlicher Entwicklung von Petermann (1997c) lassen sich noch genauere Aussagen über die Zielsetzung eines Interventionsprogramms treffen: Petermann (1997c) geht von einem biopsychosozialen Belastungs- und Krankheitsmodell aus und beschreibt bei einem spezifischen Entwicklungsstand des Kindes und seiner Familie die Einflüsse von Belastungen und Ressourcen auf die kindliche Entwicklung (vgl. Abb. 2.1).

Die Schutz- und Risikofaktoren können auf Seiten

- der Person und
- der Umgebung

betrachtet werden: Auf der Seite des *Kindes* lassen sich die Risikofaktoren unter der Disposition „Streßreaktivität" zusammenfassen (vgl. Janke & Kallus, 1995) und stehen den Schutzfaktoren gegenüber, die unter dem Persönlichkeitsmerkmal „Streßresilienz" subsumiert werden können. Hierzu gehören insbesondere die Streßbewältigungskompetenz ebenso wie auch genetische Prädispositionen: Viele Befunde unterstützen die Annahme, daß die Streßbewältigungskompetenz des Kindes ein wesentlicher Schutzfaktor ist. Die *Bewältigungskompetenz* wird durch die Verfügbarkeit und den Einsatz eines flexiblen Repertoires an effektiven Bewältigungsstrategien bestimmt, was durch ein hohes Ausmaß an kognitiven und sozialen Kompetenzen gewährleistet ist. Hier hat sich zum Beispiel in einer Untersuchung von Dubow und Tisak (1989) mit sieben- bis zehnjährigen Kindern gezeigt, daß das Problemlöseverhalten einen streß-puffernden Effekt aufweist: Wurden in kritischen Lebensereignissen häufig Problemlösestrategien eingesetzt, resultierten die Belastungen nicht in Verhaltensauffälligkeiten. Die Wichtigkeit sozialer Kompetenzen wird durch Ergebnisse nahegelegt, die zeigen, daß Kinder mit häufigen sozialen Konflikten in frühem Alter für die Entwicklung von Verhaltensauffälligkeiten gefährdet sind, wobei der Zusammenhang durch eine schlechte Akzeptanz der Kinder bei den Gleichaltrigen vermittelt ist (vgl. Zaragoza, Vaughan & McIntosh, 1991). Auch aus weiteren konsistenten Befunden kann geschlossen werden, daß die Bewältigungskompetenz ein wesentlicher Mediator zwischen den psychischen Belastungen und den streßbedingten Fehlregulationen ist (vgl. Wills, Blechman & McNamara, 1996). Dies läßt schlußfolgern, daß die Bewältigungskompetenz des Kindes – unter Berücksichtigung sowohl kognitiver wie auch sozialer Fähigkeiten und Fertigkeiten – in einem präventiv orientierten Training gesteigert werden sollte.

Ergebnisse einiger Studien zu *genetischen Faktoren* legen nahe, daß Jungen, und hier insbesondere schwarze Jungen, aufgrund ihrer erhöhten Reaktivität in der Herzrate eine Prävalenz für Bluthochdruck aufweisen (vgl. Murphy, Alpert, Walker & Willey, 1991).

Dabei können sich die unterschiedlichen Faktoren auf Seiten des Kindes in ihrer Wirkung *additiv* verhalten: So stellt zum Beispiel eine geringe Streßbewältigungs-

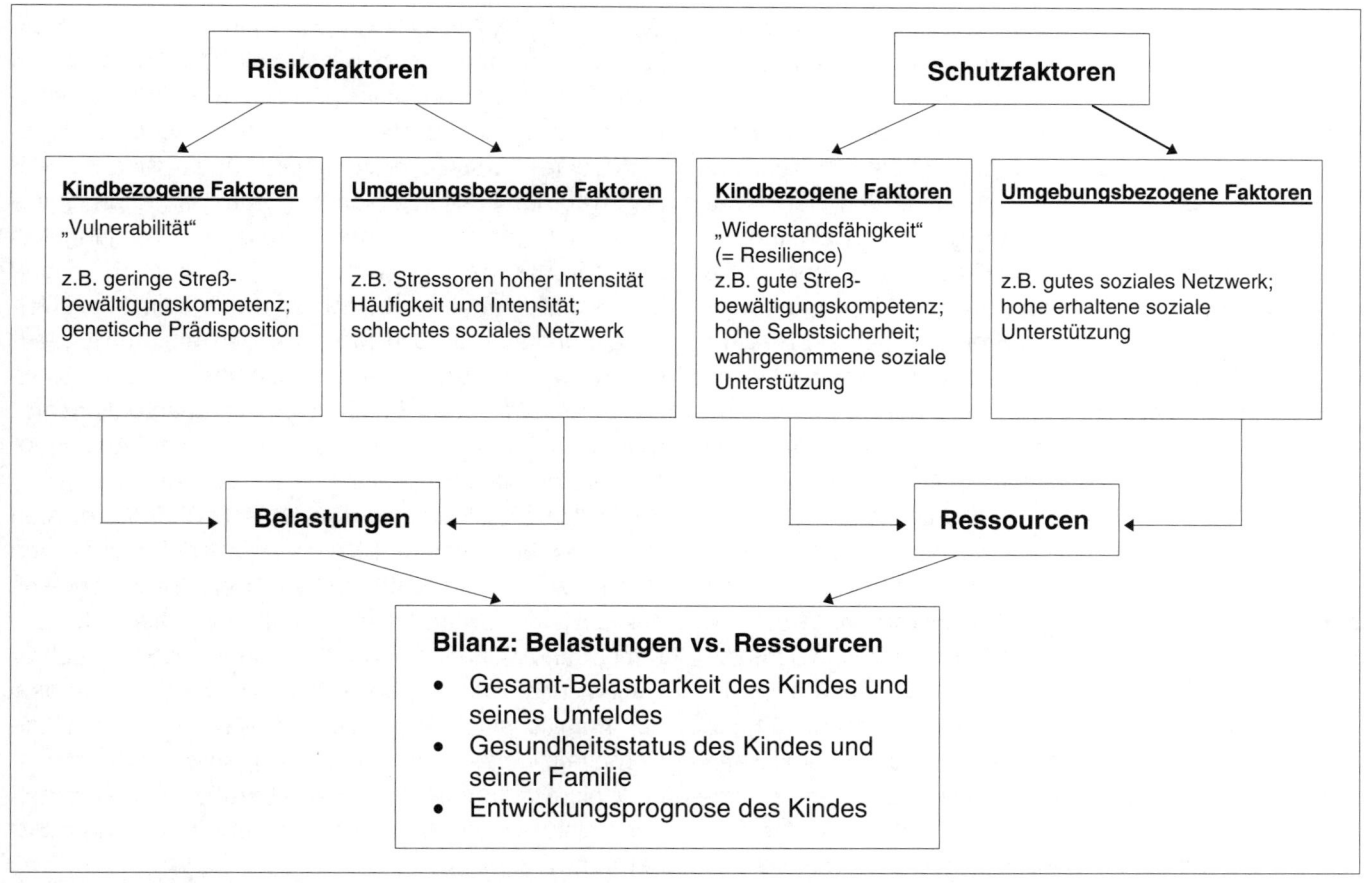

Abbildung 2.1: Risiko- und Schutzfaktoren der kindlichen Entwicklung (modifiziert nach Petermann, 1997c, S. 11).

kompetenz bei einem Kind mit einer familiären Häufung von Herzinfarkt ein starkes Risiko dar, kardiovaskuläre Erkrankungen zu entwickeln (vgl. Treiber et al., 1993). Neuere Studien zum sozialen Rückhalt weisen darauf hin, daß die wahrgenommene soziale Unterstützung ein wesentlicher moderierender Faktor bei der Krankheitsentwicklung und dem Gesundheitsverhalten darstellt (zusammenfassend s. Leppin & Schwarzer, 1997). Neben habituellen Persönlichkeitsmerkmalen, wie Ängstlichkeit, Depressivität und Impulsivität sollten in Zukunft habituelle Bewältigungsstile, die sich auf positive Erwartungshaltungen beziehen, noch mehr Beachtung finden. Im Erwachsenenbereich haben sich hier der dispositionelle Optimismus, der Kohärenzsinn und insbesondere die Selbstwirksamkeit als wesentlich erwiesen (zusammenfassend s. Schröder, 1997).

Auf der Seite der *Umgebung* sind zum einen die Intensität, Chronizität und Häufigkeit von Stressoren und zum anderen die soziale Integration des Kindes sowie die erhaltene soziale Unterstützung zu berücksichtigen: In der Streßforschung hat sich hinsichtlich der Wirkungen von kritischen Lebensereignissen gezeigt, daß die Effekte nicht in dem Ausmaß bedeutsam sind, wie es

von den Forschern der „life-event-Forschung" angenommen wurde (vgl. Holmes & Rahe, 1967). Früh kritisierte Lazarus diese Hypothesen (Lazarus & Folkman, 1986) und wies auf die größere Bedeutung der alltäglichen Widrigkeiten („daily hassles" oder auch *Mikrostressoren*") hin. Einige Autoren postulieren, daß die Effekte der kritischen Lebensereignisse auf psychische Beeinträchtigungen und die Krankheitsanfälligkeit durch die Mikrostressoren vermittelt werden (Zautra, Reich & Guarnaccia, 1990). Pillow, Zautra und Sandler (1996) weisen darauf hin, daß zahlreiche Mikrostressoren den kritischen Lebensereignissen vorangehen und folgen. Die Autoren schlußfolgern aus ihren Befunden, daß die kritischen Lebensereignisse sowohl direkte Effekte als auch indirekte Einflüsse über die Mikrostressoren auf die erlebte Beanspruchung ausüben. Studien mit Jugendlichen zeigen, daß die Anzahl der berichteten alltäglichen Lebensstressoren („daily stressors") die psychischen Beeinträchtigungen unter Belastungen besser vorhersagen kann als die Anzahl der kritischen Lebensereignisse (vgl. Compas, Davis, Forsythe & Wagner, 1987; Wagner, Compas & Howell, 1988).

Abschließend soll angeführt werden, daß auch in neueren Streßkonzeptionen angenommen wird, daß vereinzelt auftretende Stressoren eher keinen bedeutsamen Einfluß aufweisen, während das Auftreten von „Streß-Spiralen" oder „Ressourcenverlust-Spiralen" bedeutsam ist (vgl. Hobfoll & Vaux, 1993). Darüber hinaus wird diskutiert, daß auch die Abfolge von Belastungen und dazwischenliegenden Erholungsphasen, der Erholungs-Belastungs-Zyklus, für die Streßreaktivität kritisch ist (vgl. Allmer, 1996; Stoyva & Carlson, 1993).

Ziegler (1996) beschreibt die Bedeutung des Bereiches „Familie" als besonders kritisch (vgl. auch Hetherington & Blechman, 1996; Hurrelmann, 1990): Zum einen ist dies der Ort für eine Vielzahl von streßmindernden Faktoren, zum anderen aber gleichzeitig der Ort starker Konflikte und somit einer Vielzahl von Stressoren. Dabei gilt die soziale Unterstützung durch die Eltern als ein wichtiger Schutzfaktor (vgl. Hurrelmann, 1995). So konnten Dubow und Tisak (1989) zeigen, daß zusätzlich zu den Problemlösefähigkeiten der Kinder auch die soziale Unterstützung der Eltern einen streß-puffernden Effekt bei dem Zusammenhang zwischen kritischen Lebensereignissen und der Entwicklung von Verhaltensauffälligkeiten besitzt.

Kimchi und Schaffner (1990) formulieren vier Verhaltensrichtlinien für Eltern, die ermöglichen, die Kinder gegenüber allgemeinen Belastungen zu immunisieren: Die Eltern sollen

- akzeptierend und einfühlsam sein,
- realistische Ziele und Erwartungen setzen,
- aktives Lernen und Problemlösung lehren und zeigen sowie
- Lern- und Schulleistungen verstärken.

In Studien wurde nachgewiesen, daß psychische Beeinträchtigungen bei Kindern und Jugendlichen durch individuelle Merkmale der Eltern vermittelt werden: Ergebnisse einer Studie von Peterander, Bailer, Henrich und Städler (1992) mit Eltern verhaltensauffälliger und gesunder Kinder unterstützen die Annahme, daß die elterlichen Bewältigungsressourcen und -strategien entscheidend für die kindliche Entwicklung sind. So ließen sich Eltern verhaltensauffälliger Kinder durch geringe soziale Ressourcen sowie ungünstige Bewältigungsstrategien, wie Vermeidung, charakterisieren.

Eine wichtige Vermittlervariable ist die Qualität der Mutter-Kind-Beziehung und die Einschätzung der Beziehung durch die Jugendlichen: In der Mannheimer Risikostudie hat sich gezeigt, daß emotionale und Verhaltensstörungen im Alter von 4 1/2 Jahren durch die Qualität einer frühen Mutter-Kind-Interaktion vorhergesagt werden kann (Esser, Laucht & Schmidt, 1995).

Der ungünstige Effekt von Familienkonflikten auf die kognitive Kompetenz bei Jugendlichen im Alter um zwölf Jahre war nur nachweisbar, wenn die Jugendlichen während der bestehenden Familienkonflikte gleichzeitig eine Verschlechterung der Mutter-Kind-Beziehung wahrnahmen (Wierson & Forehand, 1992). Interessant ist hierbei auch der Befund, daß bei jüngeren Jugendlichen (M = 12 Jahre und 2 Monate) die kognitive Kompetenz mit elterlichen Kommunikationsstilen zusammenhing, jedoch nicht bei den älteren Jugendlichen (M = 14 Jahre und 2 Monate). Die Autoren schlußfolgern daraus, daß in einem Interventionsprogramm bei jüngeren Jugendlichen unbedingt insbesondere die Mütter mit einbezogen werden sollten.

Zusätzlich sind Faktoren des außerfamiliären sozialen Umfeldes bedeutsam: So unterstützen Befunde von Dubow und Tisak (1989) die besondere Bedeutsamkeit der sozialen Unterstützung durch die Gleichaltrigen. Kimchi und Schaffner (1990) betonen, daß die Lehrer sehr wichtige Bezugspersonen für die Kinder außerhalb der Familie sind. Auch hier weisen sie auf günstige Verhaltensweisen hin: So hat sich ein nicht bestrafendes, nicht autoritäres, aber hilfsbereites und unmittelbar belohnendes Verhalten der Lehrer als angstmindernd erwiesen.

Darüber hinaus weisen Studien darauf hin, daß ein Zusammenwirken personaler und Umgebungsfaktoren im Streßgeschehen zu beachten ist: So konnten in einer Längsschnittuntersuchung von Wills et al. (1996) Risikofaktoren für die Entwicklung eines Drogenmißbrauchs bei Jugendlichen im Alter von elf bis 14 Jahren nachgewiesen werden: Jugendliche mit hohem Drogengebrauch gaben im Vergleich zu abstinenten Jugendlichen viele kritische Lebensereignisse bei einem geringen Ausmaß an sozialer Unterstützung durch die Eltern und geringer Bewältigungskompetenz an. Im Streßbewältigungsmodell zum Substanzmißbrauch von Jugendlichen von Wills, McNamara und Vaccaro (1995) werden dementsprechend Faktoren der Jugendlichen und des sozialen Umfeldes einbezogen. So soll die negative Beziehung zwischen dem sozioökonomischen Status der Eltern und dem Substanzmißbrauch der Jugendlichen durch folgende Faktoren vermittelt werden: auf Seiten der Eltern eine mangelnde soziale Unterstützung, auf Seiten der Jugendlichen eine mangelnde Leistungs- und Verhaltenskompetenz sowie viele kritische Lebensereignisse und auf Seiten des außerfamiliären Umfeldes der Substanzmißbrauch bei den Gleichaltrigen.

Darüber hinaus zeigen Befunde von Ham und Larson (1990), daß nicht nur das Aufreten von Mikrostressoren entscheidend für die emotionalen Reaktionen ist, sondern kognitive Faktoren eine vermittelnde Rolle spielen: So untersuchten die Autoren bei Jugendlichen im Alter zwischen zehn und 16 Jahren, welche Faktoren die Streßantwort auf alltägliche Lebensstressoren moderieren, um Aussagen über die Unterschiede zwischen streßreaktiven und „resilienten" Jugendlichen treffen zu können. Hier ergab sich ein streß-puffernder Effekt der Vorhersagbarkeit der alltäglichen Belastungen. Wurden die Lebensereignisse von den Jugendlichen erwartet, so wurden sie als weniger emotional belastend bewertet im Vergleich zu unerwarteten Mikrostressoren. Dies weist darauf hin, daß sich eine antizipatorische Streßbewältigung effektiv auswirkt.

Aufgrund der vorliegenden Befunde können Aspekte definiert werden, die in den Streßbewältigungsprogrammen berücksichtigt werden sollten:
Zunächst ergibt sich durch die starke Integration des Kindes in seinem sozialen Netzwerk die Notwendigkeit, *situationsbezogene Aspekte* vermehrt mit in ein Anti-Streß-Training einzubeziehen: So sollten Beratungen insbesondere der Eltern erfolgen, bei der neben einer Wissensvermittlung auch die Möglichkeit bestehen sollte, die Wahrnehmung der Belastungssituationen, Beanspruchungssymptome und verfügbaren Bewältigungsfähigkeiten ihrer Kinder zu verbessern. Zusätzlich sollten insbesondere die Schutzfaktoren erläutert werden. Sofern ein Kontakt zu den Lehrern realisiert werden kann, sollten den Lehrern die bislang im Schulkontext möglichen Bewältigungsmaßnahmen aufgezeigt werden. Außerdem sollten sie auf Freiräume für andere Bewältigungsmöglichkeiten hingewiesen werden, wie die Durchführung von Entspannungsverfahren oder Ruhepausen vor einer Klassenarbeit (vgl. Petermann, 1996).
Auch hier stehen jedoch die *personenbezogenen Aspekte* eines Streßbewältigungsprogramms im Mittelpunkt. Da Veränderungen der Stressoren für Kinder leider nur begrenzt durchgeführt werden können, ist der Einsatz kognitiver Umstrukturierungen und intrapsychischer Streßbewältigung, wie Verleugnen oder Bagatellisieren, umso wichtiger, so daß die Bewertung des Stressors verändert wird. Die Diskrepanz in den Einschätzungen zwischen Kindern und ihren Eltern bezieht sich auf vier Bereiche:
• die Stärke des Stressors,
• das Ausmaß der Beanspruchungssymptome,
• das verfügbare Ausmaß sozialer Unterstützung durch die Eltern und
• die Effektivität der Bewältigungsmaßnahmen.

Diese negativen Einschätzungen können durch eine differenzierte Betrachtung des Streßgeschehens behoben werden, so daß die Kinder zu einer realistischen Einschätzung der Stressoren, der Beanspruchungssymptome und ihrer Ressourcen gelangen. Die Kompetenzerwartung der Kinder kann durch das Einüben von Bewältigungsstrategien (z.B. in Rollenspielen) gesteigert werden. Außerdem sollte angestrebt werden, bei den Kindern die Unsicherheit abzubauen, daß ihre Gefühle und Symptome einzigartig oder abweichend sind (Ryan-Wenger, 1990). Dies kann durch soziale Vergleiche in einem Gruppentraining oder über Modelllernen erreicht werden. Gleichzeitig sollten die sozialen Kompetenzen gesteigert werden. Dies läßt sich durch Gruppenspiele erzielen, aber auch dadurch, daß die Kinder und Jugendlichen von den Trainern ermutigt werden, Aufgaben auch in der Gruppe zu lösen. Bei dem Aufbau von Bewältigungsstrategien muß das Alter der Kinder berücksichtigt werden. Im Kindes- und frühen Jugendalter sollten insbesondere emotionsregulierende Bewältigungsmaßnahmen aufgebaut werden, während im späten Jugendalter eher die Bewältigungsstrategien stabilisiert werden sollten (Compas et al., 1988; Mellins et al., 1996; Spirito et al., 1991). Nach Ryan (1989) sollten kindtypische Bewältigungsstile nicht vernachlässigt werden. So sind Ablenkung und kognitive Strategien ebenso zu berücksichtigen, wie über das Problem nachzudenken.
Nach Petermann (1997c) sollten die Schutzfaktoren in der zukünftigen klinischen Forschung mehr Beachtung finden. Nur wenn es gelingt, die Bewältigungskompetenz des Kindes und der Familie zu modifizieren, können dysfunktionale Reaktionen und anhaltende Beeinträchtigungen entscheidend beeinflußt werden. Hieraus ergibt sich im weiteren, daß die Erkrankungsrisiken vermieden und reduziert, die Ressourcen jedoch gestärkt werden können.

2.2.2 Entspannungsverfahren
Sowohl im Erwachsenen- als auch im Kindesbereich werden Entspannungsverfahren häufig zur Streßbewältigung eingesetzt. Entspannung kann in Kombination mit anderen verhaltenstherapeutischen Methoden oder auch als alleinige Interventionsmethode angewandt werden. Dabei bewerten manche Autoren die Bedeutung der Entspannung so hoch, daß sie – trotz des alleinigen Einsatzes eines Entspannungsverfahrens – diese Intervention sogar als „Streßmanagementtraining" bezeichnen. Diese überbewertete Rolle der Entspannung für eine Streßbewältigung ist allerdings zu modifizieren: Die Entspannung weist unspezifische

Interventionseffekte auf, so daß sie durchaus streßbezogene Anspannungen vermindert und deswegen insbesondere als geeignete Methodik zu einer kurzfristigen Streßreduktion gelten kann. So weist Wagner-Link (1995) in ihrem Streßbewältigungsprogramm für Erwachsene darauf hin, daß die Entspannung zum Beispiel das „Kappen erster Erregungsspitzen" ermöglicht und somit eine *„kurzfristige Erleichterung"* gewährleistet.

Die Entspannung als alleinige Interventionsmethode trägt jedoch nur unwesentlich zu einem langfristigen erfolgreichen Umgang mit Belastungen bei. Erste Ergebnisse im Kindesbereich unterstützen diese Annahme (vgl. Abschnitt 2.2.3): Klein-Heßling und Lohaus (1995) verglichen ein multimodales Streßmanagement mit einem ausschließlichen Wissenstraining sowie einem Problemlöse- und Entspannungstraining, das jeweils noch durch eine Wissensvermittlung ergänzt war. Auffällig waren die negativen Befunde der Entspannungsbedingung, während die anderen Interventionsbedingungen durchaus die Streßbewältigung verbessern konnten. Nicht nur die letztgenannten Ergebnisse legen somit nahe, daß die *Entspannung* stattdessen als ein *Baustein* in einem *multimodalen Streßbewältigungstraining* verwandt werden sollte. In der Terminologie von Lazarus ist sie eine Methode zur *emotionsregulierenden Bewältigung*. Sie ist aus zwei Gründen eine bedeutsame Bewältigungsmaßnahme für Kinder und Jugendliche: zum einen ist eine instrumentelle Bewältigung nicht immer möglich (z.B. in unkontrollierbaren Situationen) und zum anderen bestehen im Kindes- und frühen Jugendalter Defizite in der emotionsbezogenen Bewältigung, die einen flexiblen Einsatz von Bewältigungsstrategien verhindern. Auch wenn die Entspannung die generellen Defizite in der Bewältigungskompetenz nicht ausgleichen kann (vgl. Lazarus & Mayne, 1990), ist sie doch als vorgeschaltete Methode zu anschließenden Fertigkeitstrainings sehr geeignet: So ist sie in der Lage, die *Konzentrationsfähigkeit* und *selektive Aufmerksamkeit* zu erhöhen, wodurch Informationsverarbeitungs- und Gedächtnisprozesse begünstigt werden (vgl. Petermann & Petermann, 1993; Petermann, 1996). Gleichfalls führt sie zu einer *Aktivitätsminderung*, so daß sich eine Ruhe auch auf der Verhaltensebene einstellt, wodurch ausgeglichenes Verhalten gefördert wird (vgl. Petermann, 1996).

Im folgenden sollen wesentliche Aspekte von Entspannungsverfahren kurz beschrieben werden, wobei jedoch auf eine Darstellung der einzelnen Verfahren verzichtet wird (zur Vertiefung zu den Entspannungstechniken s. Vaitl & Petermann, 1993; zu ihren Anwendungen s.

Petermann & Vaitl, 1994; speziell für das Kindes- und Jugendalter: zur Vertiefung s. Petermann, 1996).

Klassifikation der Entspannungsverfahren. Die unterschiedlichen Entspannungsverfahren können nach Petermann (1996) in Verfahren eingeteilt werden, die eine sensorische, imaginative oder kognitive Stimulation bewirken (vgl. Tab. 2.1). Hierbei wird diese Einteilung als Ordnungsschema verstanden, das sich darauf bezieht, welche Art von Hinweisreizen in den verschiedenen Verfahren im Vordergrund stehen. Somit beschreibt die Unterteilung keine disjunkten Klassen, sondern wird vor allem aus didaktischen Gründen vorgenommen. Körperbezogene Verfahren führen eher über die *sensorische* Ebene zur Entspannung. Hierzu zählen die Progressive Muskelrelaxation (PMR; s. Hamm, 1993) und die Biofeedbackverfahren (s. Vaitl, 1993a). Hier sind die Entspannungsinstruktionen aktiv und während die PMR unter Fremd- und Selbstanleitung durchgeführt werden kann, ist beim Biofeedback stets ein apparativer Aufbau notwendig. Zu den *imaginativen* Verfahren zählen die Phantasiegeschichten, die den Klienten von anderen Personen erzählt werden (zusammenfassend s. Petermann & Kusch, 1993). Hierbei sollten insbesondere Reaktionspropositionen in die Geschichten eingebaut werden, da sie die Effekte noch wesentlich verstärken (vgl. Petermann, 1996). Reaktionspropositionen umfassen Verhaltensanweisungen, bei denen dazu aufgefordert wird, sich vorzustellen, aktiv an der Situation beteiligt zu sein. Hierdurch wird es möglich, Verhaltensanweisungen in einer günstigen situativen Bedingung zu lernen, die später im Alltag ausgeführt werden. Die *kognitiven* Verfahren haben gemeinsam, daß die Entspannung ausschließlich passiv erfolgt. Ein auch bei Kindern oft eingesetztes Verfahren ist das Autogene Training (AT; zur Methodik s. Vaitl, 1993b; für das Kindesalter s. Kruse & Haak, 1993). Ebenso wie die Phantasiegeschichten wirken sich die Meditation und die Hypnose sowohl auf die körperliche Ebene als auch auf den kognitiv-affektiven sowie den verhaltensbezogenen Bereich aus.

Entspannungsverfahren für Kinder und Jugendliche. Der Einsatz von Entspannungsverfahren bei Kindern und Jugendlichen ist in den letzten Jahren deutlich gestiegen. Dabei wurden die Techniken zunächst aus dem Erwachsenenbereich unmittelbar übertragen, ohne kindgerechte Techniken zu entwickeln. In neuerer Zeit wurden jedoch Verfahren entwickelt, wobei die Anforderungen an eine kindgerechte Entspannung berücksichtigt wurden. Im deutschsprachigen Raum überwiegen hierbei autogene Trainings, während im englischsprachigen Raum die PMR häufig eingesetzt wird (vgl. Friebel, 1994).

Tabelle 2.1: Klassifikation der Entspannungsverfahren* (modifiziert nach Petermann, 1996, S. 35; vgl. auch Vaitl, 1993c, S. 26).

Entspannungsverfahren	Art der Entspannungsinstruktion				Entspannungsreaktion	
	selbst-instruktiv	fremd-instruktiv	aktiv	passiv	physisch	psychisch
1. Sensorische Entspannung						
Progressive Muskelrelaxation	+	+	+	−	++	−
Biofeedbackverfahren	−	−	+	−	++	−
2. Imaginative Entspannung						
Phantasiereisen	−	++	+	+	++	+
3. Kognitive Entspannung						
Autogenes Training	++	−	−	+	++	−
Meditation	++	−	−	+	+	+
Hypnose	−	++	−	+	+	+

* Anmerkung: + entspricht „vorhanden"
++ entspricht „deutlich ausgeprägt"
− entspricht „fehlt" oder „schwach ausgeprägt"

Die für den deutschsprachigen Bereich entwickelten Verfahren sollen mit Hilfe der beschriebenen Klassifikation kurz zusammengefaßt werden (s. Tab. 2.2).
Bei den sensorischen Verfahren wurden verschiedene PMR-Varianten entwickelt: Diese Verfahren berücksichtigen alle, daß es für einen kindgerechten Einsatz notwendig ist, Assoziationshilfen zu benutzen. So wird in der eigenen Arbeitsgruppe zum Beispiel folgende Instruktion bei der Schulterübung gegeben:

Ziehe die Schultern hoch, als ob Du mit den Achseln zucken würdest, nach dem Motto: „Ich weiß es nicht!"

Petermann und Petermann (1996a) betonen den Nutzen der PMR für Jugendliche, weil dieses körperorientierte Verfahren dem Selbstbild der Jugendlichen, und hier insbesondere der männlichen Jugendlichen, entspricht. Von diesem Verfahren wurde auch das Entspannungsverfahren des AST abgeleitet. Es wurde jedoch um Anweisungen von Florin (1975) ergänzt, so daß hier auch Atemübungen enthalten sind. Diese Entspannungsübungen wurden bereits bei Kindern von acht bis 13 Jahren sowohl in den Trainingssitzungen als auch im Alltag erfolgreich eingesetzt. Klein-Heßling

und Lohaus (1997) entwickelten eine sehr schöne Variante für Grundschulkinder, die jedoch für ältere Kinder und Jugendliche problematisch erscheint. Ein bewegungsorientiertes Verfahren entwickelten Petermann und Petermann (1997), das für Kinder ab dem Kindergartenalter und bis zur dritten Klasse sehr geeignet ist. Bei der imaginativen Entspannung wurden Verfahren entwickelt, die Entspannung mit einer Imagination verbinden, da erst die Kombination der Verfahren die Effekte wesentlich bestimmt (Petermann & Petermann, 1993).
Die beiden bildgetragenen Entspannungsverfahren eignen sich insbesondere für Kinder bis zwölf Jahren. Die Kapitän-Nemo-Geschichte von Petermann (zusammenfassend s. Petermann, 1996) sowie „Stecki 401" von Pirnay (1993) verbinden die Wärme- und Schwereübung des AT mit Imaginationen. Bei den kognitiven Verfahren wurden zahlreiche Autogene Trainings für Kinder entwickelt, wobei hier beispielhaft das Training von Kruse und Haak (1993) erwähnt werden soll.

Effekte der Entspannungsverfahren. Die Wirkungen von Entspannungsverfahren sind in allen Bereichen günstig (s. Tab. 2.3). Sie sollen hier im Zusammenhang zu den Indikationen einer Entspannung diskutiert werden: Entspannung führt auf der emotionalen Ebene

Tabelle 2.2: Zusammenstellung ausgewählter Entspannungsverfahren für Kinder und Jugendliche.

Entspannungsverfahren	Training
1. Sensorische Entspannung:	
Progressive Muskelrelaxation	• PMR – eine Version für Jugendliche (Petermann & Petermann, 1996 a) • Anti-Streß-Training für Kinder • Bleib locker (Klein-Heßling & Lohaus, 1997)
Bewegungsorientiertes Verfahren	• Schildkröten-Phantasie-Verfahren (Petermann & Petermann, 1997)
2. Imaginative Entspannung:	
Bildgetragene Entspannung	• Kapitän Nemo-Geschichte (Petermann, 1996) • Stecki 401 (Pirnay, 1993)
3. Kognitive Entspannung:	
Autogenes Training	• Autogenes Training mit Kindern ab sechs Jahre (Kruse & Haak, 1993)

zu einer Verminderung negativ getönter Gefühle, der inneren Erregtheit und der Aktiviertheit, so daß es zu Veränderungen in emotionsspezifischen und -unspezifischen Befindenskomponenten kommt. Hierdurch ist Entspannung auch als eine Methode zum Beispiel zur generellen Angstreduktion angezeigt (vgl. Petermann & Petermann, 1993) oder zum Abbau von Ängsten sozial unsicherer Kinder (Petermann & Petermann, 1996 b). Die günstigen Effekte auf der *kognitiven* Ebene mit einer Steigerung der Konzentrationsfähigkeit unterstützen die Annahme, daß Entspannung als Vorbereitung einer Verhaltensmodifikation geeignet ist. Die Effekte auf der *behavioralen* Ebene (Reduktion motorischer Unruhe) weisen darauf hin, daß Entspannung auch gezielt in Trainings für hyperaktive Kinder eingesetzt werden sollte (vgl. Döpfner, Schürmann & Frölich, 1997). Unterstützt wird dieser Effekt noch durch einen Einfluß auf der *sensorischen* Ebene: Die Wahrnehmungsschwelle steigt durch eine Entspannungsübung an. Dies ist der physiologische Mechanismus, der die Steigerung der selektiven Aufmerksamkeit erklärt. Hierdurch wird es im entspannten Zustand möglich, daß auf wesentliche Informationen besser fokussiert werden kann.

Die Effekte im *muskulären* System bestehen in einer Reduktion des Muskeltonus, so daß Entspannung als Technik zur Verminderung überhöhter Muskelanspannung (z.B. Spannungskopfschmerz) geeignet ist. Im *vegetativen* Bereich ist eine Herabsetzung der Aktivität des sympathischen Nervensystems kennzeichnend.

Aufgrund des blutdrucksenkenden Effektes wurden im Erwachsenenbereich vor allem Biofeedbackverfahren schon zur Behandlung von essentieller Hypertonie erfolgreich eingesetzt. Bei Asthma spielt die Entspannung insbesondere eine Rolle als „Methode im Notfall". Die Reduktion des Sympathikus ist aufgrund des Krankheitsbildes kontraindiziert, jedoch im Falle eines Asthma-Anfalls eine wesentliche Methode zur Stabilisierung emotionaler Reaktionen und vegetativer Funktionen. So ist in einem Asthma-Verhaltenstraining für Kinder auch die Entspannung ein wichtiger Baustein (vgl. Petermann et al., 1997). Die zentralnervösen Effekte beziehen sich im Spontan-Elektroenzephalogramm auf ein erhöhtes Powerspektrum im Alpha-Rhythmus, was auf der Befindensebene mit der Zunahme eines entspannten Wachzustandes beschrieben werden kann (zur Vertiefung s. Schandry, 1996; Vaitl, 1993 c). Darüber hinaus liegen im Erwachsenenbereich auch positive Befunde auf *hormonelle* und *immunologische* Kennwerte vor. So weisen konsistente Befunde zu psychoimmunologischen Untersuchungen darauf hin, daß Entspannung zu einem verbesserten Immunstatus führt (vgl. Hampel, 1994; zusammenfassend s. Hall & O'Grady, 1991; Halley, 1991). In Zukunft sollten derartige Indikatoren im Kindes- und Jugendalter mehr Beachtung finden, um Erkenntnisse zu gewinnen, ob Entspannungsverfahren auch bei immunologisch erkrankten Kindern und Jugendlichen indiziert sind (zusammenfassend zur Effektivität der Hypnose bei Erwachsenen mit Allergien, Krebs und Autoimmunerkrankungen s. Goldberg, 1985).

Tabelle 2.3: Effekte von Entspannungsverfahren.

Reaktionsebene der Entspannung	Veränderungen
1. Psychische Ebene:	
emotional	• Verminderung emotionaler Reaktionen; • Reduktion negativ getönter Emotionen (z.B. Angst); • Reduktion der erlebten Erregung; • Reduktion der erlebten Aktiviertheit
kognitiv	• Steigerung der selektiven Aufmerksamkeit und Konzentrationsfähigkeit; • Verbesserung der Informationsverarbeitung und der Gedächtnisleistung
behavioral	• Reduktion der motorischen Unruhe; • Steigerung ausgeglichenen Verhaltens
2. Körperliche Ebene:	
sensorisch	• Steigerung der Wahrnehmungsschwelle
neuromuskulär	• Reduktion der Muskelspannung

vegetativ	• Reduktion der kardiovaskulären Aktivität:
	  – Erweiterung der peripheren Blutgefäße (insbesondere Dilatation der Hautgefäße);
	  – Verminderung der Herzschlagfrequenz;
	  – Abnahme des arteriellen Blutdrucks
	
	• Reduktion der respiratorischen Aktivität:
	  – Abnahme und Stabilisierung der Atemfrequenz;
	  – Abnahme im Sauerstoffverbrauch
	
	• Veränderung tonischer und phasischer Kennwerte in der elektrodermalen Aktivität:
	  – Zunahme der Hautleitfähigkeit;
	  – Abnahme des Hautwiderstandes

zentralnervös	• Steigerung der Alpha-Aktivität im Spontan-Elektroenzephalogramm
endokrinologisch	• Verminderung hormoneller Sekretion (z.B. Cortisol)
immunologisch	• Steigerung der humoralen Immunität (z.B. Sekretion von Immunglobulin A im Speichel); • Steigerung der zellulären Immunität (z.B. erhöhte Aktivität der natürlichen Killerzellen; höhere Zahl von T-Helferzellen)

In zukünftigen Studien sollte die wesentliche Fragestellung einer *differentiellen Indikation* von Entspannungsverfahren untersucht werden. Bislang wurden noch keine Evaluationsstudien im Kindes- und Jugendalter durchgeführt, die Aussagen zulassen über differentielle Effekte der unterschiedlichen Verfahren in Abhängigkeit von Personenmerkmalen, wie zum Beispiel Alter, Geschlecht oder psychischer Beeinträchtigung.

Dagegen ist gesichert, daß Entspannungsverfahren bei Kindern und Jugendlichen mit speziellen Asthma-Erkrankungen (small airway-Asthma), zu niedrigem Blutdruck bzw. einer Epilepsie nicht angemessen sind (vertiefend s. Petermann, 1996).

Zusammenfassend kann festgehalten werden, daß eine kindgerechte Entspannung berücksichtigen muß, daß

- die Anleitung intensiv ist,
- die Anweisungen kurz und verständlich sind und
- vor allem die Übertragung in den Alltag schon in den Trainingssitzungen geübt werden muß.

Entspannungsverfahren sind besonders im Kontext umfassender kognitiv-behavioraler Interventionsprogramme bedeutsam. Aus folgenden Gründen ist *Entspannung* eine wichtige Methodik in einem *multimodalen Streßbewältigungsprogramm:*

1. Die günstigen Effekte der Entspannung auf den psychischen wie physischen Zustand legen nahe, daß diese Verfahren von großem Nutzen zur Vorbereitung eines sich anschließenden Fertigkeitstrainings sind. So wird die Aufnahmefähigkeit der Kinder und Jugendlichen verbessert, wodurch *günstige Lernvoraussetzungen* geschaffen und pädagogisch-psychologische wie klinisch-psychologische Interventionen erst möglich werden.
2. In einem Entspannungstraining erleben die Kinder und Jugendlichen, daß sie ihr Verhalten, ihre Empfindungen und ihre Gedanken sowie Vorstellungen selbst kontrollieren können. Hierdurch werden die *Selbstwirksamkeitserwartungen* erhöht. Dies ist aufgrund der häufig eingeschränkten Kontrollierbarkeit der Belastungssituationen von großer Bedeutung.

2.2.3 Kognitiv-behaviorale Streßbewältigungsprogramme

Aus den Ausführungen zum Themengebiet Streß und Streßbewältigung bei Kindern und Jugendlichen läßt sich ableiten, daß die Grundlagenforschung zu diesen Fragestellungen noch erhebliche Defizite aufweist. So sind bislang nicht hinreichend Schutz- und Risikofaktoren ermittelt worden, um auf dieser Grundlage spezifisch an die Streßproblematik angepaßte Interventionsprogramme zu entwickeln. Jedoch unterstützen die Befunde die Annahme, daß auch bei Kindern und Jugendlichen ein ungünstiger Einfluß von psychischen Belastungen besteht. So legen Ergebnisse zu kritischen Lebensereignissen und alltäglichen Belastungen nahe, daß insbesondere chronische Belastungen zu psychischen und physischen Beeinträchtigungen bis hin zu Erkrankungen führen.

Aufgrund dieser klinischen Notwendigkeit heraus (vgl. Parrott, 1990) wurden schon erste Streßbewältigungsprogramme entwickelt (zusammenfassend s. Gagnon, Hudnall & Andrasik, 1992; Maag & Kotlash, 1994; Mullins, Gillman & Harbeck, 1992; vgl. auch Klein-Heßling,

1997). Insbesondere die multimodalen Trainings haben zum einen eine *Streßreduktion* und zum anderen ein *Streßmanagement* zum Ziel: So sollen die akuten Belastungen vermindert und der Umgang mit psychischen Belastungen langfristig verbessert werden. Erreicht wird dies, indem Belastungssituationen besser wahrgenommen, ungünstige Bewältigungsmaßnahmen erkannt und günstige Bewältigungsstrategien aufgebaut oder modifiziert werden. Die effektiven Streßbewältigungsprogramme beziehen hierbei eine Vielzahl unterschiedlicher Methoden mit ein: Sie umfassen meist

- eine kognitive Umstrukturierung,
- das Einüben eines Entspannungsverfahrens sowie
- Fertigkeitstrainings, wie den Aufbau von Sozialverhalten und das Erlernen von schulbezogenen oder allgemeinen Problemlösestrategien.

Viele Interventionsstudien setzen das SIT um und passen es an die Erfordernisse der untersuchten Stichprobe an. Hierbei werden folgende Gründe zur Auswahl des SIT im Kindes- und Jugendbereich benannt:

Das SIT
- ist eine oft verwandte, gut evaluierte, effektive Technik für pädagogisch-psychologische und präventive Programme (vgl. Kiselica et al., 1994; Maag & Kotlash, 1994);
- bietet durch seinen offenen Rahmen die Möglichkeit, die Methoden spezifisch auf die untersuchte Fragestellung anzupassen, und hat stets als allgemeines Ziel, die Ressourcen der Individuen zu stärken, wie Maag und Kotlash (1994) es auch als „learned resourcefullness" bezeichnen;
- wird durch die unterschiedlichen Methoden der Problematik gerecht (vgl. Hains, 1992a; Lewinsohn, Clarke, Hops & Andrews, 1990). So führen kognitive Methoden zur Reformulierung des Streßgeschehens, erlauben Entspannungsverfahren eine Regulation der emotionalen Reaktionen und ermöglichen behaviorale Methoden die Modifikation des Bewältigungsverhaltens;
- betont den Übertrag der erlernten Bewältigungsmaßnahmen in den Alltag, so daß auch gewährleistet ist, daß die Effekte generalisieren (vgl. Maag & Kotlash, 1994).

Maag und Kotlash (1994) weisen allerdings darauf hin, daß die wenigsten Studien auch alle drei Phasen des SIT umsetzen. Auf der Grundlage einer Literaturrecherche zum SIT bei Kindern und Jugendlichen bis 1993, in der lediglich acht Studien ermittelt wurden, kritisieren die Autoren, daß die Leistungsebene vernachlässigt, der Aufbau von Bewältigungsmaßnahmen nicht den individuellen Defiziten angepaßt und eine Generalisierung unterlassen wurde.

Im folgenden sollen *neuere* Veröffentlichungen über kognitiv-behaviorale Interventionsprogramme zusammenfassend dargestellt werden, die auch tatsächlich den Ansprüchen eines *multimodalen Streßbewältigungsprogramms* gerecht werden. Leider liegen noch nicht hinreichend Erkenntnisse zu Komponentenanalysen vor, so daß keine Aussagen über die differentielle Wirksamkeit der einzelnen Methodenbausteine getroffen werden können. Erste Befunde deuten jedoch darauf hin, daß Entspannung allein die Streßbewältigung von Kindern nicht bedeutsam beeinflußt (vgl. Klein-Heßling & Lohaus, 1995). Die vorzustellenden Programme sind zum einen zur *Primärprävention* sowie zum anderen zur *Sekundär-* und *Tertiärprävention* entwickelt worden. Dabei beziehen die meisten Studien Jugendliche mit ein. Dies wird sicherlich der Annahme gerecht, daß die Jugend eine Entwicklungsphase mit ansteigenden Belastungen darstellt, so daß in dieser kritischen Lebensphase eine Streßprävention dringend notwendig ist (vgl. Hurrelmann, 1997; Hurrelmann & Settertobulte, 1997; vertiefend s. Hurrelmann, 1995; Kolip, Hurrelmann & Schnabel, 1995). Jedoch bleibt abschließend festzuhalten, daß im *Kindesalter* ein enormes *Defizit an Grundlagen-* und *klinischen Studien* besteht.

In diesem Rahmen soll jedoch nicht auf Schmerzbewältigungsprogramme für Kinder eingegangen werden (vertiefend s. Petermann, Wiedebusch und Kroll, 1994). Schon früh wurde das SIT auch zur Behandlung akuter und vor allem chronischer Schmerzen bei Erwachsenen angewandt (vgl. Meichenbaum, Turk & Burstein, 1975). Untersuchungen im Kindesbereich legen ebenfalls den Nutzen der Streßbewältigungsprogramme für eine effektive Krankheitsbewältigung nahe. So führen Kinder im Alter von elf bis 14 Jahren ihre Kopfschmerzen auch auf ihre schulischen Belastungen zurück. Außerdem zeigte sich, daß die Kinder mit häufigen Kopfschmerzen mehr Belastungen mit höherer Intensität erleben, häufiger vermeidende Bewältigungsstrategien einsetzen und sich sozial weniger unterstützt sowie depressiver erleben (vgl. Luka-Krausgrill & Reinhold, 1996).

Primär-präventive Streßbewältigungsprogramme bei Kindern. Nath und Warren (1995) haben bei elfjährigen Schülern den Effekt eines Programms untersucht, das im Alltag implementierte Entspannung und Hypnose mit weiteren kognitiv-behavioralen Methoden (z.B.

Aufbau schulbezogener Problemlösung) enthielt. Ein Prä-Post-Vergleich ergab, daß die Kinder sich nach dem Training weniger ängstlich fühlten.

Eine sehr schön konzipierte Evaluationsstudie haben Klein-Heßling und Lohaus (1995) vorgestellt. Die Studie und das darauf aufbauende Streßbewältigungsprogramm für Kinder sollen hier etwas ausführlicher dargestellt werden, da es für das Kindesalter das bislang einzige vorliegende Programm im deutschsprachigen Raum darstellt. Außerdem wurden die Erkenntnisse aus der Evaluationsstudie und einige Bausteine bei der Konzeption des AST berücksichtigt.

Klein-Heßling und Lohaus (1995) führten eine Evaluation ihres Streßbewältigungsprogramms für Schulkinder der dritten und vierten Klasse mit und ohne Elternbeteiligung durch. Im Vergleich zu einer Wartekontrolle wurde ein Wissens-, ein Entspannungs-, ein Problemlöse- und ein Kombinationstraining untersucht. Im Rahmen des Wissenstrainings wurden Informationen über die Streßentstehung und -prävention vermittelt. In der Entspannungs- und der Problemlösegruppe wurde zusätzlich zur Wissensvermittlung entweder noch eine PMR oder ein Problemlösetraining durchgeführt. Das Kombinationstraining enthielt die zentralen Aspekte aller Programmvarianten. Jedes Training erfolgte in acht Doppelstunden in wöchentlichem Abstand und in Gruppen von acht bis zwölf Kindern. Im wesentlichen zeigte sich, daß das Entspannungstraining ineffizient war, während insbesondere das Problemlösetraining das von den Kindern berichtete und den Eltern eingeschätzte Streßerleben reduzierte. Hinsichtlich der selbst berichteten physischen Beanspruchungssymptome profitierte vor allem die Wissenstrainingsgruppe neben der Kombinations- und Problemlösegruppe. Die Elternbeteiligung konnte zu keinem signifikanten Ergebnis beitragen.

Die negativen Befunde des Entspannungstrainings unterstreichen nochmals die dringende Notwendigkeit, in zukünftigen Studien die differentielle Wirksamkeit der verschiedenen Entspannungsverfahren zu ermitteln. Ist ein Streßbewältigungsprogramm beschränkt auf Grundschulkinder, sollte vor allem in Erwägung gezogen werden, ob ein imaginatives Entspannungsverfahren besser geeignet ist (vgl. z.B. die schon im Abschnitt 2.2.2 erwähnten Kapitän-Nemo-Geschichten in Petermann, 1996; Petermann & Petermann, 1993). Weiterhin besteht Klärungsbedarf, warum sich in dieser Studie die Wissens- und Problemlösegruppen im Vergleich zur Kombinationsgruppe als effektiver erwiesen haben. Hierbei ist zu prüfen, ob sich Veränderungen der Streßbewältigung durch ein Kombinationstraining unmittelbar nach der Intervention aufzeigen oder sich erst in weiteren Nachuntersuchungen nachweisen lassen.

In dem nun vorliegenden modifizierten Programm von Klein-Heßling und Lohaus (1997) berücksichtigten die Autoren die Ergebnisse dieser Evaluationsstudie, indem sie den Anteil der Entspannungsverfahren in ihrem Streßbewältigungsprogramm reduzierten. Zusätzlich integrierten sie die effizienten Programmvarianten in ein multimodales Streßmanagementprogramm. Dies entspricht auch Befunden aus anderen Bereichen (der schulischen Gesundheitserziehung; in der Asthma-Patientenschulung), die nahelegen, daß multimodale Ansätze im Gegensatz zu einer reinen Wissensvermittlung relevante Schulungseffekte bewirken (vgl. Jerusalem, 1997; Kolbe, Vanos, James, Elkind & Garritt, 1996):

Das Streßbewältigungsprogramm findet mit acht bis maximal zwölf Kindern statt und erstreckt sich in einem wöchentlichen Intervall über acht Doppelstunden für die Kinder. Außerdem werden die Eltern in einem Elterninformationsabend und zwei Elternabenden beraten. Das Training basiert auf dem Streßkonzept von Lazarus und hat zum Gegenstand, das Ungleichgewicht zwischen situativen Anforderungen und den Bewältigungsfähigkeiten zu beheben. Dies wird realisiert, indem den Kindern das Streßgeschehen mit Hilfe eines Modells, einer Streßwaage, nahe gebracht wird. Hiermit wird den Kindern sehr anschaulich erklärt, daß die Anforderungen und die Bewältigungsmaßnahmen in einem Gleichgewicht stehen müssen, um sich wohl zu fühlen. Gespräche über das Streßmodell ermöglichen eine differenzierte Betrachtung des Streßgeschehens und führen somit schon zu ersten Veränderungen der Einschätzungsprozesse. Darüber hinaus soll im Training das Repertoire der verfügbaren Bewältigungsmaßnahmen erhöht werden, wobei sowohl emotionsregulierende als auch instrumentelle Bewältigungsmaßnahmen, die sich im Verhalten und intrapsychischen Prozessen verankern sollen, gefördert werden. So werden folgende Bewältigungsstrategien eingeübt:

• sich über eigenes Streßerleben mitteilen,
• Entspannung/Ruhepausen,
• Spielen/Spaß haben,
• kognitive Strategien.

Als Entspannungsverfahren wird eine kindgerechte Version der PMR vermittelt, die allerdings weitgehend mit Hilfe von Audiokassetten zu Hause, aber nicht regelmäßig innerhalb des Trainings durchgeführt wird. Die kognitiven Strategien beziehen sich insbesondere auf positive Selbstinstruktionen.

Primär-präventive Streßbewältigungsprogramme bei Jugendlichen. Die Arbeitsgruppe um Hains führte zahlreiche Interventionsstudien bei Jugendlichen durch: So ergab sich in einer Studie zur Effektivität kognitiver Behandlungsmethoden von Hains und Szyjakowski (1990) bei 21 16- bis 17jährigen Jugendlichen, daß die behandelte Gruppe im Vergleich zu einer Wartekontrollgruppe signifikant verringerte Werte in der habituellen Ängstlichkeit (gemessen durch den STAI) und im habituellen Ärger, ein verbessertes Selbstwertgefühl sowie eine höhere Anzahl positiver Gedanken in einer imaginativen Belastungssituation aufwies. Diese Effekte konnten auch in einem Nacherhebungszeitpunkt zehn Wochen nach der Intervention weiterhin nachgewiesen werden. Während in dieser Studie noch zu sehr im Vordergrund stand, selbst-beschuldigende Gedanken erkennen zu können und durch positive Gedanken zu ersetzen, wurden in einer Studie von Hains (1992a) neben kognitiver Umstrukturierung auch Problemlösestrategien und unterschiedliche Entspannungsverfahren vermittelt. Allerdings wurden lediglich sechs Jugendliche im Alter von 15 bis 17 Jahren untersucht. Ergebnisse der Einzelfallanalysen demonstrieren, daß im Vergleich zum Vorerhebungszeitpunkt wiederum der habituelle Ärger (diesmal gemessen über den STAXI) und die habituelle Ängstlichkeit erniedrigt waren. Darüber hinaus war die Zustandsangst erniedrigt, während die Anzahl der berichteten kritischen und alltäglichen Lebensereignisse sowie Depressionsmaße und das Selbstwertgefühl nicht signifikant verändert waren. Auch hier zeigte sich eine Stabilität der Effekte, und zwar über einen Zeitraum von drei Monaten.

In einer weiteren Studie (Hains, 1992b) mit 25 Jugendlichen im Alter von 15 bis 16 Jahren verglich der Autor die Effekte einer kognitiven Intervention (vor allem kognitive Umstrukturierung) und eines Angst-Management-Trainings (vor allem Entspannung, die auch zu Hause in graduierten Angstsituationen eingesetzt wurden) mit einer Wartekontrollgruppe. Auch hier ergaben sich nach dem Training und in einem Nacherhebungszeitpunkt elf Wochen danach, daß beide Interventionsgruppen eine signifikant verringerte Ängstlichkeit und Zustandsangst, einen reduzierten habituellen Ärger sowie geringere Ärgerausdruckstendenzen und Depressionswerte aufwiesen. In einer Studie von Hains und Ellmann (1994) erweiterte die Arbeitsgruppe ihren Ansatz auf die schulische Umgebung. 21 Jugendliche im Alter von 13 bis 16 Jahren wurden entweder in einer Wartekontrolle oder in einem kognitiv-behavioralen Training, das sehr an das SIT angelehnt war, untersucht. Im Gegensatz zu den Studien zuvor ergaben sich keine wesentlichen Interventionseffekte. Dies könnte darin begründet sein, daß in dieser Studie ausschließlich Gruppensitzungen durchgeführt wurden, während in den anderen Untersuchungen Einzelsitzungen mit ergänzenden Gruppenterminen realisiert wurden.

Kerr und Leith (1993) wendeten das SIT bei 24 Gymnastiksportlern im Alter von 14 bis 25 Jahren an, die entweder einer Kontrollgruppe oder einer Behandlungsgruppe zugeteilt wurden. Hierbei war der Aufbau der Bewältigungsmaßnahmen auf die angstinduzierende Wettkampfsituation abgestimmt. Die behandelten Jugendlichen zeigten in einer Wettkampfsituation bessere Leistungen, wiesen aber gleichzeitig auch höhere leistungsbezogene Angstwerte auf. Die Befunde unterstützen die Annahme, daß das SIT zu einer verbesserten sportlichen Leistung und einer gesteigerten Bewältigungskompetenz führt.

In einer sehr gut kontrollierten Studie von Kiselica et al. (1994) wurden 48 Jugendlichen im Alter von 13 Jahren randomisiert einer Kontroll- oder Behandlungsgruppe zugeteilt. Die SIT-Gruppe erhielt insbesondere kognitive Umstrukturierung, PMR und ein Selbstsicherheitstraining, während die Kontrollgruppe ein vorwiegend schulbezogenes Problemlösetraining bekam. Die Gruppe mit dem SIT zeigte nach der Intervention und in einem vierwöchigen Nacherhebungszeitpunkt eine signifikant verringerte Ängstlichkeit und geringere streßbezogene Symptome auf (z.B. Spannungskopfschmerz, Schlafstörungen, Nervosität). Dagegen waren in den schulischen Leistungsmaßen keine Interventionseffekte nachweisbar. Da die Autoren die unterschiedlichen Erfolgserwartungen und Einstellungen gegenüber den verschiedenen Behandlungen kontrollierten, können die Effekte tatsächlich auf das SIT zurückgeführt werden. Außerdem wurde der Geschlechtseffekt in der Therapieansprechbarkeit untersucht: Die weiblichen Jugendlichen wiesen generell höhere Erwartungen gegenüber den Behandlungen auf und bei der Nacherhebung hatten sie eine bessere Wissensleistung über die Therapieinhalte als die männlichen Jugendlichen. Dieser Geschlechtseffekt ging allerdings nicht mit veränderten schulischen Leistungen einher.

Sekundär- und tertiär-präventive Streßbewältigungsprogramme bei Kindern. Eine Studie wurde im klinischen Bereich bei Kindern durchgeführt, die allerdings methodisch kritisch zu beurteilen ist: Walker und Clement (1992) wendeten kognitiv-behaviorale Techniken bei sechs hyperaktiven Kindern an, wobei jeweils drei Kinder sechs bzw. sieben Jahre alt waren. In Einzel-

falluntersuchungen mit multiplen Behandlungen wurde der Effekt von folgenden drei Interventionen im Vergleich zu Ausgangsbeobachtungen geprüft: Ein SIT und zwei Gruppen mit Selbstmodellernen. Für das Selbstmodellernen wurden Videos von den Kindern aufgenommen, so daß die Kinder sich selbst als Modell sehen konnten, wie sie erwünschtes Verhalten, in diesem Fall das Geben von Selbstinstruktionen, ausüben. In der einen Gruppe führte das Modell schulische Aufgaben aus, ohne sich von den Schulkameraden ablenken zu lassen. In der anderen Gruppe ignorierte das Modell außerdem die Mitschüler völlig. Die Interventionseffekte sollten sich inbesondere im beobachtbaren Sozial- und schulischen Verhalten abbilden. Sowohl das SIT als auch die Gruppe mit dem ignorierenden Selbstmodell wiesen bedeutsame mittlere Effektgrößen auf. Die Autoren schlußfolgern, daß die drei Behandlungsmethoden geringfügig dazu beitrugen, daß die hyperaktiven Kinder mit ungebrochener Aufmerksamkeit schulische Leistungen und Sozialverhalten ausüben konnten. Einen größeren Effekt vermuten die Autoren, wenn weitere Faktoren in der Therapie berücksichtigt werden, wie die Beteiligung der Gleichaltrigen an der Therapie.

Sekundär- und tertiär-präventive Streßbewältigungsprogramme bei Jugendlichen. Lewinsohn et al. (1990) untersuchten mit Hilfe einer sehr gut kontrollierten Studie die Effekte des SIT bei depressiven Jugendlichen im Alter von 14 bis 18 Jahren. 59 Jugendliche wurden entweder einer Wartekontrollgruppe oder zwei Behandlungsgruppen zugeteilt, die jeweils ein SIT erhielt, aber mit oder ohne Elternbeteiligung durchgeführt wurde. Beide Interventionen wirkten sich günstig auf die Depressionswerte aus, wobei eine Tendenz zu besseren Effekten in der Gruppe mit Elternbeteiligung bestand. Diese Effekte konnten auch zwei Jahre nach der Intervention weiterhin nachgewiesen werden.

Boardway, Delamater, Tomakowsky und Gutai (1993) überprüften die Wirksamkeit eines kognitiv-behavioralen Streßbewältigungsprogramms bei 19 Jugendlichen im Alter von zwölf bis 17 Jahren mit insulin-abhängigem Diabetes mellitus. Die Intervention bestand in einer Unterweisung in Selbstkontrolltechniken und einem Streßmanagementtraining, das die Erklärung und Reformulierung des Streßgeschehens, ein Problemlöse- sowie ein Selbstsicherheitstraining enthielt. Nach der sechsmonatigen Intervention und weitere drei Monate danach waren die krankheitsspezifischen Belastungen vermindert, jedoch die metabolischen Werte, die Compliance, die Bewältigungsstile und die Selbstwirksamkeit nicht verändert. Die Autoren kommen zu dem Schluß, daß ihr Streßbewältigungsprogramm bedeutsam die krankheitsspezifischen Belastungen reduziert, aber zusätzlich noch weitere Behandlungsmethoden notwendig sind, um auch spezifische Effekte zu erzielen. So führen sie an, daß Entspannungsverfahren einbezogen werden sollten, da hierdurch die metabolischen Werte günstig beeinflußt werden können.

Zum Stand der klinischen Streßforschung bei Kindern und Jugendlichen. Kognitiv-behaviorale Streßbewältigungstrainings bei Kindern und Jugendlichen reduzieren effektiv die erlebte Beanspruchung und modifizieren die Bewältigungsfähigkeiten sowie -fertigkeiten, so daß langfristig der Umgang mit Stressoren verbessert wird. Dies wird durch die positiven Befunde in allen Präventionsbereichen unterstützt.

Die Interventionseffekte sollen hier zusammenfassend dargestellt und dahingehend interpretiert werden, welche Bedeutung die Präventionsmaßnahmen für die Einflußnahme auf die Streß-Krankheits-Beziehung besitzen. Zahlreiche Studien zeigen eine Wirksamkeit der Streßbewältigungstrainings im Rahmen einer *Primärprävention* auf: So waren die emotionalen Reaktionen und physischen Beanspruchungssymptome deutlich verringert. Dabei ist anzunehmen, daß diese günstigen Effekte indirekt ausgeübt werden. In der Streßforschung hat sich ergeben, daß unter psychischer Belastung gesundheitsgefährdendes Verhalten ansteigt, was in einer direkten Beziehung zu einem verschlechterten Gesundheitsstatus steht (vgl. Adler & Matthews, 1994). Somit können primär-präventive Streßbewältigungsprogramme das Erkrankungsrisiko vermindern, indem sie das gesundheitsrelevante Verhalten günstig verändern.

Erste Hinweise zum Nutzen der Streßbewältigungsprogramme für eine *Sekundärprävention* ergaben sich in einer Pilotstudie, in der Krankheitssymptome der atopischen Dermatitis, wie Jucken und Kratzen, günstig beeinflußt werden konnten (Steward & Thomas, 1995). Dies unterstützt die Annahme, daß psychosoziale Belastungen als Auslöser von Krankheitsverschlechterungen gelten können (vgl. Hampel & Petermann, 1997). Mit Hilfe von Streßbewältigungstrainings kann somit erreicht werden, den Gesundheitsstatus der Patienten zu stabilisieren. Unter dieser Annahme wurden auch in Verhaltenstrainings für Kinder und Jugendliche Aspekte eines Streßmanagements berücksichtigt: So wurde in Verhaltenstrainings für Asthmakranke Kinder eine Angstbewältigung (Petermann et al., 1997) und für Kinder mit atopischer Dermatitis der Aufbau von günstigen Bewältigungsstrategien inte-

griert (Scheewe, Warschburger, Clausen, Skusa-Freeman & Petermann, 1997).

Außerdem unterstützen die Befunde der Studie von Boardway et al. (1993) die Annahme, daß Streßmanagements auch in der *Tertiärprävention* wirksam sind. In dieser Untersuchung konnten die Belastungen, die mit der Diabetes-Erkrankung einhergehen, vermindert werden. Werden chronische Erkrankungen selbst als Streßquelle angesehen, ist es entscheidend, durch die Steigerung der Bewältigungskompetenz krankheitsbezogene psychosoziale Belastungen zu reduzieren. Unter dieser Annahme wurden in Patientenschulungsprogrammen für Kinder und Jugendliche auch Aspekte einer Krankheitsbewältigung einbezogen: In einem Patientenschulungsprogramm für neurodermitiskranke Kinder und Jugendliche von Skusa-Freeman, Scheewe, Warschburger, Wilke und Petermann (1997) werden Strategien zur Krankheitsbewältigung eingeübt, um psychosoziale Belastungen abzubauen, die zum Beispiel in einer sozialen Isolation, Angst vor unerwarteten Hospitalisierungen, in Einschränkungen der privaten, schulischen und beruflichen Perspektive oder in einer Auseinandersetzung mit einem veränderten Körperkonzept bestehen können.

Sowohl die Streßforschung als auch die klinische Anwendung sollte in Zukunft im Kindes- und Jugendbereich intensiviert werden. Hierbei sollten jedoch folgende Aspekte berücksichtigt werden:

Erstens sollten die Interventionseffekte nicht allein über Erlebens- und Persönlichkeitskennwerte, sondern auch über verhaltensbezogene Maße abgebildet werden. Kiselica et al. (1994) haben zum Beispiel einen Versuch unternommen, auch schulische Leistungsmaße zu erfassen.

Zweitens sollte das soziale Umfeld in den Streßbewältigungsprogrammen einbezogen werden, da es eine wesentliche Rolle für die Kinder und Jugendlichen spielt (vgl. Ziegler, 1996). So sollten insbesondere die Eltern beteiligt werden, denn die Eltern dienen als Modelle einer Streßbewältigung und sind die wesentliche Quelle sozialer Ressourcen (vgl. Hurrelmann, 1997). Erste unterstützende Befunde haben sich in einer Studie von Lewinsohn et al. (1990) ergeben, wo die depressiven Kinder mit einer Elternbeteiligung tendenziell mehr von einem Streßmanagementtraining profitierten als Kinder, deren Eltern nicht beraten wurden. Die negativen Befunde von Klein-Heßling und Lohaus (1995) könnten dahingehend interpretiert werden, daß eine Wirksamkeit erst durch eine aktive Elternbeteiligung erzielt werden kann.

Drittens sollten in der Konzeption eines Streßbewältigungsprogramms auch Hinweise zur Durchführung von Auffrischungskursen enthalten sein, denn die Effektivität der Programme kann durch derartige Maßnahmen optimiert werden (vgl. Jerusalem, 1997; Kallus, 1993).

Maag und Kotlash (1994) weisen darauf hin, daß in den Interventionsstudien keine individuell angepaßte Auswahl der Behandlungsmethoden erfolgte. Dies steht allerdings im Gegensatz zu einer Konzeption standardisierter Programme, die aus methodischen Gesichtspunkten zu bevorzugen sind (Petermann, 1997d). Dieses Dilemma kann durch die Entwicklung eines standardisierten Programmes überwunden werden, das vielfältige Behandlungsmethoden einbezieht und den Rahmen für eine eingehende Behandlung der individuellen Defizite bietet.

2.3 Anti-Streß-Training für Kinder

2.3.1 Belastungsdiagnostik und Indikationsstellung

In diesem Abschnitt sollen Aspekte einer Indikation des Streßbewältigungstrainings dargestellt werden. Zu dieser Fragestellung wurden jedoch bislang nur erste Ansätze formuliert, so daß aus den wenigen vorliegenden Befunden noch keine Kriterien abgeleitet werden können. Somit ist es dringend erforderlich, in zukünftigen Studien Normen für eine Belastungsdiagnostik zu erstellen.

Indikation. Das AST für Kinder ist ein kognitiv-behaviorales Interventionsprogramm, um aktuelle psychische Belastungen zu reduzieren und die Bewältigungskompetenz zu steigern, so daß auch langfristig der Umgang mit psychischen Belastungen verbessert wird. Die vier Varianten des AST verfolgen dabei unterschiedliche Ziele:
Eine *vierstündige* Version ist als *primär-präventive* Maßnahme geeignet. Dies zielt auf gesunde Kinder ab, die erste Anzeichen von Beanspruchungssymptomen zeigen, wie Schulunlust oder leichte Einschlafschwierigkeiten. Eine *zweistündige* Version kann bei erkrankten Kindern als „Baustein" in anderen Patientenschulungsprogrammen eingesetzt werden (vgl. Hampel & Petermann, 1997). Hier bietet sich eine Anwendung bei psychosomatischen Erkrankungen an, deren Krankheitsverlauf ungünstig durch Streß beeinflußt wird. Somit ist diese Variante eine wesentliche Ergänzung

im Rahmen einer *sekundär-präventiven* Interventionsmaßnahme. Darüber hinaus kann dieses Modul in ein *pädagogisch-psychologisches* Programm integriert werden, das zum Beispiel im Rahmen der Gesundheitsförderung stattfindet. Hierbei wäre ein Ziel, die aktuelle Belastung zu reduzieren und eine Bewältigungskompetenz aufzubauen, so daß Risikofaktoren eines gesundheitsgefährdenden Verhaltens modifiziert werden. Die beiden intensiven Programme, das *sechs-* bzw. *achtstündige* Training, sind angezeigt, wenn Kinder bereits an streßbezogenen Erkrankungen leiden. Hier ist es zum einen wesentlich, im Rahmen einer *Sekundärprävention* die bestehenden Risikofaktoren zu identifizieren und zu behandeln. Zum anderen können die beiden Varianten zur *Tertiärprävention* bei Kindern mit chronischen Erkrankungen eingesetzt werden. Eine chronische Erkrankung verursacht wiederum weitere psychosoziale Belastungen, so daß eine Anleitung zur Krankheitsbewältigung erforderlich wird. Da in der sechsstündigen Version die Eltern nicht in das Training mit einbezogen werden, kann dieses intensive Programm eingesetzt werden, wenn die Eltern nicht erreichbar sind, wie es zum Beispiel im Rahmen einer wohnortfernen stationären Rehabilitation der Fall ist.

Indikationsstellung. Die Indikationsstellung einer Streßreaktivität bezieht sich auf drei Ebenen, die hier diskutiert werden sollen:
- Messung der Streßbewältigung,
- Untersuchung der Belastungsregulation und
- Umweltfaktoren.

Auf Seiten des *Kindes* können über Fragebogenverfahren die aktuelle Streßbewältigung und die Bewältigungsdisposition erfaßt werden. Neuere Ansätze untersuchen darüber hinaus psychophysische Regulationsprozesse in aktuellen Belastungssituationen, um noch bessere Aussagen über die Streßreaktivität treffen zu können. Zunächst soll im folgenden auf die Messung der Streßbewältigung und im Anschluß auf die Befunde zur Belastungsinduktion eingegangen werden:

Messung der Streßbewältigung. Für die Erfassung der Streßreaktivität liegen im Kindesalter noch keine befriedigenden Instrumentarien vor. Da zu ihrer Konstruktion auf die *Fragebogenverfahren* im Erwachsenenbereich zurückgegriffen werden muß, sollen hier die Zielsetzung, die Klassifikation der Verfahren und zwei Testverfahren beispielhaft vorgestellt werden (zur Darstellung der Meßinstrumente s. Cohen, 1987; Krohne, 1996; Schwarzer, 1993; Schwarzer & Schwarzer, 1996; zur Methodik s. Leventhal & Tomarken, 1987).

Tabelle 2.4: Skalen und Beispielitems des „Ways of Coping Questionnaire" von Folkman und Lazarus (1988).

Skala 1: „Konfrontative Bewältigung"
Ich hielt die Stellung und kämpfte für meine Interessen!

Skala 2: „Distanzierung"
Ich tat, als ob nichts geschehen wäre!

Skala 3: „Selbstkontrolle"
Ich versuchte, meine Gefühle nicht zu zeigen!

Skala 4: „Suche nach sozialer Unterstützung"
Ich sprach mit jemandem, der konkret etwas zu dem Problem beitragen konnte!

Skala 5: „Anerkennung von Verantwortlichkeit"
Ich erkannte, daß ich das Problem verursacht hatte!

Skala 6: „Flucht/Vermeidung"
Ich hoffte auf ein Wunder!

Skala 7: „Planvolles Problemlösen"
Ich entwarf einen Handlungsplan und zog ihn durch!

Skala 8: „Positive Neueinschätzung"
Ich fand neue Zuversicht!

Die Messung von Bewältigung basiert auf zwei grundlegenden Zielen:

Erstens kann der Bewältigungsprozeß beschrieben werden, indem die aktuellen Bewältigungsreaktionen einer Person in einer fiktiven Belastungssituation erfragt werden. Hiermit kann untersucht werden, welche Bewältigungsstrategien in bestimmten Belastungssituationen geeignet sind, die Streßreaktion auf der subjektiven, behavioralen und somatischen Ebene zu reduzieren. Solche Meßinstrumente sind sehr situationsspezifisch konzipiert, so daß die erzielten Ergebnisse schlecht generalisierbar und zeitlich instabil sind.

Zweitens kann das Ziel sein, mit Hilfe individueller Tendenzen vorherzusagen, welche Bewältigungsmaßnahmen in Belastungssituationen eingesetzt werden. Hiermit ist angestrebt, frühzeitig bei bestimmten Personen unangemessene Streßbewältigungsmaßnahmen zu diagnostizieren, die zum Beispiel eine Risikobereitschaft für Erkrankungen erhöhen können. Unter dieser differentielldiagnostischen Perspektive wird entsprechend von einer Stabilität über die Zeit sowie einer über veschiedenste Situationen bestehenden Generalisierbarkeit der eingesetzten Maßnahmen ausgegangen. Diese beiden Zielsetzungen entsprechen einem Klassifikationsmerkmal der Messung von Bewältigung, indem Bewältigung entweder als episodischer Indikator oder als Disposition gemessen werden kann (vgl. Cohen, 1987; Krohne, 1996).

Lazarus spricht sich strikt gegen einen dispositionsorientierten Ansatz aus, da er bezweifelt, daß hierdurch eine Vorhersage auf die Bewältigungsprozesse getroffen werden kann. Er entwickelte auf der Grundlage seines kognitiv-transaktionalen Streßkonzeptes ein Instrumentarium, das der Erfassung der *aktuellen Streßbewältigung* dient: Die aktuelle Version, des „Ways of Coping Questionnaire" (Folkman & Lazarus, 1988), enthält 50 Items mit vierstufiger Antwortskala, die kognitive und behaviorale Strategien erfassen und acht empirisch entstandenen Skalen zugeordnet werden (vgl. Tab. 2.4).

Trotz vieler Kritikpunkte (u.a. eine geringe psychometrische Qualität) erlaubt das Verfahren jedoch, das Bewältigungsgeschehen in einer aktuellen Belastungssituation angemessen zu beschreiben, was den häufigen Einsatz im klinischen Bereich erklärt.

Ein häufig eingesetztes Instrumentarium zur Erfassung der *Bewältigungsdisposition* ist der „Streßverarbeitungsfragebogen" von Janke, Erdmann und Kallus (1985). Dieses Meßinstrument liegt in vielen Varianten vor und überzeugt durch seine gute Normierung und seine gute psychometrische Qualität. Unter der Vorgabe einer generellen Belastungssituation werden über 114 Items mit einer fünfstufigen Antwortskala unterschiedliche habituelle Bewältigungsstrategien erhoben, die sich zu 19 Skalen zuordnen lassen (vgl. Tab. 2.5).

Problematisch erscheint noch die Vorhersage aktuel eingesetzter Bewältigungsmaßnahmen, was aufgrund der generellen Formulierung der belastenden Situation erklärbar scheint. Zumindest für die Vorhersage aktueller Streßreaktionen haben Kallus und Ising (1996) einen Lösungsversuch vorgestellt: Werden nur die „streßvermehrenden Bewältigungsstrategien", wie gedankliche Weiterbeschäftigung oder Resignation, als

Tabelle 2.5: Bewältigungsstrategien und ihre Kennzeichungen des Streßverarbeitungsfragebogens (Janke et al., 1985).

Subtestbezeichnung	Kennzeichnung
1. Bagatellisierung	Stärke, Dauer oder Gleichgewicht einer Belastung abwerten
2. Herunterspielen durch Vergleich	Sich selbst im Vergleich zu anderen geringeren Streß zuschreiben
3. Schuldabwehr	Fehlende Eigenverantwortlichkeit betonen
4. Ablenkung von der Situation	Sich von streßbezogenen Aktivitäten/Situationen ablenken bzw. streßinkompatiblen zuwenden
5. Ersatzbefriedigung	Sich positiven Aktivitäten/Situationen zuwenden
6. Suche nach Selbstbestätigung	Sich Erfolg, Anerkennung und Selbstbestätigung verschaffen
7. Situationskontrollversuche	Die Situation analysieren, Handlungen zur Kontrolle/Problemlösung planen und ausführen
8. Reaktionskontrollversuche	Eigene Reaktionen unter Kontrolle bringen oder halten
9. Positive Selbstinstruktionen	Sich selbst Kompetenz und Kontrollvermögen zusprechen
10. Bedürfnis nach sozialer Unterstützung	Aussprache, soziale Unterstützung und Hilfe suchen
11. Vermeidungstendenz	Sich vornehmen, Belastungen zu verhindern oder ihnen auszuweichen
12. Fluchttendenz	(Resignative) Tendenz, einer Belastungssituation zu entkommen
13. Soziale Abkapselung	Sich von anderen zurückziehen
14. Gedankliche Weiterbeschäftigung	Sich gedanklich nicht lösen können, grübeln
15. Resignation	Aufgeben mit Gefühlen von Hilflosigkeit, Hoffnungslosigkeit
16. Selbstmitleid	Sich selbst bemitleiden mit mißgünstiger (aggressiver) Komponente
17. Selbstbeschuldigung	Belastungen eigenen Fehl-Handlungen zuschreiben
18. Aggression	Gereizt, ärgerlich, aggressiv reagieren
19. Pharmakaeinnahme	Psychotrope Substanzen (Medikamente, Alkohol, Nikotin) einnehmen

Prädiktorwert zusammengefaßt, ist die Vorhersage der aktuellen Streßreaktionen, insbesondere auf der subjektiven Ebene, wesentlich verbessert.

Die für den Kinderbereich entwickelten Instrumentarien erfassen ebenfalls entweder eher die aktuelle Bewältigung oder die Disposition:
In Anlehnung an die beiden von Lazarus postulierten Bewältigungsfunktionen erfassen Lohaus et al. (1996) die eingesetzten Bewältigungsmaßnahmen, die sich auf die *„problembezogene"* und *„emotionsbezogene Bewältigung"* beziehen. Außerdem fügen sie noch eine dritte Subskala hinzu, die Suche nach sozialer Unterstützung, da die Autoren dieser Bewältigungsstrategie eine wesentliche Rolle bei der Streßbewältigung bei Kindern zuschreiben. Über jeweils acht Items mit

einer fünfstufigen Antwortskala werden diese drei Skalen für zwei unterschiedliche Belastungssituationen erhoben, und zwar „Streit mit Freunden" und „Antreiben der Eltern bei schwierigen Hausaufgaben". Im englischsprachigen Bereich wurden dagegen noch weitere Strategien zur aktuellen Bewältigung als wesentlich erachtet: Rossman (1992) unterscheidet in einer revidierten Version ihres „Children's perceived coping questionnaire" aufgrund faktorenanalytischer Ergebnisse sechs Skalen zur Emotionsregulation (vgl. Tab. 2.6).
In Studien mit ihrem ursprünglichen Fragebogen hatten sich nur die ersten fünf Faktoren ergeben. Auch in einer Untersuchung von Mellins et al. (1996) konnte die Faktorenlösung für diesen Fragebogen nicht repliziert werden. Die Autoren erhielten folgende fünf Faktoren:

Tabelle 2.6: Skalen und Beispielitems des „Children's Perceived Coping Questionnaire" von Rossman (1992).

Skala 1: „Inanspruchnahme der sozialen Unterstützung von umsorgenden Personen"
Ich spreche mit Mama oder Papa darüber, daß ich mich schlecht fühle!

Skala 2: „Ablenkung/Vermeidung"
Ich versuche, ein Hobby oder Spiel zu machen, um es zu vergessen!

Skala 3: „Ausführen spannungsreduzierenden Handlungen"
Ich kaue an den Fingernägeln oder lutsche am Daumen!

Skala 4: „Inanspruchnahme der sozialen Unterstützung von Gleichaltrigen"
Ich rede mit Freunden, wenn ich mich schlecht fühle!

Skala 5: „Selbst-Beruhigung"
Ich atme tief ein, wenn etwas Schlechtes passiert ist!

Skala 6: „Ärger"
Es hilft mir, wenn ich mit jemandem kämpfe oder ich jemanden schlage, wenn ich mich schlecht fühle!

1. Ablenkung (z.B. Fernseh gucken),
2. Inanspruchnahme der sozialen Unterstützung von den Eltern (z.B. Mama oder Papa um Hilfe fragen),
3. Inanspruchnahme der sozialen Unterstützung von Gleichaltrigen (z.B. Gespräch mit Freunden),
4. Problemlösung (Versuch, das Problem zu durchdenken oder zu lösen) und
5. Selbst-Beruhigung (z.B. sich selbst zu sagen, daß es doch gar nicht so schlimm ist).

Spirito et al. (1991; vgl. auch Spirito, Stark & Knapp, 1992) entwickelten für Kinder und Jugendliche einen Fragebogen zur Erfassung der kognitiven und verhaltensbezogenen Bewältigungsstrategien. Über 15 Items werden zehn Skalen erhoben, wobei die Strategien hinsichtlich ihrer Häufigkeit (in den letzten Wochen) und ihrer Effizienz eingeschätzt werden müssen (vgl. Tab. 2.7).

Seiffge-Krenke (1988) entwickelte auf der Basis einer freien Befragung von Jugendlichen im Alter zwischen zwölf und 18 Jahren einen Fragebogen zur Erfassung der aktuellen Streßbewältigung für Jugendliche, den sie an einer Stichprobe von 1028 Jugendlichen im Alter von zwölf bis 19 Jahren evaluierte. Die antizipatorische Streßbewältigung wird hier nicht inhaltsfrei, sondern bezogen auf folgende acht jugendtypische Problemsituationen erfragt: schlechte Schulnoten, Streit mit den Eltern, Angst vor Ablehnung durch Gleichaltrige, mangelnde Freizeitkontakte, Konflikte mit andersgeschlechtlichen Freunden, Selbst-Unzufriedenheit, Sorge um den Ausbildungsplatz und Angst vor Umweltzerstörung. Die item- und varianzanalytischen Auswertungen ergaben, daß sich das Bewältigungsverhalten mit Hilfe von 20 Items erfassen läßt, die drei Komponenten zugeordnet sind:

Die *erste* Komponente umfaßt sieben Items und ist durch eine aktive Bewältigung unter Nutzung sozialer Ressourcen charakterisiert (z.B. „Ich versuche, mit Freunden meine Probleme gemeinsam zu lösen!"). Die *zweite* Komponente beinhaltet sechs Items und faßt die internalen Bewältigungsstrategien zusammen (z.B. „Ich denke über das Problem nach und spiele verschiedene Lösungsmöglichkeiten in Gedanken durch!"). Die *dritte* Komponente umfaßt wieder sieben Items und bezieht sich auf problemmeidendes Verhalten (z.B. „Ich mache meinem Ärger und meiner Ratlosigkeit ‚Luft' durch Schreien, Heulen, Türenknallen, etc.!"). Die Autorin vergleicht die Befunde mit anderen Ergebnissen sowohl aus dem Jugend- als auch aus dem Erwachsenenbereich und weist darauf hin, daß sich situationsübergreifende Bewältigungsmodi darstellen, die sich auf drei wesentliche Grunddimensionen beziehen:

1. Aktive Problembewältigung und die Suche nach sozialer Unterstützung,
2. kognitive Bewältigungsformen sowie
3. Abwehrdimensionen.

In unserer Arbeitsgruppe wurde ein Meßinstrument entwickelt (Hampel, Petermann & Dickow, 1998a), mit dessen Hilfe die Disposition zur Streßbewältigung erfaßt werden kann. In Anlehnung an den Streßverarbeitungsfragebogen von Janke et al. (1985) wurden

Tabelle 2.7: Kategorien und Beispielitems des „Kidcope" von Spirito et al. (1991).

Kategorien	Beispielitem
1. Ablenkung	Ich versuche einfach, es zu vergessen!
2. Soziale Abkapselung	Ich verschweige das Problem!
3. Kognitive Umstrukturierung	Ich versuche, die guten Seiten der Dinge zu sehen!
4. Selbstkritik	Ich mache mich selbst verantwortlich für das Problem!
5. Fremd-Beschuldigung	Ich mache jemand anderen für das Problem verantwortlich!
6. Problemlösung	Ich versuche, das Problem zu lösen, indem ich etwas tue oder mit jemandem rede!
7. Emotionale Regulation	Ich versuche, mich zu beruhigen!
8. Wunschhaftes Denken	Ich wünschte, das Problem wäre nie aufgetreten!
9. Soziale Unterstützung	Ich versuche, daß es mir besser geht, wenn ich mit anderen zusammen bin!
10. Resignation	Ich tue nichts anderes, weil das Problem noch nicht gelöst ist!

zehn Bewältigungsstile ausgewählt (vgl. auch Tab. 2.8 und Tab. 2.9 im nächsten Abschnitt), wobei sechs günstige und vier ungünstige Bewältigungsstrategien einbezogen wurden: Im Bereich der günstigen Strategien werden positive Selbstinstruktionen, Situationskontrollversuche, Erholungsverhalten, Suche nach sozialer Unterstützung, Bagatellisierung und Ablenkung erfaßt, während sich die negativen Bewältigungsstile auf die passive Vermeidung, gedankliche Weiterbeschäftigung, Resignation und Aggression beziehen. Die Skalen werden über jeweils vier Items abgefragt und für die folgenden beiden Situationen auf einer fünfstufigen Antwortskala (immer-oft-manchmal-selten-nie) bestimmt: „Mein Freund redet schlecht über mich!" und „Eine schwierige Klassenarbeit schreiben!". Somit wurde im Gegensatz zur Konzeption des Streßverarbeitungsfragebogens von einer Vorgabe einer generellen Anweisung abgewichen, da eine derartige Abstraktionsleistung für die Kinder zu schwierig ist. Die zukünftigen Studien lassen eine Normierung der Fragebogenkennwerte erwarten. Auf dieser Grundlage können die Kinder nach ihren Ausprägungen in ihrer Streßreaktivität den Interventionen zugeteilt werden. Allerdings sollte die Indikationsstellung nicht allein aufgrund dieser Ergebnisse erfolgen, da erst durch die Berücksichtigung von mehreren Bereichen eine valide Belastungsdiagnostik gewährleistet ist. So sollten noch Befunde hinzugefügt werden, die sich in einer aktuellen Belastungsinduktion darstellen. Hierzu wurden in neuerer Zeit Ansätze entwickelt, die es erlauben, psychophysische Regulationsprozesse unter kontrollierten Bedingungen zu untersuchen. Somit besteht die Möglichkeit, nicht nur Bewältigungsstile bei einer Belastungsdiagnostik zu verwenden, sondern sie durch physiologische und auch verhaltensbezogene Belastungskennwerte zu ergänzen.

Studien zur Belastungsregulation. Die bislang entwickelten methodischen Ansätze zur Belastungsinduktion sollen im folgenden dargestellt werden: Matthews, Woodall und Stoney (1990) verwendeten in einer Längsschnittstudie bei Kindern im Alter von sechs bis 18 Jahren drei unterschiedliche Stressoren: Die Kinder mußten

* für zwei Minuten serielle Substraktionen vornehmen,
* für drei Minuten einen Spiegel-Nachzeichentest durchführen und
* 2,5 Minuten lang ihre Handmuskeln kontrahieren.

Es konnten Veränderungen in den kardiovaskulären Kennwerten unter den Belastungen aufgezeigt werden. In einer Untersuchung von Treiber et al. (1993) ergaben sich unter einem cold pressure-Test und einem Ergometertest bei Kindern im Alter von sechs bis acht Jahren ebenfalls bedeutsame Veränderungen in kardiovaskulären Parametern. Die Arbeitsgruppe um Murphy hat in zahlreichen Studien eine Belastung bei Kindern durch das Bearbeiten eines Videospiels erzeugt (zusammenfassend s. Murphy et al., 1991). In einer Längsschnittstudie über ein Jahr mit sieben- bis achtjährigen Kindern zeigte sich, daß die Reaktivitätsmaße für die kardiovaskuläre Aktivität (den systolischen und diastolischen Blutdruck) innerhalb des Jahres höher zusammenhingen als die Ruhewerte. Die Autoren schlußfolgern, daß die kardiovaskuläre Reaktivität in einer psychischen Belastungssituation ein bedeutsamer Faktor für die Vorhersage des zukünftigen Blutdruckwertes ist. Diese konsistenten Ergebnisse zur kardiovaskulären Reaktivität unterstützen die Annahme, daß gerade durch die aktuelle Belastungsinduktion ein wesentlicher Informationsgewinn für die Indikationsstellung erzielt werden kann.

Buske-Kirschbaum et al. (1997) untersuchten das „Öffentliche Sprechen" in einer Studie bei Kindern im Alter von acht bis 14 Jahren mit atopischer Dermatitis. Sie baten die Kinder, einen Anfang einer Geschichte zu vervollständigen und öffentlich vorzutragen. Hierfür konnten sich die Kinder in einer zehnminütigen Phase gedanklich auf die Rede vorbereiten. Anschließend stand den Kindern eine Zeit von fünf Minuten zur Verfügung, um die Geschichte vor Zuhörern vorzutragen. Kombiniert wurde diese Belastungsinduktion noch mit einer anschließenden mentalen Belastungsaufgabe, in der die Kinder aufgefordert wurden, serielle Substraktionen vorzunehmen. Unter den Belastungen ergaben sich Veränderungen in der Herzrate und im Speichelcortisol. Durch die Kombination der mentalen Aufgabe mit der eher emotional belastenden Sprechangstsituation sind hier jedoch wesentliche Merkmale der Belastungssituation konfundiert, so daß die Interpretation der Effekte leider erschwert ist (zur Methodenkritik s. Erdmann & Baumann, 1996; Erdmann & Voigt, 1995).

Bei den bislang vorgestellten Anordnungen ist anzumerken, daß in einigen Ansätzen auch Leistungskennwerte bestimmt werden können, die bislang in der Streßforschung im Kindes- und Jugendalter zu sehr vernachläßigt wurden. Insbesondere in psychoimmunologischen Studien mit Erwachsenen wurde als Belastungsinduktion der Farbe/Wort-Konflikttest eingesetzt (zusammenfassend s. Schulz & Schulz, 1997). Hierbei werden Farbwörter in Kongruenz oder Inkongruenz zu ihrer Farbe dargeboten. Die Aufgabe besteht darin, nicht das Wort zu lesen, sondern die Farbe des Wortes zu benennen. So konnten Befunde von Landmann, Müller, Perini und Wesp (1984) wiederholt repliziert werden, die zeigen, daß eine Bearbeitung des Stroop-Tests immunologische Veränderungen induziert (u.a. Bachen et al., 1995; Zakowski, 1995).

Kindt, Broschott und Everaerd (1997) verglichen diesen Standard-Stroop-Test mit einer modifizierten Version bei acht- bis neunjährigen Kindern. Um eine verzögerte kognitive Verarbeitung hoch-ängstlicher Kinder gegenüber bedrohlichen Stimuli nachzuweisen, verwendeten sie neben dem Standard-Test noch einen emotionalen Stroop-Test. Hier werden angsterzeugende Wörter, wie zum Beispiel „Injektion" oder „Mörder", präsentiert. Im Gegensatz zu Befunden bei den Erwachsenen (vgl. MacLeod & Rutherford, 1992) und bei einer klinischen Stichprobe von sechs- bis zwölfjährigen Kindern mit einer Spinnenphobie (Martin, Horder & Jones, 1992) zeigten sich bei allen Kindern verzögerte Antwortlatenzen bei bedrohlichen Wörtern. Die Autoren interpretieren diesen hypotheseninkonformen Befund dadurch, daß Kinder aufgrund ihrer kognitiven Entwicklung noch nicht in der Lage sind, die Verarbeitung emotionaler Informationen zu unterdrücken. Trotz dieser negativen Befunde sollte diese Anordnung weiterhin bei Kindern untersucht werden, denn hiermit besteht die Möglichkeit, auch Kennwerte für eine kognitive Informationsverarbeitung unter belastenden Bedingungen zu erheben.

In unserer Arbeitsgruppe soll in zukünftigen Studien ein weiterer Ansatz an eine kindgerechte Belastungsinduktion angepaßt werden. Diese Belastungsinduktion soll gewährleisten, daß eine genauere Analyse psychologisch relevanter Belastungsbedingungen möglich ist und die transaktionale Streßkonzeption von Lazarus experimentell im Kindesbereich überprüft werden kann (zu diesem Untersuchungsansatz im Erwachsenenbereich s. Walschburger, 1994; Walschburger, Hampel, Mayr & Sauer, 1987).

Die berichteten Befunde zeigen, daß schon erste Ansätze zur Entwicklung von Meßinstrumenten und von Untersuchungsanordnungen zur experimentellen Belastungsinduktion für die Erfassung der Streßreaktivität der Kinder formuliert wurden, die in Zukunft zu zuverlässigen Aussagen führen werden. Dagegen sind bislang kaum Erhebungsmethoden für das soziale Umfeld der Kinder entwickelt worden. Da jedoch die Eltern die Streßbewältigung ihrer Kinder beeinflussen, sollen hier erste Überlegungen zu dieser Fragestellung kurz umrissen werden.

Umweltfaktoren. In unserer Arbeitsgruppe (vgl. Hampel et al., 1998a) wird ein Meßinstrument zur Fremdbeurteilung der Streßreaktivität der Kinder durch die Eltern entwickelt. Hierbei sollen die Eltern die Belastungssituationen ihrer Kinder hinsichtlich der Bedeutsamkeit und Intensität einstufen sowie die physischen Beanspruchungssymptome einschätzen. Zusätzlich wird ein Streßverarbeitungsfragebogen für die Eltern entwickelt, um die Zusammenhänge der Streßbewältigungsstile zwischen den Eltern und Kindern bestimmen zu können.

Kontraindikation. Das AST ist bei Kindern nicht geeignet, bei denen andere Beeinträchtigungen oder Störungen im Vordergrund stehen, die nicht mit dem Streßerleben in Beziehung stehen. So ist das AST bei

- massiven Verhaltensstörungen,
- Lern- und geistiger Behinderung und
- ausgewählten neurologischen Erkrankungen (z.B. Epilepsie)

nicht geeignet.

2.3.2 Trainingsziele und Trainingselemente

Das AST für Kinder basiert theoretisch auf der psychologischen Streßkonzeption von Lazarus (Lazarus & Folkman, 1986; Lazarus & Launier, 1981). Als Rahmen für die intensiven Programmvarianten dient das SIT (Meichenbaum, 1991). Zur Veranschaulichung des Streßgeschehens wird das Modell der Streßwaage von Klein-Heßling und Lohaus (1997) übernommen. Im Vergleich zu diesem Streßbewältigungstraining für Grundschulkinder sollen hier jedoch die Anzahl der vermittelten Bewältigungsstrategien bedeutsam erweitert und günstige von ungünstigen Strategien deutlicher voneinander abgehoben werden. Außerdem sollen die Entspannungsübungen, trotz der negativen Befunde zur Wirksamkeit der Entspannung, wieder mehr in die Trainingssitzungen integriert werden. Schließlich werden die Eltern nicht nur an einem Elternabend beraten, sondern auch aktiv bei zwei Treffen mit einbezogen (vgl. Anti-Streß-Training mit Elternbeteiligung; AST_8).

Zielsetzung. Das Ziel des Trainings besteht darin, daß die aktuelle psychische Belastung der Kinder reduziert wird und Fertigkeiten zur Streßbewältigung erlernt werden, so daß der Umgang mit psychischen Belastungen langfristig verbessert wird. Die Kurzversionen unterscheiden sich allerdings von den intensiven Programmvarianten in der Gewichtung der Trainingsziele: Bei den beiden Kurzversionen liegt der Schwerpunkt auf der Streßreduktion, jedoch können in der Kürze nur erste Lösungen zum Streßmanagement erarbeitet werden. Im Mittelpunkt der beiden intensiven Programme steht dagegen das Streßmanagement: Die latent vorhandenen Bewältigungsmaßnahmen sollen bekräftigt und neue Strategien aufgebaut werden, so daß ein flexibles Repertoire an Bewältigungsmaßnahmen etabliert wird. Im Sinne von Meichenbaum soll den Kindern vor allem vermittelt werden, daß Streßsituationen lösbare Probleme darstellen. Im Sinne von Lazarus soll ihnen verdeutlicht werden, daß sie aktiv zum Streßgeschehen wie auch zum Bewältigungsprozeß beitragen.

Somit bestehen die *Trainingsziele* in

- einer Wahrnehmungsschulung der Belastungssituationen und Streßreaktionen,
- einer Reformulierung des Streßgeschehens,
- einem Bewußtwerden der ungünstigen Bewältigungsmaßnahmen sowie
- dem Kennenlernen und Einüben von günstigen Bewältigungsmaßnahmen.

Tabelle 2.8: Günstige Streßbewältigungsstrategien („Streßkiller") des Anti-Streß-Trainings für Kinder (angelehnt an den Streßverarbeitungsfragebogen von Janke et al., 1985).

Skala im Streßverarbeitungsfragebogen	Regel im AST
Bagatellisierung	Alles halb so schlimm!
Ablenkung	Ich denke an etwas anderes!
Situationskontrolle	Erst einmal einen Plan machen!
Reaktionskontrolle	Ich muß mich erst mal in den Griff kriegen!
Entspannung	Ich entspanne mich erst mal!
Positive Selbstinstruktionen	Ich mache mir Mut!
Suche nach sozialer Unterstützung*	Ich bitte jemanden um Hilfe!
Leugnen**	Ich habe doch keinen Streß!
Erholung**	Nach einer Pause geht alles besser!

Anmerkung: *   Diese Skala wurde von den Autoren den streßverringernden Strategien zugeordnet.
          **   Diese Skala wurde von den Autoren hinzugefügt.

Tabelle 2.9: Ungünstige Streßbewältigungsstrategien („Mega-Stresser") des Anti-Streß-Trainings für Kinder (angelehnt an den Streßverarbeitungsfragebogen von Janke et al., 1985).

Skala im Streßverarbeitungsfragebogen	Regel im AST
Vermeidung	Ich gehe dem Streß lieber aus dem Weg!
Flucht	Nichts wie weg!
Soziale Abkapselung	Ich igel mich ein!
Gedankliche Weiterbeschäftigung	Ich grübel ständig über das Problem
Resignation	Ich schaffe das nie!
Aggression	Ich gehe erst mal in die Luft!

Tabelle 2.10: Die Grundbegriffe des Streßgeschehens in der Fachsprache und in der Umsetzung in eine kindgerechte Sprache.

Streßbegriffe in der Fachsprache	Bezeichnungen im AST
Belastungssituationen	„Streßsituationen"
Streßreaktionen	„Streßantworten"
Effektive Bewältigungsmaßnahmen	„Streßkiller"
Ineffektive Bewältigungsmaßnahmen	„Mega-Stresser"
Rückkehr zur Homöostase	„Happy-Hippo-Laune"

In allen vier Trainingsvarianten lernen die Kinder neun günstige Bewältigungsmaßnahmen kennen (vgl. Tab. 2.8), die in den beiden intensiven Trainingsversionen auch eingehend eingeübt werden. Jedoch werden im Training nicht nur die günstigen Strategien besprochen, sondern auch die streßvermehrenden Eigenschaften der ungünstigen Bewältigungsstrategien (vgl. Tab. 2.9). Diese Bewältigungsstrategien wurden von Skalen des Streßverarbeitungsfragebogens von Janke et al. (1985; vgl. auch Janke & Erdmann, 1997) abgeleitet. Im Unterschied zu den Autoren dieses Fragebogens wird im AST die Strategie „Suche nach sozialer Unterstützung" den streßverringernden Strategien zugeordnet. Die Kinder werden allerdings darauf aufmerksam gemacht, daß eine ständige Hilfestellung durch andere nicht zur langfristigen Problemlösung führt. Die Erfahrungen zeigen, daß es durchaus gelingt, den Kindern die situationsspezifische Effektivität dieser Bewältigungsmaßnahme zu vermitteln. Ergänzt wurden die günstigen Strategien noch durch eine Erholungs- und Verleugnungsskala, da die Erholungs-Belastungs-Forschung die Bedeutung dieser Ressource nahegelegt hat (vgl. Allmer, 1996). Kinder besitzen oft wenig Kontrollmöglichkeiten, so daß auch defensive Bewältigungsstrategien sehr wichtig sind (vgl. Klein-Heßling & Lohaus, 1995).

Die ausgewählten Bewältigungsmaßnahmen wurden in kindgerechte Regeln übersetzt. Die Differenzierung dieser Strategien schien weitaus angemessener und für die Praxis eindeutiger als die grobe Unterteilung von Lazarus in emotionsregulierende und problembezogene Bewältigungsmaßnahmen. Hierbei lassen sich die Bewältigungsstrategien jedoch den Bewältigungsfunktionen zuordnen: Eine emotionsregulierende Bewältigung bezieht die Bagatellisierung, Ablenkung, Reaktionskontrolle, Entspannung und Erholung mit ein. Situationskontrolle, positive Selbstinstruktionen und Leugnen sind dagegen problembezogene Bewältigungsmaßnahmen.

Methodenrepertoire. In dem Training werden verschiedene Methoden der Verhaltensmodifikation eingesetzt, um damit in effektiver Weise eine hohe Streßbewältigungskompetenz aufzubauen. Die Trainingselemente sollen so kombiniert werden, daß Bewältigungsmaßnahmen flexibel eingesetzt werden können.

Wissensvermittlung. Mit Hilfe des Modells der Streß-waage wird verdeutlicht, daß beim Streßgeschehen fünf Aspekte zu unterscheiden sind (vgl. Tab. 2.10). Darüber hinaus lernen die Kinder noch mehrere Bereiche bei den Belastungssituationen und den Streßreaktionen zu differenzieren. So wird bei den Belastungssituationen zwischen inneren und äußeren Anforderungen unterschieden. Desweiteren sind bei den Streßreaktionen die emotionale, kognitive und körperliche Ebene voneinander abzugrenzen.

Bei der Wissensvermittlung ist es wichtig, daß das Kind jeden erlernten Begriff mit illustrativen, altersangemessenen Beispielen verknüpft.

Kognitive Umstrukturierung ungünstiger Sichtweisen wird dadurch erzielt, daß das Streßgeschehen neu bewertet wird; dem Kind wird dadurch verdeutlicht, daß Belastungssituationen mit den geeigneten Bewältigungsmaßnahmen gelöst werden können.

Selbstbeobachtung wird bei den Kindern vor allem durch Hausaufgaben angeregt, in denen sie ihr Streßgeschehen beobachten und dokumentieren müssen. Hierdurch gelingt es, den Kindern Zusammenhänge zwischen

- den Belastungssituationen und den Beanspruchungssymptomen sowie
- den günstigen Bewältigungsmaßnahmen und dem Wohlbefinden nach der erfolgreichen Streßbewältigung

aufzuzeigen.

In den längeren Versionen des AST können die Kinder durch die Beobachtungen von Alltagssituationen in die Lage versetzt werden, zwischen mehreren günstigen Bewältigungsmaßnahmen in einer Belastungssituation auszuwählen.

Diskriminationslernen. Die Kinder werden unterwiesen, wie sie die Streßreaktionen auf der emotionalen und körperlichen Ebene besser wahrnehmen können. Die Spiele zur Wahrnehmungsschulung von Gefühlen und Stimmungen werden dabei im Training einleitend vermittelt, um die Kinder sofort zu befähigen, differenzierte Lösungsvorschläge zu entwickeln.

Folgende Methoden werden eingesetzt, um günstige Bewältigungsmaßnahmen aufzubauen:

Schrittweises Problemlösen. Mit Arbeitsmaterialien (z.B. Videofilmen, Alltagsbeispielen) wird den Kindern ein Problem demonstriert; sie erhalten Hinweise, anhand derer sie ein Problem erkennen, einordnen und Lösungsalternativen abwägen können. Mit Hilfe des

Modells der Streßwaage kann den Kindern darüber hinaus verdeutlicht werden, daß eine gelungene Streßbewältigung mit dem Durchführen von Lösungsschritten verbunden ist: Zunächst muß eine Belastungssituation erkannt und die Streßreaktionen wahrgenommen werden. Anschließend muß die Auswahl der günstigen Bewältigungsstrategie erfolgen, um dann an dem Befinden nach dem Bewältigungsverhalten zu überprüfen, ob die Belastung erfolgreich vermindert werden konnte.

Erholungsverhalten wird besprochen, ermittelt und in den Alltag übertragen. Falls die Eltern beteiligt sind, werden auch gemeinsame Erholungsaktivitäten gesammelt. Den Kindern wird bewußt gemacht, daß ihr Verhalten in den „Streß-Pausen" sehr wichtig ist, um sich effektiv zu erholen.

Positive Selbstinstruktionen werden zum einen spielerisch eingeübt. Hierzu wählen sich die Kinder Handlungen und Eigenschaften aus, auf die sie stolz sein können. Außerdem sollen die Kinder abends über das Tagesgeschehen nachdenken und sich dabei Erfolgserlebnisse intensiv vorstellen. Immer besitzt die Instruktion „Ich mache mir Mut!" eine besondere Bedeutung. Gleichfalls wird im Training jede Gelegenheit genutzt, die Kinder zur Selbstverstärkung anzuregen.

Entspannung ist ein zentraler Baustein eines Streßbewältigungstrainings. Den Kindern wird eine kindgerechte Version der PMR vermittelt. Hierbei werden zu Beginn ausführliche Übungen gelernt, um zu gewährleisten, daß sich eine Entspannung einstellt. Den Kindern wird verdeutlicht, daß sie durch tägliches Üben die Belastung langfristig vermindern können. Wenn die ausführlichen Übungen auch zu Hause erfolgreich umgesetzt wurden, lernen die Kinder außerdem auch kürzere Übungen kennen. Schließlich wird eine Kurzformel mit der Dauer von ca. zwei Minuten vermittelt, die die Kinder in aktuellen Belastungssituationen einsetzen können. Die Kinder erfahren mit Hilfe der Entspannung, daß sie ihre körperliche und emotionale Anspannung vermindern können.

Flexibilisierung der Bewältigungsstrategien wird besonders in den intensiven Trainingsversionen angestrebt. Innerhalb des Trainings sollen die Kinder in unterschiedlichen Rollenspielen ihre Handlungsroutinen ausprobieren. Außerhalb der Sitzungen erhalten sie verhaltensbezogene Hausaufgaben, um die erworbenen Strategien im Alltag zu überprüfen. Das Ziel ist es, daß die Kinder alle neun Bewältigungsmaßnahmen im Training erproben.

Zusätzlich sollen sie erkennen, daß sie schrittweise neue Bewältigungsstrategien erlernen, so daß sie die unterschiedlichen Belastungssituationen besser bewältigen können.

Das *Modellernen* gestattet es, komplexes Verhalten ökonomisch einzuüben. Als Modelle können die Kinder der Gruppe oder „gefilmte Modelle" (Videoszenen u.ä.) dienen. Modellernen gelingt besonders gut, wenn altersangemessene und attraktive Modelle vorliegen. Zudem sollte das einzuübende Verhalten einen spezifischen Bekräftigungswert besitzen. Dies ist gegeben, wenn das Verhalten die Belastung erfolgreich reduziert. Für Kinder ist es besonders motivierend, wenn sie erfahren, daß sie innerhalb weniger Sitzungen Verhaltensfortschritte erzielt haben. Ein solcher Effekt ist durch Videodokumentationen des Trainingsverlaufs leicht herstellbar. Hierdurch können die Kinder ihre Lernfortschritte autenthisch erleben.

Transfer in den Alltag wird zum einen erreicht, indem die Kinder die Entspannung zu Hause und später auch in Belastungssituationen einsetzen. Zum anderen erhalten die Kinder verhaltensbezogene Hausaufgaben, in denen sie zum Beispiel die Erholungsaktivitäten im Alltag ausprobieren und verstärken sollen. In den beiden intensiven Varianten können die Kinder das erlernte Bewältigungsverhalten im Alltag überprüfen. Durch diese Maßnahmen gelingt es, die Selbstwirksamkeit und die Bewältigungskompetenzen der Kinder zu steigern.

Rückfallprävention ist ein wesentlicher Baustein zur Verhaltensstabilisierung. Im Training sollen Rückfallfaktoren identifiziert werden. Wichtig ist, daß die Kinder lernen, daß es zwar Rückschläge geben wird, es jedoch darauf ankommt, wie sie diese bewerten. Durch Vorstellungsübungen bauen die Kinder Kompetenzen auf, wie sie mit zukünftigen Belastungssituationen besser umgehen können.

Elternbeteiligung. Ein aktives Einbeziehen der Eltern stellt sicher, daß die Risikofaktoren innerhalb der Familie noch besser beeinflußt werden können. Um allerdings kein ungünstiges Zahlenverhältnis zwischen Erwachsenen und Kindern zu erhalten, darf an den beiden gemeinsamen Sitzungen nur ein Elternteil teilnehmen. Aufgrund des Aufbaus des Trainings muß in beiden Treffen immer dieselbe Begleitperson mitkommen. Mit dieser Form der Elternbeteiligung wird die Möglichkeit geschaffen, daß die Eltern das Streß- und Bewältigungsgeschehen ihrer Kinder besser kennen-

lernen. Das Verständnis der Eltern für die Problemlage des Kindes wird erheblich verbessert, wenn eine Perspektivenübernahme in den Rollenspielen erfolgt.

2.3.3 Rahmenbedingungen

Das AST ist als *Gruppentraining* konzipiert. Da Kinder mit Verhaltensstörungen ausgeschlossen werden, ist es nicht erforderlich, Einzeltrainings durchzuführen. Ein Gruppentraining bietet die Möglichkeit zu sozialen Vergleichen und zum Aufbau sozialen Verhaltens: Für Kinder ist es wichtig, zu erfahren, daß auch andere Kinder Streß erleben. Außerdem können die anderen Kinder in Spielen als Modelle dienen, so daß günstiges Bewältigungsverhalten beobachtet werden kann. Darüber hinaus können die Trainer die Kinder dazu anleiten, in einigen Spielen in Gruppen zu arbeiten, so daß Fertigkeiten sozialen Unterstützungsverhaltens geschult werden können.

Eine *Gruppengröße* zwischen vier und sechs Kindern hat sich als effektiv erwiesen. Günstig ist es, wenn eine gerade Anzahl von Kindern teilnimmt, da einige Spiele als Partnerspiele konzipiert sind.

Bei der *Gruppenzusammensetzung* sollte darauf geachtet werden, daß die Gruppe nicht sehr inhomogen ist. Als Kriterien sollten vor allem

- das Alter
- das Geschlecht sowie
- die Art, Dauer und Intensität der Beanspruchung

beachtet werden. Außerdem hat sich in Trainings im schulischen Umfeld gezeigt, daß Gruppen mit ungünstigen Rollenstrukturen nicht effektiv sind. Generell scheint eine Gruppe mit Kindern, die sich nicht kennen, vorteilhaft.

Die *Dauer* der Trainingssitzungen beträgt jeweils 90 Minuten. Spielpausen sind in den beiden intensiven Trainingsversionen und in der als eigenständiges Programm konzipierten vierstündigen Version aufgeführt. Da die zweistündige Version im stationären Bereich durchgeführt wird, sollte hier darauf geachtet werden, daß das Training mit den vermerkten Pausen im Klinikalltag günstig integriert wird.

Anwendungsbereich. Das AST ist für Kinder im *Alter* zwischen acht und 13 Jahren entwickelt worden. Erste Erfahrungen zeigen, daß das kindgerecht gestaltete Programm und Arbeitsmaterial durch die Kinder gut aufgenommen wird (vgl. Abschnitt 2.4). Bei den 13jährigen Kindern deutet sich an, daß hier auf die Zusammensetzung der Gruppe sehr zu achten ist. So werden die Atmosphäre und Trainingsmotivation verbessert, wenn die Gruppen eher gleichgeschlechtlich gebildet werden.

Anmerkungen zum Trainingsmanual. Die *Instruktionen* sind im vorliegenden Training ausformuliert worden. Dies soll der Verdeutlichung der Trainingsinhalte und deren praktische Umsetzung in den Spielen dienen. Wir verstehen diese Instruktionen als Hilfestellungen für die Trainer, jedoch nicht als zwingende Vorgabe. Wir weisen darauf hin, daß einige Bausteine des Trainings durchaus durch andere Techniken ersetzt werden können. So könnte zum Beispiel die PMR gegen ein anderes *Entspannungsverfahren* ausgetauscht werden, wenn es die Gruppenzusammensetzung nahelegt. Besteht zum Beispiel die Gruppe nur aus achtjährigen Kindern, könnte eher ein bildgeleitetes Entspannungsverfahren (Kapitän-Nemo-Geschichten, Petermann, 1996) geeignet sein, da sich diese Entspannungsverfahren bei jüngeren Kindern als effektiv erwiesen haben. Außerdem können die Spiele zum Kennenlernen und zur Körperwahrnehmung durch andere Spiele ersetzt oder ergänzt werden.

Der *Vertrag*, der zwischen den Trainern und Kindern abgeschlossen wird, um eine Verbindlichkeit zu schaffen, ist ein wichtiger Bestandteil der Verhaltenstrainings in unserer Arbeitsgruppe. Unseres Erachtens ist es notwendig, klare Regeln einzuführen, die im Training eingehalten werden müssen. Auch hier ist es den Anwendern überlassen, zu entscheiden, ob sie einen Vertrag abschließen möchten und welche Bedingungen in diesem Vertrag aufgestellt werden sollen (Vertragsentwurf s. 7.2.2).

Abschließend soll angeführt werden, daß im Manual zwar die Besprechung von *schulischen Belastungssituationen* im Vordergrund stehen. Aber zum einen ermöglichen die Spiele, daß die Kinder die Gespräche auf ihre individuell bedeutsamen Belastungssituationen, Beanspruchungssymptome und Bewältigungsmaßnahmen lenken. Zum anderen sollten sich die Trainer auf die Defizite und Bedürfnisse der Kinder ausrichten: So sollten krankheitsspezifische Belastungssituationen und Bewältigungsmaßnahmen sowie Kontrolltechniken einbezogen werden, wenn das AST im Rahmen der Sekundär- oder Tertiärprävention eingesetzt wird. Dies kann gut über eine andere Themenstellung in den Rollenspielen umgesetzt werden. So schlug zum Beispiel ein Mädchen in einer Schulung für Kinder mit Hauterkrankungen (Psoriasis) folgendes Thema vor: „Ich möchte zur Abschlußfeier ein wunderschönes Kleid anziehen" (Scheewe, 1997; pers. Mitteilung).

Trainingsmaterial. Die Utensilien, die für das Training notwendig sind, bestehen in Schreibmaterialien, Schreibkarten, Übersichts-Folien und Spielmaterialien.

Um eine Redundanz zu vermeiden, wurden die *Arbeitsmaterialien* und *-blätter*, die in den meisten Trainingsvarianten eingesetzt werden, im siebten Abschnitt aufgeführt. Dagegen sind die Arbeitsmaterialien, die nur in einer Trainingsversion benutzt werden, am Ende der Instruktionen der jeweiligen Version abgebildet. Ein *Modell der Streßwaage* sollte aus Pappe gebastelt werden und beweglich sein (vgl. Deckblatt zum Arbeitsblatt „Streßwaage"; 7.2.4). Im Gegensatz zum Modell von Klein-Heßling und Lohaus (1997) sollte für das AST jedoch realisiert werden, daß es drei Waagschalen mit unterschiedlichen Farben gibt:
Die Waagschale
- für die Streßsituationen sollte rot,
- für die günstigen Bewältigungsmaßnahmen grün und
- für die ungünstigen Bewältigungsmaßnahmen gelb sein.

Die Waagschalen für die Streßsituationen und ungünstigen Bewältigungsmaßnahmen sollten permanent an der Waage befestigt sein. Die Waagschale für die günstigen Bewältigungsmaßnahmen sollte über die gelbe Waagschale geklemmt werden. Nach Bedarf kann die grüne Waagschale entfernt werden, so daß die Waagschale für die ungünstigen Bewältigungsmaßnahmen zum Vorschein kommt. Mit dem Modell der Streßwaage können die Streßbegriffe veranschaulicht werden und die Kinder können ihr eigenes Streßgeschehen durch die veränderten Positionen der Streßwaage ausdrücken. So wird den Kindern bewußt, daß die günstigen Strategien die Waage in ein Gleichgewicht bringen können, während die ungünstigen Maßnahmen das Ungleichgewicht noch verstärken.

Um eine *Videokassette* zu den günstigen und ungünstigen Bewältigungsmaßnahmen erstellen zu können, befindet sich ein Drehbuch im Abschnitt 7.1.5. Für die Erstellung der *Audiokassette* sind die Entspannungsinstruktionen im Abschnitt 7.1.7 abgedruckt.

Trainingsdokumentation. Das Training sollte möglichst umfangreich durch Videoaufnahmen dokumentiert werden: Von den Entspannungsübungen abgesehen, ist es wichtig, den Trainingsprozeß festzuhalten. Für die beiden intensiven Trainingsvarianten werden gezielt Trainingsfortschritte festgehalten. Das Videomaterial sollte mit Hilfe des Protokollblattes hinsichtlich der folgenden Grundbegriffe ausgewertet werden: Belastungssituationen, Streßreaktionen, günstige und ungünstige Bewältigungsmaßnahmen (Protokollbogen s. Abschnitt 7.2.17). Die Hausaufgaben dienen ebenfalls der Trainingsdokumentation.

Arbeitsmappe. Die Kinder erhalten eine Arbeitsmappe, in der sie die Arbeitsblätter aufbewahren, um sie zu Hause zu bearbeiten. Desweiteren werden die zusätzlichen Informationen zum Training abgeheftet, die sie behalten können. Die Arbeitsmappe wird im Training „Streß-Flyer" genannt und muß zu jedem Treffen mitgebracht werden.

2.3.4 Kurzbeschreibung der Trainingsvarianten

In diesem Abschnitt werden die hauptsächliche Zielsetzung, die Indikationsbereiche und die Struktur für die einzelnen Trainingsvarianten zusammengefaßt dargestellt. Um Überschneidungen in den Versionen zu vermeiden, werden auch hier übereinstimmende Inhalte nicht weiter ausgeführt.

Anti-Streß-Training mit Elternbeteiligung (AST_8)

Ziel dieses Programms ist es, nicht nur die aktuelle psychische Belastung der Kinder zu vermindern, sondern das Repertoire an Bewältigungsmaßnahmen zu steigern, so daß die notwendige Flexibilität für eine situationsangemessene Bewältigung gewährleistet ist. Hierdurch kann der Umgang mit Belastungssituationen langfristig verbessert werden. Je nach Indikation kann dabei angestrebt werden, daß die Kinder alltägliche Belastungen (z.B. Angst in der Schule) oder auch Belastungssituationen, die aus chronischen Erkrankungen resultieren (z.B. invasive medizinische Eingriffe), angemessener bewältigen können. Somit kann das Programm zur *Sekundär-* und *Tertiärprävention* eingesetzt werden. Durch die aktive Elternbeteiligung kann auch das soziale Umfeld der Kinder mit einbezogen werden, so daß Schutzfaktoren in der Familie unterstützt werden können: Die Eltern können insbesondere die Streßbewältigung ihrer Kinder besser kennenlernen und Aspekte der kindlichen Streßbewältigung besser wahrnehmen.

Struktur. Diese Trainingsvariante beinhaltet acht Termine. Das Training erstreckt sich über fünf Wochen, wobei die ersten sechs Termine zweimal wöchentlich stattfinden. Um eine Ausblendung des Verfahrens zu gewährleisten, erfolgen die letzten beiden Sitzungstermine im Wochenabstand. Die Eltern-Kind-Treffen finden im vierten und siebten Sitzungstermin statt. Hierdurch werden im vierten Termin nochmals Aspekte der Informations- und Lernphase aus den ersten beiden Stunden aufgegriffen:

In der *Informationsphase* (erster Termin) erfolgt eine Wissensvermittlung, aber auch die Exploration des erlebten Streßgeschehens sowie die Schulung von Wahrnehmungsprozessen. Hierzu werden folgende Aspekte besprochen:

- Signale, die Belastung anzeigen (äußere und innere Anforderungen),
- die Streßreaktionen auf der emotionalen, kognitiven und somatischen Ebene sowie
- die Bewältigungsstrategien.

Die Streßdiagnostik wird in Gesprächen erstellt, in denen schon eine Reformulierung des Streßgeschehens erfolgen soll.

In der *Lernphase* (zweiter Termin) wird den Kindern ein Entspannungsverfahren (PMR) vermittelt, das sie in den Trainingssitzungen und, mit Hilfe der Audiokassette, zu Hause durchführen. Weiterhin werden kognitive Strategien, wie Problemlöse- und Selbstinstruktionstechniken, eingeübt. Über Videomaterial soll gelernt werden, ungünstige und günstige Streßbewältigungsstrategien zu unterscheiden. Außerdem sollen soziale Fertigkeiten in Spielen erlangt werden.

In den sechs Terminen der *Anwendungsphase* werden Entspannungsübungen mit immer geringer werdendem Zeitaufwand durchgeführt, um ein Ausblenden dieses Verfahrens zu gewährleisten. Im Vordergrund stehen in dieser Phase jedoch das Modellernen, die Rollenspiele und verhaltensbezogene Hausaufgaben. Über Rollenspiele zu entsprechenden Belastungssituationen sollen die Kinder lernen, das Streßgeschehen besser wahrzunehmen. Außerdem werden in diesen Rollenspielen die günstigen Bewältigungsmaßnahmen eingeübt. Im sechsten und im letzten Termin soll der Handlungsspielraum der Kinder während des Rollenspiels erhöht werden, indem die Kinder das Thema selbst bestimmen können. Darüber hinaus sollen die Kinder lernen, daß sie in den „Streß-Pausen" die belastungsbedingte körperliche und emotionale Anspannung durch Erholungsmaßnahmen reduzieren können. Hierzu werden individuelle Erholungsaktivitäten ermittelt, wie zum Beispiel physische Aktivitäten, Malen oder Lesen. Es wird besprochen, wie diese Erholungsaktivitäten in den Alltag integriert werden können. Um Rückfälle in eine ungünstige Streßbewältigung zu vermeiden, werden in den letzten drei Sitzungen Bewältigungsstrategien zur Verarbeitung und Vermeidung von mißlungener Streßbewältigung besprochen.

Ein weiterer Baustein besteht in der Elternbeteiligung. In der vierten und siebten Stunde kann jeweils ein Elternteil an dem Training teilnehmen. In der vierten Stunde werden Spiele zur Wahrnehmungsschulung und Ermittlung der individuellen Belastungssituationen, Streßreaktionen und Bewältigungsmaßnahmen wiederholt. Durch die Elternbeteiligung ergibt sich die Möglichkeit, daß die Kinder ihren Eltern – als „Streß-Experten" – ihr Streß- und Bewältigungsgeschehen am Beispiel der Streßwaage erläutern können. Dies bedingt einerseits eine Steigerung des Selbstwertgefühls und andererseits einen weiteren Übungseffekt. Durch das Sammeln von familiären Erholungsaktivitäten wird erzielt, daß den Eltern und Kindern die Bedeutsamkeit dieser Ressource bewußt gemacht wird. In der siebten Stunde ist ein wichtiger Bestandteil wiederum ein Rollenspiel. Hier spielen die Eltern und Kinder mit vertauschten Rollen eine typische Belastungssituation, so daß die Kinder und Eltern angeregt werden, die Perspektive des anderen zu übernehmen.

Anti-Streß-Training ohne Elternbeteiligung (AST_6)

Die Konzeption und Zielsetzung dieser Version stimmt mit der zuletzt beschriebenen Version (AST_8) überein. Es wurde jedoch auf ein wesentliches Element eines Verhaltenstrainings verzichtet, die Elternbeteiligung. Hierdurch kann sie als Intervention im Rahmen einer wohnortfernen *stationären Rehabilitation* oder in *Heimen* durchgeführt werden.

Struktur. Diese Trainingsvariante beinhaltet sechs Termine. Das Training erstreckt sich über vier Wochen, wobei die ersten vier Termine zweimal wöchentlich stattfinden. Durch das Intervall von wöchentlichen Sitzungen wird das Training schließlich ausgeblendet. Es beinhaltet eine Informations- (ein Termin), eine Lern- (ein Termin) und eine Anwendungsphase (vier Termine).
Der Ablauf ist in den ersten drei Sitzungen identisch zu dem im AST_8. In den verbleibenden Sitzungen können die ebenfalls identischen Inhalte ohne Elternbeteiligung sogar noch stringenter erarbeitet werden.

Kurzversion des Anti-Streß-Trainings (AST_4)

Die *Zielsetzung* dieser Trainingsversion besteht in der Streßreduktion. Im Schwerpunkt wird Wissen über das Streßgeschehen vermittelt, die Wahrnehmung von Belastungssituationen und Streßreaktionen geschult, außerdem werden Methoden zur kurzfristigen Verminderung der Belastung vorgestellt. Dieses Training richtet sich an Kinder, die von einer *vorbeugenden Maßnahme* profitieren können. Damit die Kinder jedoch nicht zu stark auf das Streßgeschehen fokussieren, sondern spielerisch mit der Problematik umgehen, wurde das Training auf die wesentlichen Inhalte verkürzt.

Struktur. Diese Kurzversion erstreckt sich über vier Termine im wöchentlichen Abstand.
Am *ersten* Termin beziehen sich die Inhalte auf eine Wissensvermittlung und die Exploration des individuellen Streßgeschehens. Im Vordergrund stehen jedoch Übungen zur Schulung von Wahrnehmungsprozessen. Als Belastungssituationen werden hier sowohl äußere als auch innere Anforderungen besprochen, wie zum Beispiel Ansprüchen von anderen zu genügen oder sich selbst zu hohe Maßstäbe zu setzen. In bezug auf die Streßreaktionen wird erarbeitet, daß nicht erst Erkrankungen, sondern schon erste Anzeichen wichtige Signale für eine Belastungssituation sind. Diese Streßreaktionen können körperlich (Herzklopfen, Händeschwitzen), gefühlsmäßig (Gefühle der Angst, des Ärgers, der Erregtheit) oder auch gedanklich sein (keinen klaren Gedanken fassen können, eine Leere im Kopf haben). Darüber hinaus sollen hier Möglichkeiten analysiert werden, die eine Erholung in den belastungsfreien Intervallen gewährleisten, wie mit Freunden spielen, Musik hören oder Musizieren.
Im *zweiten* Termin wird den Kindern ein Entspannungsverfahren vermittelt, so daß sie eine Technik erlernen, um streßbegleitende Emotionen regulieren zu können. In einem Problemlösetraining soll über Videomaterial gelernt werden, ungünstige und günstige Streßbewältigungsstrategien zu differenzieren. Anschließend wird den Kindern mit Hilfe des Modells der Streßwaage das Streßgeschehen verdeutlicht. Außerdem können hierdurch die äußeren und inneren Anforderungen, die Streßreaktionen auf der emotionalen, kognitiven und somatischen Ebene sowie die Bewältigungsstrategien der Kinder ermittelt werden. In diesem Spiel soll insbesondere schon eine Reformulierung des Streßgeschehens erfolgen.
Im *dritten* Termin wird zunächst wieder eine Entspannungsübung durchgeführt. In einem Selbstinstruktionstraining sollen die Kinder positive Selbstinstruktionen als eine Streßbewältigungsstrategie kennenlernen. Zur Vertiefung und Veranschaulichung der Lernfortschritte im Training sollen nochmals die unterschiedlichen Belastungssituationen, Streßreaktionen und Bewältigungsstrategien besprochen werden. Hierbei werden nun Problemlöseschritte sowie günstige und ungünstige Bewältigungsstrategien eingehend besprochen.
Im *vierten* Termin wird zunächst eine Kurzformel zur Entspannung eingeübt. Im Vordergrund steht allerdings ein Rollenspiel. Zu einem vorgegebenen Thema (Schreiben einer Klassenarbeit) sollen die Kinder zunächst ein Rollenspiel durchführen, das in der Diskussion anschließend reflektiert und mit vertauschten Rollen

nochmals gespielt wird. Um die Motivation für zukünftiges Streßbewältigungsverhalten sowie die Selbstwirksamkeitserwartungen der Kinder zu erhöhen, wird den Kindern ihr Lernfortschritt verdeutlicht. Damit Rückfälle in eine ungünstige Streßbewältigung vermieden werden, sollen abschließend Strategien zur Verarbeitung und Vermeidung von mißlungener Streßbewältigung besprochen werden.

Anti-Streß-Training als Baustein für andere Interventionsprogramme (AST_2)

Diese Version ist als Modul entwickelt worden, um in umfassendere Schulungsprogramme eingebunden zu werden. Es wird davon ausgegangen, daß in den Gesamtprogrammen ein Entspannungstraining enthalten ist, so daß in dieser Kurzversion auf diesen wichtigen Baustein eines Streßbewältigungsprogramms verzichtet wurde. Die Zielsetzung ist wesentlich dadurch bestimmt, in welchem Programm und mit welcher Intention das Modul in ein Gesamtprogramm integriert wird. Im Rahmen von *primär-präventiven Programmen* kann es vorwiegend der Wissensvermittlung dienen. In *sekundär-präventiven Maßnahmen* kann Streß als ein wichtiger Auslösefaktor für eine Symptomverschlechterung bewußt gemacht und den Patienten erste Bewältigungsmaßnahmen vermittelt werden. Anschließend kann in den folgenden Stunden auf der Basis des erarbeiteten Wissens das Bewältigungsverhalten modifiziert werden.

Struktur. Diese Kurzversion erstreckt sich über zwei Termine:
Am *ersten* Termin beziehen sich die Inhalte auf eine Wissensvermittlung, die Exploration des individuellen Streßgeschehens, aber auch schon auf die Schulung von Wahrnehmungsprozessen. Das Streßgeschehen soll reformuliert werden. Über Videomaterial wird veranschaulicht, wie sich die ungünstigen und günstigen Streßbewältigungsstrategien voneinander abgrenzen lassen. Darüber hinaus werden Erholungsaktivitäten ermittelt, die in den „Streß-Pausen" ausgeführt werden können.
Im *zweiten* Termin lernen die Kinder positive Selbstinstruktionen als eine Streßbewältigungsstrategie kennen. Zur Vertiefung und Veranschaulichung der Lernfortschritte im Training sollen nochmals die unterschiedlichen Belastungssituationen, Streßreaktionen und Bewältigungsstrategien besprochen werden. Im Vordergrund steht allerdings ein Rollenspiel; auch hier findet eine Rückfallprävention statt.

2.3.5 Auffrischungskurse

Im Rahmen des AST_4, des AST_6 und des AST_8 sollten die Eltern im Nachgespräch befragt werden, ob sie an einem Termin zur Auffrischung der Kenntnisse ihrer Kinder interessiert sind. Dieser Termin wird drei bis sechs Monate nach Trainingsende anberaumt. Zu diesem Termin können nochmals folgende Trainingsinhalte wiederholt werden:

- Pantomimen-Spiel („Ich fühle mich ganz..."),
- Kurzformel der Entspannung,
- Gespräch über das Streßgeschehen („Streßwaagen-Spiel"),
- Spiel zu den positiven Selbstinstruktionen („Stolz wie ..."),
- Rollenspiel zu einem freien Thema („So tun, als ob ..." ???) und
- Vorstellungsübung zu zukünftigen Belastungssituationen („Space 2009").

2.4 Erste Evaluationsbefunde

In diesem Abschnitt sollen erste Befunde von zwei bislang abgeschlossenen Studien vorgestellt werden. Zum einen wurde eine Studie zu der Kurzversion mit einer primär-präventiven Fragestellung durchgeführt. Zum anderen sollten im Rahmen einer Studie zu dem Anti-Streß-Training mit Elternbeteiligung erste Hinweise über eine Effektivität dieser Version als sekundär-präventive Maßnahme bei Kindern mit ausgeprägten körperlichen Beanspruchungssymptomen gewonnen werden. Beide Studien sollten die Durchführbarkeit und Akzeptanz der Trainings überprüfen. So können beide Studien eher als Pilotstudien gelten und als Grundlage für Modifikationen der Trainingssitzungen dienen. Zunächst sollen die Evaluationsinstrumente der Studien dargestellt und anschließend die Befunde zu den beiden Studien beschrieben werden.
In beiden Studien wurden die Kinder über eine Zeitungsannonce angeworben und aufgrund von telefonischen Gesprächen mit den Eltern den beiden Evaluationsstudien zugeordnet. Im Rahmen eines Vorgespräches mit den Eltern und Kindern wurde überprüft, ob diese Zuteilung zu den Interventionen gerechtfertigt war.

2.4.1 Evaluationsinstrumente

Die Evaluation der Wirksamkeit der einzelnen Trainingsversionen bezieht sich auf

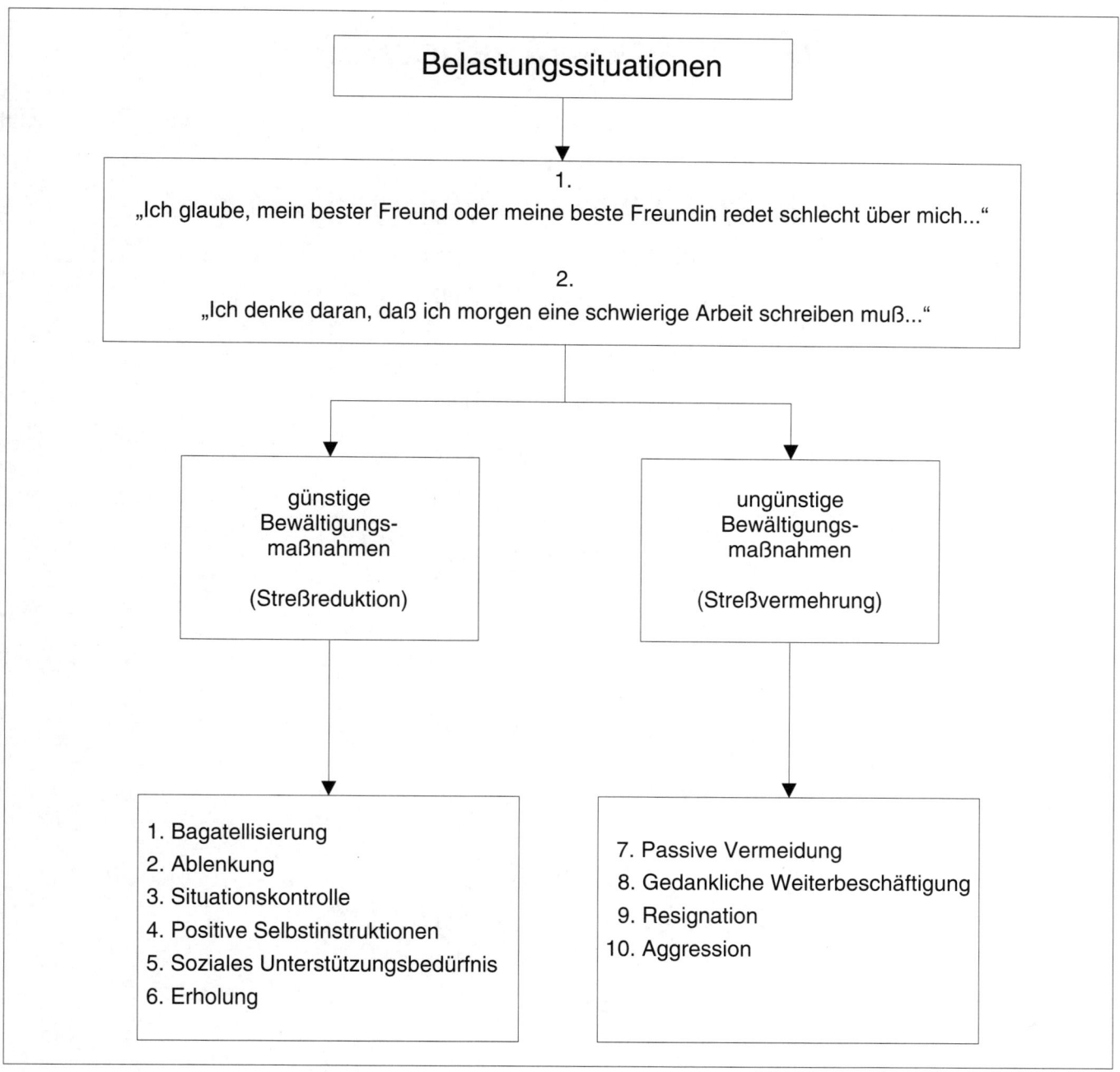

Abbildung 2.2: Struktur des Streßbewältigungsfragebogens für Kinder (SBK) von Hampel et al. (1998a).

1. die Messung der Streßbewältigung vor und nach dem gesamten Training,

2. die Stundenbewertung (Akzeptanz und Befinden) sowie

3. die Auswertung der in den Trainingssitzungen geäußerten günstigen Bewältigungsmaßnahmen.

Für die *Messung der Streßbewältigung* wurde ein Fragebogen entwickelt, der über sechs Skalen positive Bewältigungsstile und über vier Skalen negative Bewältigungsstile erfaßt (vgl. auch Abschnitt 2.3.1; für weitere Auswertungen s. Hampel et al., 1998a). Die Skalen werden durch jeweils vier Items bei zwei unterschiedlichen Belastungssituationen abgefragt (vgl. Abb. 2.2). Erste Ergebnisse von 55 Kindern im Alter von acht bis 14 Jahren zeigen, daß sich die internen Konsistenzen der zehn Skalen für die soziale Situation um $r = .65$ und für die schulische Belastungssituation um $r = .64$ belaufen. Auf der Grundlage dieser ersten Analysen werden die Items modifiziert, die zu einer Verschlechterung der Konsistenz beitragen. Dies gilt vor-

Stimmungsthermometer

Hallo!
Welche Laune hast Du im Augenblick?
Kreuze bitte auf dem Thermometer die entsprechende Stufe an.

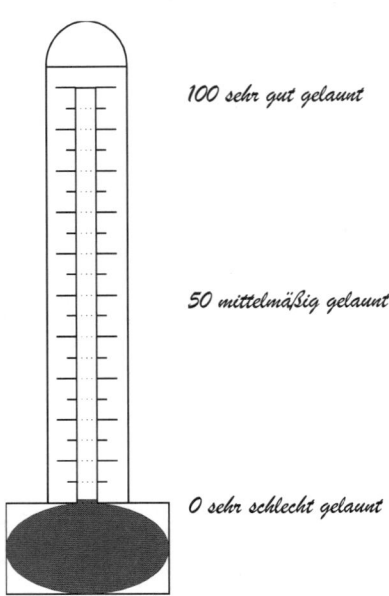

100 sehr gut gelaunt

50 mittelmäßig gelaunt

0 sehr schlecht gelaunt

Danke
Viel Spaß in der Stunde!

Abbildung 2.3: Erhebungsbogen für die Stimmung vor der Trainingsstunde.

allem für Items der beiden Skalen „passive Vermeidung" und „Resignation". Bei der Skala „Erholung" wurden aus inhaltlichen Gründen jeweils zwei Items der passiven bzw. aktiven Erholung ausgewählt, so daß sich ein Cronbach-Alpha um r = .64 erklären läßt. Zufriedenstellende Itemstatistiken weist dagegen die Skala „Bedürfnis nach sozialer Unterstützung" mit r = .86 auf. Die unterschiedlichen Befunde für die beiden Situationen unterstützen die Annahme, daß bei Kindern und Jugendlichen aussagekräftigere Ergebnisse über eine situationsspezifische Messung der Streßbewältigung im Vergleich zu generalisierten Situationsbeschreibungen erzielt werden.

Für die *Stundenbewertungen* wurden die Kinder gebeten, vor und nach den Trainingssitzungen Fragebogen auszufüllen, die jeweils vor und nach der Stunde erstens die Stimmung (vgl. Abb. 2.3) und zweitens das Befinden (vgl. Abb. 2.4) sowie drittens nach der Stunde die Akzeptanz dieser Sitzung (vgl. Abb. 2.4) erfaßt haben:

- Die Stimmung wurde über eine Analogskala von Null bis 100 Prozent erhoben.
- Das Befinden wurde über Kennwerte abgefragt, die dem Fragebogen zur Befindlichkeitsskalierung von Janke, Hüppe, Kallus und Schmidt-Atzert (1988) entnommen sind. Es wurden sechs Items ausgewählt, die mit einer siebenstufigen Antwortskalierung

AST Bogen 2 (Post)

Stunde: AST_

Kenn-Nummer: _____

Entscheide bitte bei jedem Begriff, wie stark er für Dich **im Augenblick** zutrifft und kreuze die entsprechende Zahl an.

1. Ich fühle mich energielos (z.B. schlapp, lahm)

0	1	2	3	4	5	6
gar nicht	sehr schwach	schwach	etwas	ziemlich	stark	sehr stark

2. Ich fühle mich ängstlich

0	1	2	3	4	5	6
gar nicht	sehr schwach	schwach	etwas	ziemlich	stark	sehr stark

3. Ich ärgere mich

0	1	2	3	4	5	6
gar nicht	sehr schwach	schwach	etwas	ziemlich	stark	sehr stark

4. Ich bin verkrampft

0	1	2	3	4	5	6
gar nicht	sehr schwach	schwach	etwas	ziemlich	stark	sehr stark

5. Ich fühle mich körperlich gut

0	1	2	3	4	5	6
gar nicht	sehr schwach	schwach	etwas	ziemlich	stark	sehr stark

6. Ich freue mich

0	1	2	3	4	5	6
gar nicht	sehr schwach	schwach	etwas	ziemlich	stark	sehr stark

Wie gut hat Dir die Stunde gefallen?

gar nicht gefallen	wenig gefallen	etwas gefallen	ziemlich gut gefallen	sehr gut gefallen

Abbildung 2.4: Erhebungsbogen für das psychische und physische Befinden und die Stundenakzeptanz nach der Trainingsstunde.

Antwortskalierung Merkmale des emotionalen Befindens und der Aktiviertheit erheben. Im Bereich „spezifische Emotionen" wurden Angst, Ärger und Freude sowie im Bereich „emotions-unspezifische Befindenskomponenten" die innere Anspannung erfaßt. Der Grad der Energielosigkeit wurde im Bereich „Aktiviertheit/Desaktiviertheit" und der Grad des körperlichen Wohlbefindens im Bereich „körperliches Befinden" erhoben. Damit sichergestellt ist, daß die Kinder den Sinn des Items verstehen, wurden die Kennwerte beschrieben und bildhaft dargestellt.

- Die Stundenakzeptanz wurde über eine fünfstufige Antwortskala erfragt, die ebenfalls verbalisiert und bildhaft verankert war.

Mit Hilfe der Protokollblätter wurden die Stundenabläufe dokumentiert (s. 7.2.17), so daß die geäußerten günstigen Bewältigungsmaßnahmen ausgewertet werden konnten. Hierbei sollte jedoch nur der Wissenszuwachs berücksichtigt werden, so daß die günstigen Bewältigungsstrategien, die in der ersten Trainingssitzung genannt wurden, bei wiederholtem Benennen in den folgenden Stunden nicht angerechnet wurden. Als ein Kennwert wurde die Summe aller geäußerten positiven Bewältigungsstrategien bestimmt. Hierzu wurden die bereinigten Werte für jede der neun Bewältigungsstrategien aufsummiert: Bagatellisierung, Ablenkung, Situationskontrolle, Reaktionskontrolle, Entspannung, positive Selbstinstruktionen, Suche nach sozialer Unterstützung, Leugnen und Erholung.

2.4.2 Pilotstudie zu der Kurzversion

Die Kurzversion wurde zunächst als ein dreistündiges Training entwickelt, das außer einer Schulung der Körperwahrnehmung alle Elemente enthielt, wie sie in der vierstündigen Kurzversion im Abschnitt 2.3.4 beschrieben wurde. Das Training erstreckte sich entsprechend über drei Wochen. Zusätzlich wurde eine Woche vor Trainingsbeginn ein Vorgespräch und eine Woche nach Trainingsende ein Nachgespräch mit den Eltern und dem Kind durchgeführt, so daß fünf Wochen zwischen der Vor- und der Nacherhebung lagen.

Insgesamt 20 Kinder wurden in vier Gruppen untersucht: Jeweils zehn Kinder befanden sich in der Altersgruppe der Acht- bis Zehnjährigen bzw. der Elf- bis Dreizehnjährigen. Die Kinder einer Altersgruppe wurden zwei Gruppen mit sechs bzw. vier Kindern zugeteilt.

Die varianzanalytische Auswertung über das zweifaktorielle Design mit dem unabhängigen Faktor „Altersgruppe" und dem Meßwiederholungsfaktor „Prä-Posterhebung" für die zehn Streßbewältigungsstile in den beiden Situationen ergaben nur geringe Effekte: In der

sozialen Situation ergab sich kein Haupteffekt der Meßwiederholung. Hinsichtlich des Alters stellte sich für die Skala „Erholung" ein bedeutsamer Unterschied dar, indem die älteren Kinder geringere Ausprägungen aufwiesen als die jüngeren ($F(1.18) = 7.34$, $p = .014$). Lediglich für die Skala „positive Selbstinstruktionen" war eine signifikante Interaktion zwischen den Faktoren „Alter" und „Meßwiederholung" nachweisbar ($F(1.18) = 5.66$, $p = .029$): Bei den jüngeren Kindern war ein Anstieg in den Skalenwerten zu verzeichnen, während die Werte der älteren Kinder zum Trainingsende abfielen. Für die schulische Belastungssituation ergab sich lediglich ein tendenzieller Interventionseffekt ($F(1.18) = 3.92$, $p = .063$): Alle Kinder zeigten einen Anstieg in der Skala „Bedürfnis nach sozialer Unterstützung" nach Beendigung der Intervention.

Aufgrund der zu geringen Stichprobengröße ist jedoch nicht zu entscheiden, ob das Training ineffektiv war oder die großen Varianzen einen Interventionseffekt unterlaufen haben. In dieser Studie sollte jedoch zunächst die Durchführbarkeit geprüft werden, so daß zukünftige Evaluationsstudien mit größeren Stichproben und einer Kontrollgruppe zu aussagekräftigen Ergebnissen beitragen werden.

Die Stundenbewertungen ergaben, daß die Kinder schon vor Beginn eine gute Stimmung und positives Befinden angaben, die nach den Sitzungen nicht bedeutsam verbessert waren. Dies läßt sich jedoch durch die Decken- bzw. Bodeneffekte erklären, da sich die Stimmungs- und positiven Befindenswerte kaum noch verbessern konnten. In Abbildung 2.5 sind die Ergebnisse der Stundenakzeptanz für die beiden Altersgruppen dargestellt. Es wird ersichtlich, daß den Kindern die Trainingssitzungen sehr gut gefielen. Nur ein Kind gab in einer Sitzung an, daß es ihm nur etwas gefallen hatte. Vier der fünf Nennungen bei den jüngeren Kindern, die angaben, daß ihnen die Stunde gut gefallen hat, entfielen auf eine Trainingssitzung. Dies kann dadurch interpretiert werden, daß diese Trainingssitzung einen zu hohen inhaltlichen Umfang hatte.

Die Pilotstudie ergab, daß der Inhalt der einzelnen Trainingssitzungen reduziert werden mußte. Dies wurde umgesetzt, indem die Kurzversion um eine weitere Trainingssitzung erweitert wurde. Weiterhin stellte sich heraus, daß ein Defizit in der Körperwahrnehmung der Kinder besteht, so daß hier noch eine zusätzliche Schulung stattfinden sollte. Die Berichte der Kinder über die Entspannungsübungen bestätigten außerdem, daß ein weiterer Termin eingeführt werden sollte, an dem der Transfer der Entspannung im Alltag überprüft werden kann. Aussagekräftige Befunde zur Effektivität

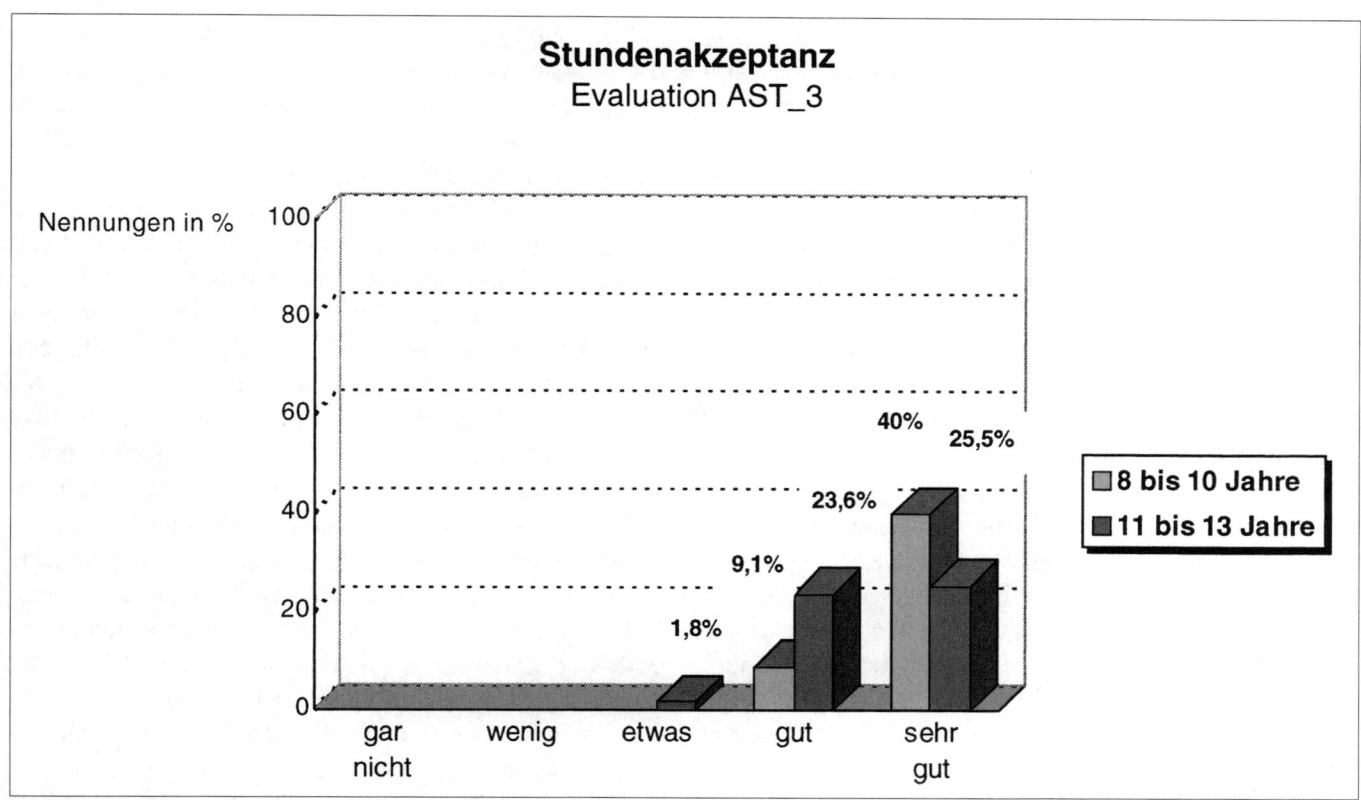

Stundenakzeptanz
Evaluation AST_3

Abbildung 2.5: Prozentuale Häufigkeiten der Stundenakzeptanz für die jüngeren und älteren Kinder bei einem Stichprobenumfang von 20 Kindern.

des Trainings werden jedoch erst in zukünftigen Studien mit größeren Stichprobenumfängen erwartet. Die signifikanten Ergebnisse für die wesentlichen günstigen Bewältigungsstrategien „positive Selbstinstruktionen" und „Bedürfnis nach sozialer Unterstützung" geben allerdings schon erste Hinweise auf eine Wirksamkeit der primär-präventiven Maßnahme. Zusätzlich ist anzunehmen, daß sich eine Erweiterung auf vier Sitzungstermine, durch die die Inhalte vertieft werden können, positiv auf die Behandlungseffekte auswirken wird.

2.4.3 Evaluation des Anti-Streß-Trainings mit Elternbeteiligung (AST_8)

Mit Hilfe eines unabhängigen Versuchsplans wurde die Effektivität des intensiven Trainingsprogramms mit Elternbeteiligung überprüft (vgl. Hampel, Haneberg, Pawlowski & Petermann, 1998b). Zehn Kinder im Alter von acht bis elf Jahren mit einer ausgeprägten Beanspruchungssymptomatik wurden entsprechend ihrer Terminwünsche einer von zwei Untersuchungsgruppen zugewiesen. Zufällig wurde dann den beiden Gruppen die Art der Intervention zugeteilt: Eine Gruppe wurde als Behandlungsgruppe ausgelost und daraufhin die andere Gruppe zur Kontrollgruppe erklärt. Die Behand-

lungsgruppe erhielt das im Abschnitt 2.3.4 beschriebene Training (AST_8), jedoch mit einer Ausnahme, denn die Schulung der Körperwahrnehmung war noch nicht im Training enthalten. Die Kontrollgruppe erhielt statt der Verhaltens- und Vorstellungsübungen in den Trainingssitzungen lediglich weitere Entspannungsübungen, die dem AT für Kinder von Kruse und Haak (1993) entnommen wurden. So wurden das Videobeispiel durch einen Film über das AT und die Rollenspiele ersetzt sowie die verhaltensbezogenen Hausaufgaben gestrichen. Die Gruppen unterschieden sich also nicht in den Trainingselementen „Wissensvermittlung", „kognitive Umstrukturierung", „PMR" und „Elternbeteiligung". Das Training erstreckte sich wie beschrieben über fünf Wochen, wobei die ersten sechs Termine zweimal wöchentlich und die letzten beiden Termine wöchentlich stattfanden. Jeweils eine Woche vor und nach dem Training erfolgte ein Eltern-Kind-Gespräch zur Exploration und Erfassung der Fragebogendaten.

Zunächst soll kurz darauf eingegangen werden, ob sich in den Fragebogendaten Hinweise fanden, daß diese Kinder eine ausgeprägte Beanspruchungssymptomatik aufwiesen. Ein Vergleich der Ausprägungen in den Bewältigungsstilen zwischen der Stichprobe der Primärprävention mit dieser Stichprobe ergab, daß die Kinder dieser sekundär-präventiven Maßnahme vor allem in den günstigen Bewältigungsstrategien geringere Werte angaben. Außerdem zeigten sich höhere Ausprägungen in der Resignation. Die Dateninspektion der selbstberichteten körperlichen Beanspruchungssymptome zeigt auf, daß die Kinder dieser sekundär-präventiven Maßnahme häufiger Kopf- und Bauchschmerzen im Vergleich zu den Kindern der primär-präventiven Maßnahme angaben. Dagegen berichteten die Kinder der Studie zur Kurzversion häufiger Einschlafprobleme. Diese Ergebnisse bestätigen die Zuweisung zu den unterschiedlichen präventiven Interventionen, die aufgrund der Elternexploration vorgenommen worden war.

Aufgrund der kleinen Zellenbesetzungen wurde der Fragebogen zur Erfassung der Streßbewältigung mit Hilfe von Wilcoxon-Tests für abhängige Stichproben für jede Gruppe und jede Situation ausgewertet: Für die *Behandlungsgruppe* waren zwei Effekte für die schulische Belastungssituation nachweisbar: Vier Kinder gaben nach der Intervention höhere Werte in der Skala „Ablenkung" an ($Z = -1.84$, $p = .07$) und alle fünf Kinder höhere Werte in der Skala „Erholung" ($Z = -2.07$, $p = .04$). Für die *Kontrollgruppe* ergab sich für die schulische Belastungssituation ein signifikanter Effekt in der Skala „positive Selbstinstruktionen" ($Z = -2.07$, $p = .04$): Alle fünf Kinder gaben nach dem Training

höhere Werte an als zuvor. Außerdem stellte sich für die soziale Situation ein tendenzieller Effekt in der Skala „Bagatellisierung" dar, indem vier der fünf Kinder einen höheren Wert nach dem Training angaben im Vergleich zur Vorerhebung ($Z = -1.63$, $p = .10$).

Für die Stundenbewertungen sollen hier Ergebnisse zu der eingestuften Stimmung, der Stundenakzeptanz und den im Training geäußerten günstigen Bewältigungsmaßnahmen dargestellt werden: Bei allen Befindensdaten hat sich ergeben, daß sich die beiden Gruppen vor den Trainingssitzungen unterschieden, indem die Kinder der Kontrollgruppe ein hohes emotionales Wohlbefinden angaben. Diese Decken- bzw. Bodeneffekte erklären, daß sich in der Kontrollgruppe nach den Sitzungen keine signifikanten Veränderungen abbilden ließen. Bei den Kindern der Behandlungsgruppe stieg dagegen das psychische und körperliche Wohlbefinden nach den Trainingssitzungen im Vergleich zu vorher an. Dies wird auch in der Abbildung 2.6 deutlich, in der die mittleren Verläufe für den Kennwert „Stimmungsthermometer" über die acht Sitzungen für die beiden Gruppen zu den Meßzeitpunkten vor und nach der Trainingssitzung dargestellt sind. Die Stimmung der *Kontrollgruppen*-Kinder war vor der Sitzung hoch und blieb erhöht, während die Stimmung der Kinder in der *Behandlungsgruppe* vor den Sitzungen, insbeson-

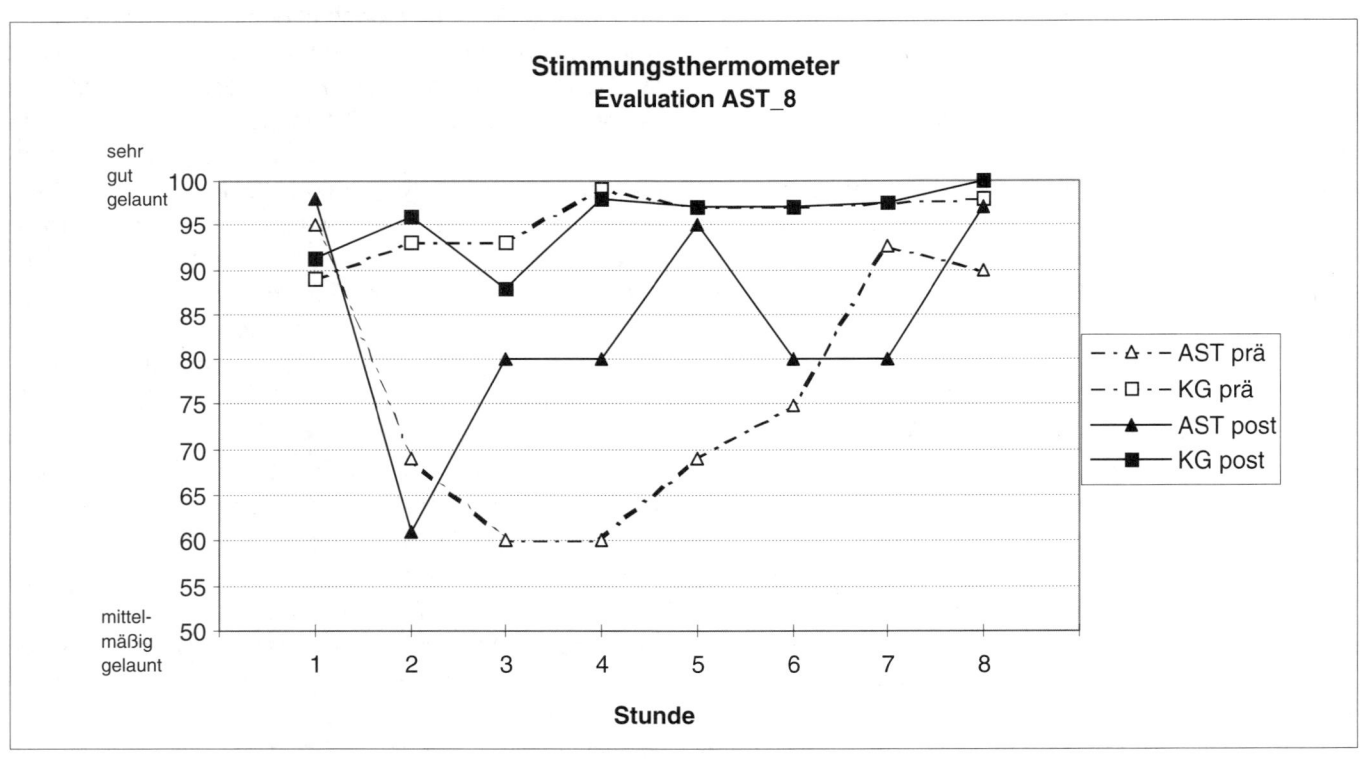

Abbildung 2.6: Mittlere Verläufe für den Kennwert „Stimmungsthermometer" über die acht Sitzungen für die Behandlungsgruppe (AST) und die Kontrollgruppe (KG) zu den Meßzeitpunkten vor (prä) und nach (post) der Trainingssitzung.

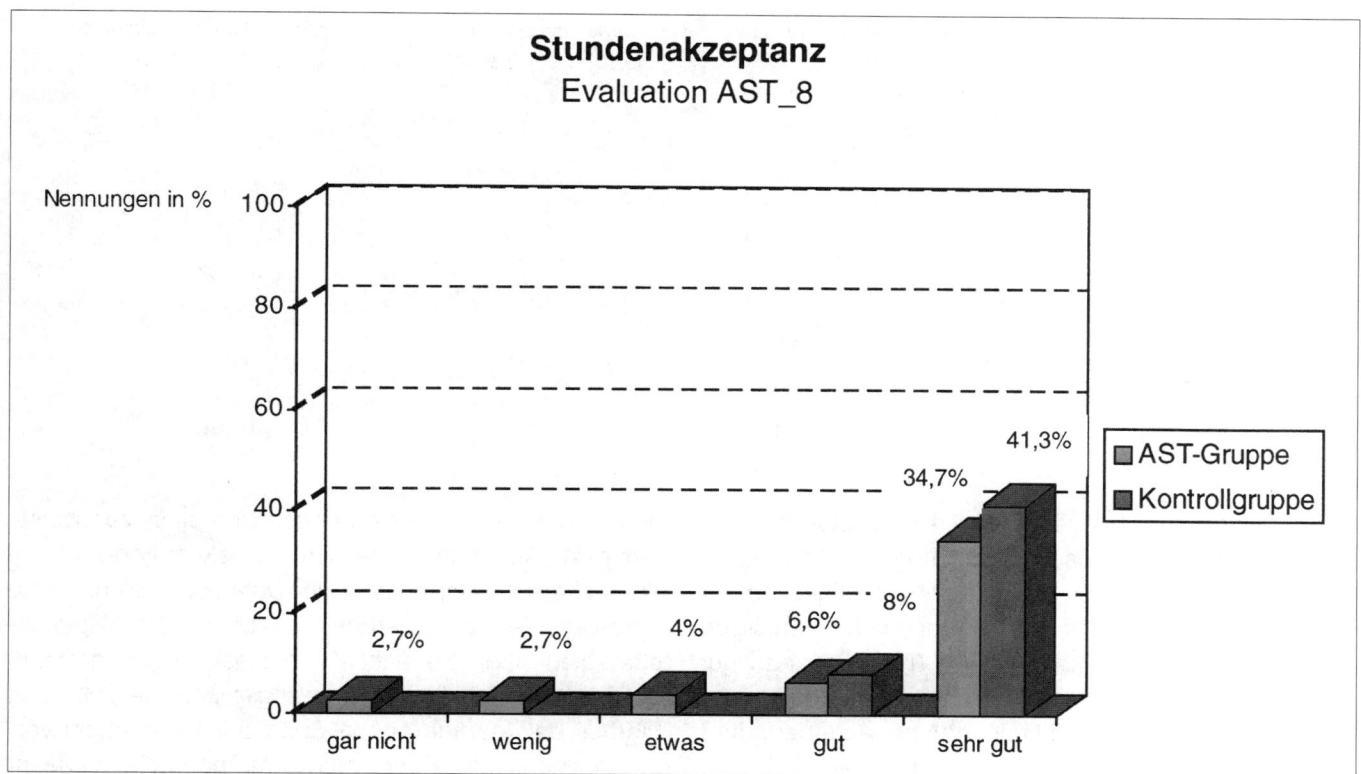

Abbildung 2.7: Prozentuale Häufigkeiten der Stundenakzeptanz für die Behandlungs- und Kontrollgruppe bei einem Stichprobenumfang von zehn Kindern.

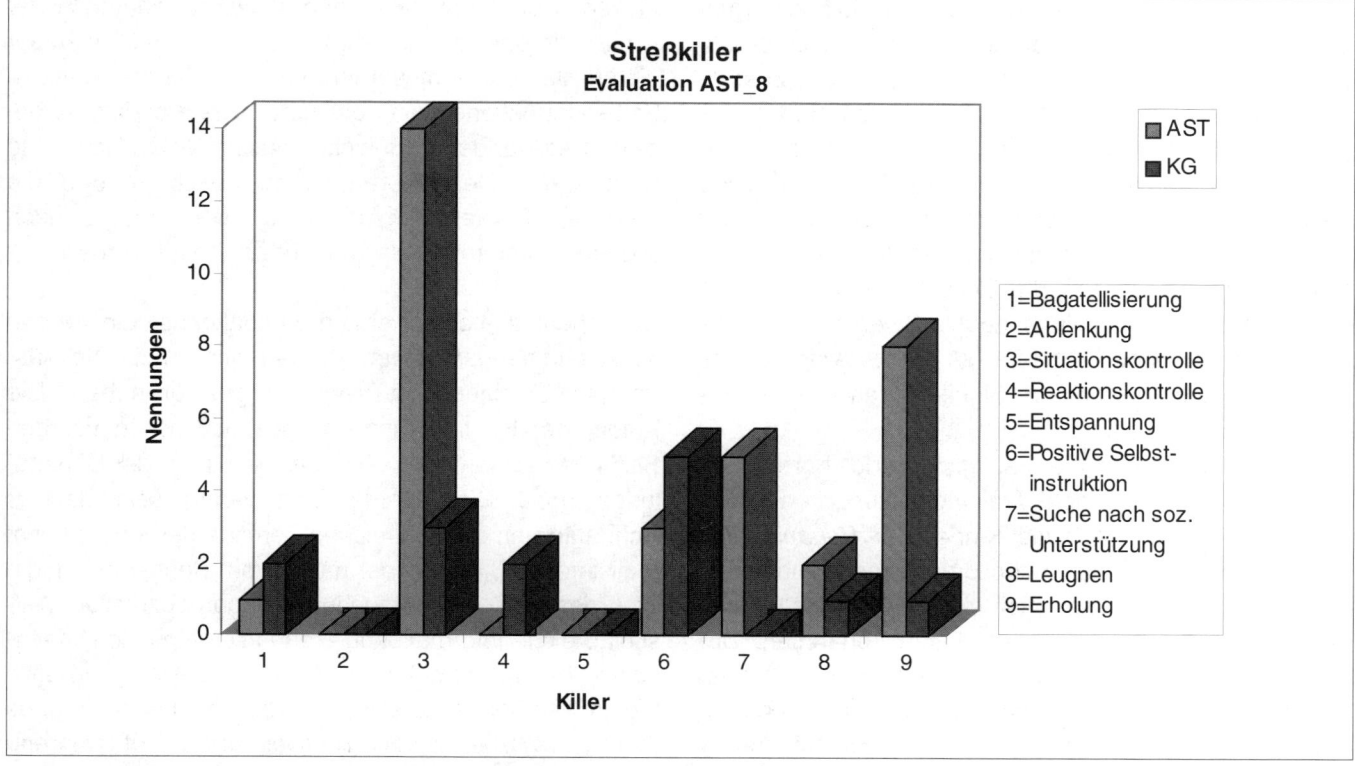

Abbildung 2.8: Häufigkeiten der in allen acht Trainingssitzungen geäußerten neun günstigen Bewältigungsstrategien für die Behandlungsgruppe (AST) und die Kontrollgruppe (KG).

Tabelle 2.11: Ergebnisse der Friedman-Tests für die Summe aller positiven Bewältigungsstrategien für die beiden Untersuchungsgruppen.

Gruppe	Sitzungstermin	Rang	Chi-Quadrat (Freiheitsgrade: 2)	Signifikanzniveau
Anti-Streß-Training	1	1,5		
	3	1,8		
	6	2,7	5,2	0,0743
Kontrolle	1	2,0		
	3	2,6		
	6	1,4	6	0,0496

dere in der dritten bis sechsten Trainingsstunde, eher schlecht war und sich nach der Sitzung besserte.

In Abbildung 2.7 sind die prozentualen Häufigkeiten der Stundenakzeptanz der beiden Gruppen veranschaulicht. Den meisten Kindern haben beide Trainingsarten gut bis sehr gut gefallen, doch ist auch auffällig, daß wenige Kinder in der Behandlungsgruppe angaben, daß ihnen die Intervention nicht sehr gefallen hat.

Für die geäußerten günstigen Bewältigungsmaßnahmen, die „Streßkiller", sollen die Befunde ausführlicher dargestellt werden. Aufgrund der geringen Zellbesetzungen wurden für die „Streßkiller" Friedman-Tests für abhängige Stichproben für jede Gruppe berechnet, wobei der erste, der dritte und der sechste Sitzungstermin ausgewählt wurden. Hierdurch lassen sich innerhalb der Gruppe Trends über den Trainingsverlauf bestimmen. Für den Kennwert „Summe aller geäußerten positiven Bewältigungsstrategien" ergab sich für die *Kontrollgruppe* ein signifikanter Trend (vgl. Tab. 2.11). Eine Inspektion der Ränge macht deutlich, daß die Kinder der Kontrollgruppe zunächst zum dritten Sitzungstermin geringfügig mehr „Streßkiller" nannten, jedoch gegen Ende des Trainings deutlich weniger. Der erwartete ansteigende Trend für die *Behandlungsgruppe* ließ sich lediglich auf einem Signifikanzniveau von 7% nachweisen.

In Abbildung 2.8 sind die Häufigkeiten der bereinigten „Streßkiller" über alle acht Trainingssitzungen abgebildet. Es zeigt sich, daß die Kinder der *Behandlungsgruppe* im Vergleich zur Kontrollgruppe mehr Situationskontrollversuche, Suche nach sozialer Unterstützung, Verleugnung und Erholungsaktivitäten benannten. Dagegen äußerten die *Kontrollgruppen*-Kinder mehr Bagatellisierung, Reaktionskontrollversuche und positive Selbstinstruktionen. Hierbei bezieht die Einstufung der genannten „Streßkiller" als Reaktionskontrollversuche auch zwei Nennungen von einem Kind der Kontrollgrup-

pe ein, das seine Entspannungsübung einsetzen wollte, „um seine Aufregung in den Griff zu bekommen".

Zur weiteren Beschreibung der Daten wurden die Häufigkeiten der geäußerten günstigen Bewältigungsstrategien über die acht Trainingssitzungen getrennt betrachtet. Für die *Behandlungsgruppe* ergab sich hierbei, daß gerade gegen Ende der Intervention vermehrt günstige Bewältigungsmaßnahmen benannt wurden. So nahmen die Nennungen insbesondere für die positiven Selbstinstruktionen, Suche nach sozialer Unterstützung und Verleugnung zu. Die Erholung und die Situationskontrollversuche wurden schon zu Beginn angegeben, zeigten aber darüber hinaus noch einen Zuwachs über den gesamten Trainingsverlauf. In der *Kontrollgruppe* zeigte sich dagegen, daß weniger „Streßkiller" benannt werden. Während für die positiven Selbstinstruktionen ein sehr guter Effekt erzielt wurde, zeigen alle anderen Bewältigungsstrategien schlechte Erfolge auf. Desweiteren ist zu beachten, daß die wichtigen Strategien „Ablenkung" und „Suche nach sozialer Unterstützung" gar nicht erarbeitet wurden.

Die Ergebnisse dieser ersten Evaluationsstudie können so *zusammengefaßt* werden, daß sich erhebliche Ausgangsunterschiede im Befinden gezeigt haben. Die Kinder der Kontrollgruppe fühlten sich schon vor den Sitzungen wesentlich wohler als die Kinder der Behandlungsgruppe. Dies könnte darin bedingt sein, daß es sich, aufgrund der zahlreichen Termine der Kinder, nicht realisieren ließ, die Kinder nach ihrem Beanspruchungsgrad den beiden Untersuchungsruppen zuzuteilen. Aufschlußreiche Informationen ergab allerdings die Datenanalyse für die geäußerten günstigen Bewältigungsstrategien. Hierbei zeigte sich, daß die Behandlungsgruppe mehr „Streßkiller" im Trainingsverlauf aufbaut, während in der Kontrollgruppe gegen Trainingsende sogar eher weniger „Streßkiller" geäußert werden.

3 Anti-Streß-Training mit Elternbeteiligung (AST_8)

3.1 Stundenübersicht

Tabelle 3.1: Ablauf des Trainings im Überblick (AST_8).*

Programmeinheit	Programminhalte

Erste Trainingsstunde	• Begrüßung, Vertrag und Kennenlernspiel (10)
	• Freies Spielen (zum Kennenlernen, 5)
	• Zum Begriff „Streß" und Zielbestimmung des Trainings (10)
	• Vorstellung der Trainingsinhalte (5)
	• Darstellung des Themas „Streß":
	  1. Pantomimen-Spiel „Ich fühle mich ganz ..." (15)
	  2. Spiel zur Körperwahrnehmung „Dr. Beat" (15)
	• Freies Spielen (5)
	  3. „Streßwaagen-Spiel, die Erste" (20)
	• Vorstellung der Hausaufgaben:
	  4. Selbstbeobachtung „Streßwaage 1" (5)

Zweite Trainingsstunde	• Ballspiel und Besprechen der Hausaufgaben (10)
	• Darstellung des Themas „Streß":
	  1. Entspannung als emotionsregulierende Bewältigungsstrategie: Einführung und erste Übung zum Kennenlernen (15)
	  2. Videobeispiel „Effektive/ineffektive Bewältigung" (20)
	• Freies Spielen (5)
	  3. Spiel: „Stolz wie ... ich!" (10)
	  4. „Streßwaagen-Spiel, die Zweite" (25)
	• Vorstellung der Hausaufgaben:
	  5. Selbstbeobachtung „Streßwaage 2" (5)

Dritte Trainingsstunde	• Ratespiel und Besprechen der Hausaufgaben (20)
	• Darstellung des Themas „Streß":
	  1. Entspannung: Zweite Übung (20)
	  2. Informationssammlung „Erholungsaktivitäten" (10)
	• Freies Spielen (5)
	  3. Rollenspiel: Klassenarbeit schreiben (20)
	• Vorstellung der Hausaufgaben:
	  4. Selbstbeobachtung „Erholung"
	  5. Entspannungskassette, Seite A (15)

Vierte Trainingsstunde (Eltern-Kind)	• Vorstellen der Eltern und Kinder (10) • Darstellung des Themas „Streß": 1. Pantomimen-Spiel „Ich fühle mich ganz ..." (10)

Tabelle 3.1: Fortsetzung

Programmeinheit	Programminhalte
Vierte Trainingsstunde (Eltern-Kind)	• Besprechen der Hausaufgabe „Erholung" (10) 2. Pausengestaltung mit den Eltern (10) • Freies Spielen (5) • Besprechen der Hausaufgabe „Entspannung" (10) 3. Entspannung: Dritte Übung (10) 4. Streßwaage, die Dritte (20) • Vorstellung der Hausaufgaben: 5. Entspannungskassette, Seite A 6. Selbstbeobachtung „Pausengestaltung mit den Eltern" (5)
Fünfte Trainingsstunde	• Rückblick auf die letzte Sitzung; Besprechen der Hausaufgaben (20) • Darstellung des Themas „Streß": 1. Entspannung: Vierte Übung (15) 2. Rollenspiel: Auf dem Schulhof gehänselt werden (20) • Freies Spielen (5) 3. Rückblick auf Ge- und Mißlingen der Streßbewältigung (20) • Vorstellung der Hausaufgaben: 4. Entspannungskassette, Seite A 5. Selbstbeobachtung „Gelungene Streßbewältigung" (10)
Sechste Trainingsstunde	• Besprechen der Hausaufgaben (20) • Darstellung des Themas „Streß": 1. Entspannung: Fünfte Übung (15) 2. Rollenspiel: Freies Thema (20) • Freies Spielen (5) 3. Ausblick auf Ge- und Mißlingen der Streßbewältigung (15) • Vorstellung der ausgewählten Beispiele für das Streßgeschehen (10) • Vorstellung der Hausaufgaben: 4. Entspannungskassette, Seite B 5. Vorstellungsübung „Zukünftige Streßbewältigung" (5)
Siebte Trainingsstunde (Eltern-Kind)	• Besprechen der Hausaufgaben „Pausen" (10) • Darstellung des Themas „Streß": 1. Streßwaage, die Vierte (15) 2. Spiel: „Stolz wie ... ich" (10) • Besprechen der Hausaufgaben „Streßbewältigung" (10) • Freies Spielen (5) • Besprechen der Hausaufgabe „Entspannung" und 4. Entspannung: Kurzformel (10) 5. Rollenspiel: Schwierige Klassenarbeit zurückbekommen (25) • Vorstellung der Hausaufgaben: 6. Entspannungskassette, Seite B 7. Vorstellungsübung „Zukünftige Streßbewältigung" (5)
Achte Trainingsstunde	• Besprechen der Hausaufgaben (incl. Kurzformel der Entspannung; 20) • Darstellung des Themas „Streß": 1. Rollenspiel: Freies Thema (20) • Freies Spielen (5) 2. Rückblick auf Ge- und Mißlingen der Streßbewältigung anhand von Video-Material „Ich glotz TV" (20) 3. Vorstellungsübung „Zukünftige Streßbewältigung" (20)

* Anmerkung: In Klammern ist die Dauer des Trainingselementes in Minuten angegeben.

3.2 Instruktionen

Erster Sitzungstermin

*Tabelle 3.2: Ziele, praktisches Vorgehen und Materialien der **ersten** Trainingsstunde (AST_8).*

Ziele	Praktisches Vorgehen	Materialien
a) Innerhalb der Trainingsstunde		
Aufstellen von Verhaltensregeln zur Teilnahme am Training	Gespräch über die Bereitschaft zur aktiven Teilnahme am Training	Vertragsentwurf
Vertrautwerden mit den anderen Teilnehmern	Spielerisches Vorstellen und freies Spielen	großer Luftballon
Information und Motivation	Überblick über die Trainingsinhalte	Memo-Karten Übersicht
Differenzierte Wahrnehmung: Diskrimination von Emotionen	Pantomimen-Spiel „Ich fühle mich ganz ..."	Karten „Emotionen und Stimmung"
Differenzierte Wahrnehmung: Diskrimination von körperlichen Streßreaktionen	Spiel zur Körperwahrnehmung „Dr. Beat"	Instruktionen zur Körperwahrnehmung
Wissensvermittlung und differenzierte Wahrnehmung von Belastungssituationen, Streßreaktionen und Bewältigungsstrategien; Reformulierung des Streßgeschehens	Gespräch über das Streßmodell	Modell der Streßwaage
b) Außerhalb der Trainingsstunde		
Selbstbeobachtung von Belastungssituationen, Streßreaktionen und Bewältigungsstrategien	Selbstbeobachtung „Streßwaage"	Arbeitsblatt „Streßwaage 1"

Begrüßung, Vertrag und Kennenlernspiel (10 Minuten)

Vertrag (optional; s. 7.2.2).

Eure Eltern haben euch ja sicher von unserem Vertrag erzählt. Das ist so eine Art Profivertrag. Ich bin sozusagen euer Trainer und versichere euch, bei jedem Training für euch da zu sein. Genauso möchte ich, daß ihr euch verpflichtet, bei jedem Treffen da zu sein und pünktlich zu kommen. Außerdem ist es wichtig, daß ihr im Training die Spiele alle mitmacht und auch die Hausaufgaben macht. Überlegt nun bitte, ob ihr damit einverstanden seid. Wenn ja, dann unterschreibt bitte hier. Ich unterschreibe dann dort.

Den Vertrag könnt ihr jetzt in eure Arbeitsmappe heften. Ihr bekommt im Training noch weitere Blätter. Sammelt alle Blätter hier in diesem Hefter und bringt den Hefter bei jedem Training mit. Kennt ihr den Begriff „Flyer"?

Gut, ich schlage vor, wir nennen diesen Hefter „Streß-Flyer".

Den Kindern das Deckblatt der Arbeitsmappe (s. 7.2.1) geben.

Vorstellung

Beschriften eines Namensschildes (s. 7.2.3).

Damit wir auch unsere Namen wissen, gebe ich euch ein Namensschild, das ihr jetzt beschriften und aufstellen könnt.

Nun sollten wir uns alle erst mal kennenlernen. Hierzu schlage ich vor, daß wir der Reihe nach unsere Vor- und Nachnamen sagen. Damit wir schon etwas mehr voneinander wissen, sagt jeder noch sein liebstes Hobby und warum ihm dieses Hobby so gefällt.

Ich fange jetzt einfach mal an und ihr seid danach dran. Ich werde dann den Luftballon an den nächsten weitergeben, derjenige stellt sich dann vor und gibt den Luftballon an den nächsten weiter. So geht es weiter, bis wir uns alle vorgestellt haben.
Ich heiße ..., mein Hobby ist ..., weil ...
So, der nächste macht weiter. Hier der Ballon!
Die Kinder stellen sich der Reihe nach vor.

Das fand ich sehr interessant, was ihr alle so macht. Nun kennen wir uns schon ein wenig und können mit dem Training beginnen.
Zwischen unseren Aufgaben machen wir bei jedem Treffen eine Spielpause. Da könnt ihr frei spielen. Dazu könnt ihr, wenn ihr möchtet, die Spielsachen, die ihr hier seht, gebrauchen.
So, setzen wir uns nun alle im Halbkreis auf den Boden.

Freies Spielen (5 Minuten)

Zum Begriff „Streß" (10 Minuten):

Instruktionen:
Wie ihr wißt, werden wir ein Anti-Streß-Training in den nächsten acht Sitzungen machen.
Wißt ihr, was Streß ist oder wie ihr euch fühlt, wenn ihr Streß habt? Wir könnten statt „ich bin im Streß" auch sagen: „ich fühle mich unter Druck gesetzt".
Tafel: Was ist Streß?

Ihr habt schon alle eine Vorstellung, was Streß ist, und unsere Aufgabe ist, uns noch klarer zu werden, was Streß ist. Auch wenn ihr schon etwas wißt, möchte ich hier das Wort „Streß" kurz erklären. Später werden wir immer mehr über den Streß erfahren.
Das Wort „Streß" ist sowieso ein sehr schwieriges Wort. Wir sollten es eigentlich so verwenden:
Wir sollten besser sagen, wann ihr Streß erlebt. Also: Wann fühlt ihr euch unter Druck gesetzt? Oder: Welche *Streßsituationen* gibt es? Zum Beispiel wenn ihr eine Klassenarbeit schreiben müßt.
Memo-Karte „Streßsituationen" (s. 7.1.1) hinlegen.

Und wir sollten besser sagen, woran wir merken, daß wir in einer Streßsituation sind: Also welche *Streßantworten* bemerken wir an uns? Zum Beispiel wenn sich alle Gedanken in unserem Kopf nur noch drehen und wir gar keine „klaren" Gedanken mehr fassen können.
Memo-Karte „Streßantworten" (s. 7.1.1) hinlegen.

Und wir sollten besser sagen, was wir in einer solchen Streßsituation machen, um den Streß in den Griff zu kriegen. Also: Was können wir tun gegen Streß? Ich nenne das einfach *Streßkiller.* Zum Beispiel wenn ihr euch erst mal durch langsames Ein- und Ausatmen beruhigt, bevor ihr euch die Aufgaben der Klassenarbeit anguckt.
Memo-Karte „Streßkiller" (s. 7.1.1) hinlegen.

Jeder von euch schreibt jetzt bitte die drei Begriffe auf eine Karte, also: Streßsituationen, Streßantworten und Streßkiller. Bevor wir nun richtig beginnen, ist mir aber noch wichtig, euch zu sagen, welches *Ziel* dieses Training hat: Am Ende wißt ihr viel mehr darüber ...
* wann ihr Streß erlebt, also über die *Streßsituationen,*
* wie ihr euch fühlt, wenn ihr Streß habt, also über die *Streßantworten* und
* was ihr gegen Streß machen könnt, also über die *Streßkiller.*

Es ist besonders wichtig, daß ihr lernt, was ihr gegen Streß tun könnt. Das Ziel ist aber nicht, daß ihr gar keinen Streß mehr habt. Es ist auch gar nicht so gut, denn ein bißchen Streß ist ja auch ganz gut. Ohne Streß strengt man sich vielleicht gar nicht mehr an, etwas gut zu schaffen.

Vorstellung der Trainingsinhalte der acht Sitzungen (s. Tab. 3.10) mit der Dauer von ca. fünf Minuten. Auf die wesentlichen Inhalte eingehen. Die Tabelle 3.11 dient als Leitfaden für die jeweilige Sitzung. Ein Kind kann zum Beispiel immer aufgefordert werden, mit einem Stift zu markieren, welches Spiel nun gespielt wird.

Darstellung des Themas „Streß":

1. Pantomimen-Spiel: „Ich fühle mich ganz ..." (vgl. Dirks, Klein-Heßling & Lohaus, 1993)

Zunächst wird ein Pantomimen-Spiel durchgeführt, um die Kinder schon früh aktiv mit einzubeziehen.

Ziel	Sensibilisierung für die Selbst- und Fremdwahrnehmung und das Ausdrücken emotionaler Streßreaktionen
Dauer	ca. 15 Minuten
Durchführung	auf dem Boden beginnen
Materialien	Karteikarten mit Gefühlen „Angst, Ärger, Trauer, innere Erregtheit, Freude" und der Stimmung „Positives Wohlbefinden" (vgl. 7.1.2)

Instruktionen:

Damit wir etwas gegen Streß unternehmen können, müssen wir vor allem erkennen, was uns in Streß versetzt und was dann mit uns passiert. Damit ihr bei diesen Treffen zum Streßexperten werdet, müßt ihr einige Rätsel lösen. So müssen wir zum Beispiel herausfinden, was ihr bei Streß empfindet.

Deswegen möchte ich jetzt mit euch ein Spiel machen, bei dem ihr erkennt, wann ihr Streß oder eben keinen Streß erlebt.

Dieses Spiel heißt „Ich fühle mich ganz ...“ und hierzu brauchen wir diese sechs Karten, auf denen jeweils ein Gefühl steht. Es müssen immer zwei zusammenspielen. Dabei ist im Wechsel einer der Darsteller und der andere der Zuschauer. Als Darsteller ist es eure Aufgabe, das Gefühl, das auf der Karte steht, nachzustellen. Hierbei dürft ihr aber keine Worte benutzen, ihr sollt also eine Pantomime spielen. Als Zuschauer ist es eure Aufgabe, das Gefühl, das euer Partner euch vorstellt, zu erkennen und ihm eure Lösung ins Ohr zu flüstern.

Wenn alle fertig sind, sagt ihr mir die Lösungen laut und woran ihr die Gefühle erkannt habt.

Wenn alle Kinder durch sind, die anderen Begriffe nochmals raten lassen:

Das ist ja toll, ihr habt alle die gespielten Gefühle eures Partners gewußt. Jetzt tauscht eure Karten aus und nun stellt ihr die Gefühle dar, die ihr eben erkennen mußtet.

Auswertung:

Na, habt ihr das erste Rätsel gelöst? Was glaubt ihr, waren die sechs Gefühle?

Woran habt ihr die Gefühle erkannt?

Alle sechs Begriffe durchgehen.

Richtig.

So, nun waren einige Gefühle dabei, die ihr im Streß erlebt. Welche waren das?

Angst, Ärger, Trauer, Aufregung

Und dann waren Gefühle dabei, die ihr habt, wenn ihr keinen Streß habt. Welche waren das?

Freude, sich wohl fühlen

2. Spiel zur Körperwahrnehmung: „Dr. Beat“

Ziel	Sensibilisierung der körperbezogenen Selbstwahrnehmung
Dauer	ca. 15 Minuten
Durchführung	im Stuhlkreis beginnen
Materialien	Instruktionen zur Körperwahrnehmung (s. 7.1.3)

Instruktionen:

Nachdem ihr nun schon das Rätsel gelöst habt, was ihr fühlt, wenn ihr in einer Streßsituation seid, habe ich nun eine Aufgabe, bei der ihr ganz genau in euren Körper hören müßt. Deswegen heißt das Spiel „Dr. Beat“. Wenn ihr nämlich mal versucht, auf euer Herzklopfen zu achten, hört ihr oder fühlt ihr euren Herzschlag.

Wir machen jetzt erst mal eine ganz kleine Aufgabe: Versucht jetzt mal eine Minute, ganz still zu sitzen und ganz genau euer Herzklopfen zu spüren.

Eine Minute abwarten.

Na, schlug es schnell? Oder langsam? Nun macht jeder ganz schnell zehn Kniebeugen und danach hört ihr wieder eine Minute in euren Körper. Sind alle soweit? Und los!

So, nun habt ihr schon mal gemerkt, daß euer Herzschlag sich verändert. Seid ihr ruhig und entspannt, schlägt euer Herz auch ruhig. Seid ihr aber aufgeregt oder habt euch gerade körperlich angestrengt, dann kann euer Herz ganz stark klopfen.

Nun machen wir noch andere Übungen, bei denen ihr euren Körper genau beobachten müßt.

Die Übungen können von dem Trainer zusammengestellt werden. Es wird empfohlen, zunächst Übungen durchzuführen, die die Kinder alleine machen, wie bei dem „Zeig her deine Hände“ oder „Nur Fliegen ist schöner“. Anschließend kann dann die Partnerübung „Pinocchio“ durchgeführt werden.

> Instruktion der Übungen zur Körperwahrnehmung s. 7.1.3

Freies Spielen (5 Minuten)

3. „Streßwaagen-Spiel, die Erste“: Einführung in die Streßwaage (vgl. Dirks, Klein-Heßling & Lohaus, 1993)

Ziel	Wahrnehmung von Belastungssituationen, Streßreaktionen und Bewältigungsstrategien (s. Leitfaden „Streßkiller/Mega-Stresser“; 7.2.14) Aufbau von Kompetenzerwartungen
Dauer	ca. 20 Minuten
Durchführung	an Gruppentischen
Materialien	Pinnwand/Magnettafel mit einer Pappwaage, Schreibkarten, Stifte, Stecknadeln oder Magnete; Memo-Karten (s. 7.1.1)

Instruktionen:
Ihr habt nun schon einige schwierige Rätsel gelöst. Wir werden uns aber noch weiter mit dem Thema „Streß" beschäftigen. Streßsituationen gibt es viele. Wir werden uns vor allem mit Streß beschäftigen, den ihr in der Schule erlebt. Was glaubt ihr, ist „Streß"?
Sammeln an der Pinnwand/Magnettafel, Überschrift: Was ist Streß?

Ich möchte nun mit euch das, was wir heute und in den nächsten Sitzungen zum Thema „Streß" gemeinsam erarbeiten, in eine große Waage einsortieren. Dann haben wir hinterher eine „Streßwaage". Ihr werdet sehen, daß das, was mit dem „Streßerleben" zusammenhängt, mit einer Waage vergleichbar ist: In die eine Waagschale können wir die Situationen legen, bei denen ihr Streß erlebt, zum Beispiel daß ihr noch eine schwierige Hausaufgabe machen müßt oder eine Klassenarbeit schreibt. Es sind also Anforderungen, die an euch gestellt werden. Wir können auch sagen: Wodurch werdet ihr unter Druck gesetzt?
Das ist also unser nächstes Rätsel: Welche *Streßsituationen* fallen euch noch ein, die wir in diese Waagschale legen können?
Zunächst Kärtchen schreiben lassen, dann vorlesen und danach darf jedes Kind seine Streßsituation selbst anheften. Ggf. werden noch weitere ermittelt.

Wenn wir uns diese Anforderungen noch mal angucken, könnt ihr mir sagen, ob diese Anforderungen immer von den anderen an euch gestellt werden? Oder gibt es auch Situationen, in denen ihr euch selbst *unter Druck* setzt, also diese Anforderungen an euch selbst stellt? Zum Beispiel wenn ihr eine Klassenarbeit schreiben sollt und ihr unbedingt eine viel bessere Note als sonst haben wollt.
Nochmals Situationen durchsprechen und innere Anforderungen auf Karten aufschreiben und dazu anheften.

So haben wir in dieser Waagschale also das, was euch unter Druck setzt. Das kann von außen sein, zum Beispiel durch die Freunde. Das sind dann also von außen an euch gestellte Anforderungen. Oder ihr könnt euch selbst unter Druck setzen. Das sind dann innere Anforderungen.
Wenn wir beide zusammenfassen, haben wir die „*Streßsituationen*".

Oh, aber guckt, unsere Waage hängt jetzt ganz schön schief und wir müssen sehen, daß die Waage wieder ins Gleichgewicht kommt. Das können wir, indem wir in die andere Waagschale etwas hineinlegen.
In die andere Waagschale kommt das, was ihr tun könnt, um weniger Streß zu erleben. Wenn ihr zum Beispiel eine Klas-

senarbeit unangekündigt schreiben sollt, könnt ihr euch erst mal die Fragen durchlesen und mit der einfachsten Aufgabe anfangen. Oder wenn ihr einen Aufsatz vor der Klasse vorlesen sollt, könnt ihr erst mal tief durchatmen, bevor ihr anfangt zu lesen. Wir wollten das ja „*Streßkiller*" nennen.
Nun wieder ein Rätsel: Was könnt ihr noch alles machen, damit ihr in einer Streßsituation weniger Streß erlebt? Was könnt ihr gegen den Streß tun?
Streßkiller auf Karten schreiben und von den Kindern an die Wand heften lassen.

An unserer Waage gibt es aber noch einen Zeiger. Der zeigt an, ob die Waage im Gleichgewicht ist oder ob eine Waagschale schwerer ist. Wenn die Waagschale mit den Streßsituationen schwerer ist, so merkt ihr das an euren Streßantworten. Ihr könnt zum Beispiel keine klaren Gedanken fassen oder ihr merkt, wie euer Herz bis zum Hals schlägt. Wenn die Waage im Gleichgewicht ist, so merkt ihr das auch an euren Antworten. Ihr fühlt euch dann wohl und euer Herz schlägt ruhig.
Aber manchmal wißt ihr gar nicht, was ihr in der Streßsituation tun sollt, was das Richtige ist. Manchmal tut ihr auch etwas, aber es scheint doch nicht das Richtige zu sein, es scheint gar nicht zu wirken. Dann fühlt ihr euch schlecht. Ihr fühlt euch „im Streß". Ihr merkt das an euren „*Streßantworten*". Das ist der Fall, wo die Waagschale mit den Streßsituationen schwerer ist und der Zeiger auf die Streßantworten weist.
Nun kommt wieder ein Rätsel: Welche Gefühle habt ihr, wenn ihr in einer Streßsituation seid? Welche körperliche Antworten habt ihr in einer Streßsituation? Was ist in Eurem Kopf los?
Streßantworten auf Kärtchen schreiben und an der Waage einordnen.

Es gibt also Streßantworten aus drei Bereichen:
- Erstens haben wir die *Streßgefühle*. Was hattet ihr da genannt?
- Zweitens haben wir die *körperlichen Antworten*. Was hattet ihr da genannt?
- Drittens haben wir den Gedankenstop, also Chaos im Kopf. Was hattet ihr da genannt?

Falls die Kinder einen Bereich nicht frei assoziieren, sollte darauf aufmerksam gemacht werden, daß es noch andere Streßreaktionen gibt. Ggf. an vorige Spiele (Pantomime, Körperwahrnehmung) erinnern.

Wenn die „Streßwaage" im Gleichgewicht ist, zeigt der Zeiger auf die Gefühle, die ihr erlebt, wenn ihr euch wohl fühlt. Das könnt ihr erreichen, indem ihr genau das Richtige tut, um eine Streßsituation in den Griff zu bekommen. Also hier habt ihr richtige Streßkiller zur Hand und der Zeiger schlägt zu den angenehmen Gefühlen aus. Außerdem merkt ihr noch, daß euer Körper ganz locker ist. Ich nenne das alles *„Happy-Hippo-Laune"*.

Welche angenehmen Gefühle habt ihr noch, wenn ihr euch wohl fühlt, wenn der Streß vorbei ist?

Was macht euer Gedankenstop? Ist da immer noch Chaos im Kopf?

Und wie ist euer Körper, wenn ihr euch wohl fühlt?

„Happy-Hippo-Laune" auf Karten schreiben und anheften lassen.

Zur Wiederholung die vier „Memo-Karten" (Streßsituationen, Streßantworten, Streßkiller, Happy-Hippo-Laune; s. 7.1.1) an der Waage befestigen:

Nun schauen wir uns noch mal an, was alles wichtig ist, damit wir Streß erkennen können und was wir dagegen tun können. Ihr habt in die Streßwaage eure Karten zu den vier Begriffen richtig eingeordnet:

- die äußeren und inneren Anforderungen, also die *Streßsituationen*,
- die *Streßantworten*, mit den drei Bereichen: Gefühle, Körper und Kopf,
- die *Streßkiller* und
- die *Happy-Hippo-Laune*.

Hausaufgabe:

Instruktionen:

Damit ihr noch mal testen könnt, ob unsere Lösungen der vielen Rätsel auch so richtig sind, gebe ich euch bis zum nächsten Mal eine Aufgabe auf.

Für die Aufgabe verteile ich euch dieses Blatt für euren „Streß-Flyer". Ihr werdet ja noch andere Blätter von mir im Training bekommen. Dieses hier sollt ihr ausfüllen, andere müßt ihr nur lesen.

4. „Mal gucken, was ich schon gelernt habe": Selbstbeobachtung „Streßwaage"

Ziel	Selbstbeobachtung von Belastungssituationen, Streßreaktionen und Bewältigungsstrategien
Dauer	ca. 5 Minuten
Durchführung	an Gruppentischen
Materialien	Arbeitsblatt „Streßwaage 1" (s. 7.2.4; enthält das Deckblatt und das Ausfüllblatt)

Instruktionen:

Die Aufgabe bezieht sich darauf, daß ihr bis zum nächsten Termin einfach mal beobachtet,

- welche inneren und äußeren Anforderungen, also *Streßsituationen*,
- welche *Streßantworten und*
- welche *Streßkiller*

es in eurem Alltag so gibt. Heute haben wir oft von Streß in der Schule gesprochen, aber ihr erlebt ja auch sonst Streß. Versucht also, mal ganz genau euch und andere zu beobachten. Ihr sollt also ein Detektiv für euer Streßerleben sein. Tragt eure Beobachtungen in den Bogen hier ein. Nächstes Mal besprechen wir eure Eintragungen.

Zweiter Sitzungstermin

*Tabelle 3.3: Ziele, praktisches Vorgehen und Materialien der **zweiten** Trainingsstunde (AST_8).*

Ziele	Praktisches Vorgehen	Materialien
a) Innerhalb der Trainingsstunde		
Vertrautwerden mit den anderen Teilnehmern	Spielerisches Vorstellen	großer Luftballon
Bewußtmachen des Streßgeschehens und der Bewältigungsstrategien	Besprechen der Hausaufgaben „Streßwaage"	ausgefüllte Arbeitsblätter „Streßwaage 1"
Kennenlernen eines Entspannungsverfahrens als Bewältigungsstrategie	Einführung und Durchführung einer Entspannungsübung	Instruktion „Entspannungsübung I"
Differenzierte Wahrnehmung: Diskrimination von Bewältigungsstrategien	Modellernen und Gespräch über Bewältigungsstrategien	Videofilm „Effektive vs. ineffektive Bewältigungsstrategien"
Lernen von positiven Selbstinstruktionen als Bewältigungsstrategie	Gespräch über die Karten und anschließendes Aufstellen eigener Selbstinstruktionen	Karten „Positive Selbstinstruktionen von Modellfiguren"
Reflexion und Vertiefung der differenzierten Wahrnehmung von Belastungssituationen, Streßreaktionen und effektiven/ineffektiven Bewältigungsstrategien	Erneutes Zuordnen in das Modell der „Streßwaage"	vorgefertigte Karteikarten und ein Modell der Streßwaage
b) Außerhalb der Trainingsstunde		
Selbstbeobachtung von Belastungssituationen, Streßreaktionen und effektiven/ineffektiven Bewältigungsstrategien	Selbstbeobachtung „Streßwaage"	Arbeitsblatt „Streßwaage 2"

Spiel zur Erinnerung an die Namen der Gruppenmitglieder (2 Minuten)

Instruktionen:

Bevor wir heute anfangen, möchte ich mal schauen, ob ihr euch denn noch an alle unsere Namen erinnert. Wir stellen uns nun wieder im Kreis auf und nehmen unseren Ballon. Ich werfe jetzt den Ballon an den nächsten und sage dabei seinen Namen. Ihr wählt dann auch jemanden aus und nennt seinen Namen, bevor ihr ihm den Ballon zuwerft. Und so geht es dann weiter.

„Na? Hausaufgaben gemacht?": Besprechen der Hausaufgabe

Ziel	Bewußtmachen des Streßgeschehens und der Bewältigungsstrategien
Dauer	ca. 8 Minuten
Durchführung	auf dem Boden
Materialien	ausgefüllte Arbeitsblätter „Streßwaage 1", Memo-Karten (s. 7.1.1)

Auswertung:

Na, habt ihr eure Hausaufgabe gemacht? Habt ihr alle euren „Streß-Flyer" mit?

Ich würde gern wissen, was ihr so beobachtet habt. Bevor wir mit der Hausaufgabe anfangen, möchte ich aber mal schauen, ob ihr unsere vier Memo-Karten denn richtig in die Streßwaage einsortieren könnt! Welche vier Begriffe waren das noch? Vier Kinder können nun die Karten einsortieren.
Jedem der Kinder eine Memo-Karte geben.

Die beiden, die nicht dran waren, für die habe ich natürlich auch eine Aufgabe: Könnt ihr mir noch mal sagen, was die Bilder mit der „Streßwaage" auf eurem Arbeitsblatt darstellen sollen? Der eine erklärt bitte die linke und der andere die rechte Waage.
Streßwaagen beschreiben lassen.

Jetzt bin ich aber neugierig, was ihr euch notiert habt. Konntet ihr unsere Lösungen der Rätsel prüfen?
Durchgehen der Arbeitsblätter „Streßwaage 1".

Darstellung des Themas „Streß":

1. Entspannung: Einführung und erste Übung (nach Florin, 1975; Petermann, 1996)

Ziel	Lernen eines Entspannungsverfahrens als Bewältigungsstrategie
Dauer	ca. 15 Minuten
Durchführung	auf dem Boden (falls nicht möglich: Stuhlkreis)
Materialien	Instruktionen „Entspannungsübung I", ggf. Kissen und Decken

Instruktionen:
Ich werde euch nun eine ganz besondere Übung vorstellen, die ihr machen könnt, um euch ruhiger zu fühlen. Ihr werdet euch sogar nicht nur ruhiger fühlen, sondern auch wohler. Wir nennen diese Übung im folgenden „Entspannungsübung". Wir werden in den nächsten Stunden immer wieder solche Entspannungsübungen zusammen machen. Außerdem werde ich euch auch eine Kassette mit nach Hause geben, so daß ihr auch zu Hause diese Entspannungsübung machen könnt.
Ihr fragt euch vielleicht, wann ihr die Übung machen könnt. Wir werden unterschiedliche Entspannungsübungen lernen, die ihr in verschiedenen Situationen machen könnt. Heute stelle ich euch eine Übung vor, die eure Grundübung ist, die ihr jetzt am Anfang immer machen solltet. Diese ausführliche Entspannungsübung ist ein Streßkiller, der euch über

lange Zeit hilft, mit dem Streß besser fertig zu werden. Bei den nächsten Treffen werdet ihr dann eine kürzere Form kennenlernen. Die könnt ihr zum Beispiel immer dann machen, wenn ihr vor oder in einer Streßsituation seid. Wenn ihr also zum Beispiel wißt, gleich schreibe ich eine wichtige Arbeit. Oder ihr merkt, wie ihr in der Arbeit plötzlich immer unruhiger werdet, euer Herz klopft und ihr feststellt, daß ihr euch gar nicht mehr richtig auf die Arbeit konzentrieren könnt. Das Tolle an den Übungen ist nämlich auch, daß ihr die machen könnt, ohne daß andere Personen etwas davon merken. Es ist also eine Art Zaubertrick! Um diesen Zaubertrick zu lernen, müßt ihr aber erst mal die ausführliche Entspannungsübung gut machen.
Damit der Zaubertrick funktioniert, müßt ihr allerdings einige Regeln beachten:
* *Erstens* müßt ihr *genau meinen Anweisungen folgen.* Also, auch wenn sich manches vielleicht erst mal für euch komisch anhört, müßt ihr trotzdem das machen, was ich euch sage.
* *Zweitens* müßt ihr euch ganz *auf euren Körper konzentrieren.* Es ist wichtig, daß ihr darauf achtet, wie sich eure Muskeln anfühlen. Ihr werdet die Muskeln für eine kurze Zeit anspannen. Danach entspannt ihr eure Muskeln wieder für eine längere Zeit. Dabei sollt ihr darauf achten, wie es sich anfühlt, wenn die Muskeln angespannt oder entspannt sind. Ich mache auch immer wieder Pausen, in denen ihr genau in euren Körper hören könnt, ihr genau erforschen könnt, wie sich nun eure Muskeln anfühlen.
* *Drittens* ist es notwendig, daß ihr die Entspannung *jeden Tag übt.* Entspannung müssen wir nämlich genauso lernen wie zum Beispiel eine Sportart. Ihr konntet ja auch nicht sofort schwimmen. Genauso ist es mit der Entspannung. Je mehr ihr nämlich übt, desto besser funktioniert sie.
Nun wollen wir aber endlich anfangen:
Legt euch nun ganz bequem mit dem Rücken auf den Boden. Räkelt euch noch mal so richtig und holt tief Luft und atmet die ganze Luft wieder aus. Nun legt die Arme ganz locker hin, so daß die Hände neben den Beinen sind (2 sec Pause).

Alternativ (bei Jugendlichen):
Setzt euch nun alle bequem hin. Streckt euch noch mal so richtig. Holt tief Luft und atmet die ganze Luft wieder aus. Schaut mal, ich zeige euch, wie ihr am bequemsten sitzen könnt: Legt einfach eure Unterarme und Hände ganz locker auf die Oberschenkel (2).

Schließe nun deine Augen. Während der ganzen Übung solltest du die Augen geschlossen halten. Wenn du dich auf die Übungen konzentrierst, fällt dir das auch gar nicht so schwer. Versuche, eine ganz bequeme Lage zu finden (5).

Es folgen die Anweisungen zur Entspannung für folgende Übungen (vgl. Entspannungskassette, Seite A; 7.1.7):
rechte Hand, linke Hand, beide Unterarme, rechter Oberarm, linker Oberarm, beide Oberarme, Ausstiegsformel

Auswertung:
Das habt ihr prima gemacht. Ich bin mir sicher, daß ihr das bald super könnt, so daß ihr das auch ohne meine Hilfe schafft. Wir werden in unserem Kurs ja noch weitere Übungen machen. Jetzt würde ich aber gern schon wissen...
Wie hat euch die Entspannungsübung gefallen?
Wie fühlt ihr euch jetzt? Könnt ihr es damit vergleichen, wie ihr euch vorher gefühlt habt?
Denkt ihr, die Entspannungsübung hilft euch, ruhiger zu werden?

2. Videobeispiel „Was tun bei Streß?": Effektive/ineffektive Bewältigungsstrategien

Ziel	Erkennen von Streßbewältigungsstrategien und deren Aufbau durch Modellernen (s. Leitfaden „Streßkiller/Mega-Stresser"; 7.2.14)
Dauer	ca. 20 Minuten
Durchführung	auf dem Boden
Materialien	Videofilm „Effektive/ineffektive Bewältigungsstrategien" (s. 7.1.5)

Instruktionen:
Nachdem ihr letzte Woche herausgefunden habt, was ihr in Streßsituationen fühlt, ist in dem nächsten Rätsel herauszufinden, was ihr macht, um mit dem Streß fertig zu werden. Hierzu möchte ich euch nun Videofilme zeigen, in denen dargestellt ist, wie sich ein Kind in einer Streßsituation verhält und was es sich dabei denkt. Wir werden zwei unterschiedliche Streßsituationen erst mit einer ungünstigen Lösung sehen und dann aber auch mit mehreren günstigen Lösungen.
Nachdem wir den ersten Ausschnitt gesehen haben, möchte ich mit euch darüber reden, ob sich die Kinder günstige oder ungünstige Gedanken gemacht haben. Ich möchte gern von euch wissen, ob sie sich richtig verhalten haben. Ich möchte dann auch wissen, was ihr in dieser Situation gemacht hättet.
Fangen wir an mit dem ersten Ausschnitt, den wir bis zum Schluß sehen. Schaut mal, was die Streßsituation ist und wie die Kinder damit fertig werden.

Erster Film: im Mittelpunkt: zwei Jungen und zwei Mädchen, Situation: „Vor der Klasse den eigenen Aufsatz vorlesen."

- Ausgang:
Junge 1:   Negative Gedanken: „Ich werde nichts mehr ʻrauskriegen; den Aufsatz finden die anderen bestimmt doof."
Verhalten: stottern, verhaspeln.
Mädchen 1: Positive Selbstinstruktionen:
„Ich schaffe es; es ist schön, wenn alle meinen Aufsatz hören und mir sagen, wie sie ihn finden."
Verhalten: flüssig lesen.
Junge 2:   Bagatellisierung: „Für mich ist er o.k., so ist es mir egal, was die anderen denken; es ist alles halb so schlimm."
Verhalten: flüssig lesen.
Mädchen 2: Reaktionskontrolle: „Nur ruhig bleiben, erst mal tief einatmen, bloß nicht die Fassung verlieren."
Verhalten: ruhig anfangen, aber gut lesen.

Auswertung:
Was habt ihr gesehen? Welche Situation war dargestellt? Welches Kind ist nicht mit der Streßsituation fertig geworden? Was hat sich das Kind gedacht? Welche Gedanken haben den Streß nur noch schlimmer gemacht?
Welches Kind hat den Streß in den Griff gekriegt? Was hat das Kind sich gedacht?
Was hättet ihr in so einer Situation gemacht?

Instruktionen:
Nun sehen wir eine andere Situation, und ich halte den Film an, bevor ihr seht, wie das Kind sich verhält.

Zweiter Film: wieder Jungen und Mädchen, Situation „unangekündigter Rechentest"

Wie, denkt ihr, geht es weiter? Was könnte sich ein Kind denken? Was würde den Streß nur noch schlimmer machen? Was könnte das Kind machen, um den Streß in den Griff zu kriegen?
Mal sehen, wie es in dem Film weitergeht!

- Ausgang:
Mädchen 1: Negative Gedanken: „Ich weiß gar nichts mehr." Verhalten: nicht mehr rechnen können.

Junge 1:   Situationskontrolle und positive Selbstinstruktionen: „Ich mache eine Aufgabe nach der anderen; ich schaffe es; erst die einfachen, dann die schweren." Verhalten: rechnet fleißig.

Mädchen 2: Bagatellisierung: „Ich versuche mein Bestes, egal was dabei 'rauskommt." Verhalten: rechnet fleißig.

Junge 2:   Reaktionskontrolle: „Jetzt bloß cool bleiben, nur nicht aufregen; erst mal mein Verhalten unter Kontrolle kriegen." Verhalten: langsam anfangen, Aufgaben fleißig zu lösen.

Auswertung:

Hat das Kind sich so verhalten, wie ihr es euch gedacht habt? Was war die ungünstige Lösung? Was hat sich dieses Kind gedacht?

Welche Streßkiller haben die anderen Kinder eingesetzt?

Freies Spielen (5 Minuten)

3. Spiel: „Stolz wie ... ich" (modifiziert nach Dirks et al., 1993)

Ziel	Lernen von positiven Selbstinstruktionen als Bewältigungsstrategie
Dauer	ca. 10 Minuten
Durchführung	Stuhlkreis
Materialien	Karteikarten „Positive Selbstinstruktionen von Modellfiguren" (s. 7.1.4), Schreibkarten

Instruktionen:

Ich möchte mit euch heute noch weitere Rätsel aufklären. Als nächstes würde ich gern von euch wissen, auf was ihr stolz seid. Kennt ihr den Spruch „Stolz wie Oscar"? Dieses Spiel habe ich nach diesem Spruch benannt.

Damit uns die Lösung leichter fällt, habe ich hier einige Karten mitgebracht, auf denen wir Tierfiguren sehen und die uns zeigen, worauf sie stolz sind. Wir überlegen uns dann, ob es bei uns Situationen gibt, wo wir diesen Stolz auch erleben. Nachdem wir die Karten besprochen haben, möchte ich gern, daß sich jeder von euch überlegt, worauf ihr stolz seid und wir werden dann von jedem hören, was er für sich herausgefunden hat. Ihr werdet sehen, daß es eigentlich ganz viele Situationen gibt, in denen wir stolz auf uns sein können. So etwa, wenn ihr Angst hattet und diese Angst gemeistert habt. Denkt nur mal an euren ersten Sprung im Schwimmbad vom

3-Meter-Brett. Oder wenn ihr jemandem geholfen habt. Wir müssen dies nur herausfinden.

Zunächst die Karten durchgehen und besprechen (4 Minuten).

Jetzt überlegt euch etwas, worauf ihr stolz seid. Schreibt das auf eine Karte und wir werden es dann von jedem hören. Ich finde es schön, wenn wir alle klatschen, nachdem uns jemand gesagt hat, worauf er stolz ist.

Auswertung:

Das war schon ganz toll. Jeder hat ja jetzt mindestens ein Beispiel gefunden. Achtet mal jeden Tag darauf und überlegt euch am Abend, was ihr an diesem Tag gemacht habt, worauf ihr stolz sein könnt. Ihr findet bestimmt etwas. Stellt es euch ganz fest vor. Ich bin gespannt, was ihr alles sammeln könnt.

Jetzt kann jeder das Kärtchen bei den Streßkillern an der Streßwaage anheften.

4. „Streßwaagen-Spiel, die Zweite"

Ziel	Reflexion und Vertiefung der differenzierten Wahrnehmung von Belastungssituationen, Streßreaktionen und Bewältigungsstrategien (s. Leitfaden „Streßkiller/Mega-Stresser"; 7.2.14)
Dauer	ca. 25 Minuten
Durchführung	Stuhlkreis
Materialien	Pinnwand/Magnettafel mit einer Streßwaage, Karteikarten für die „Streßwaage" (s. 7.1.6), Memo-Karten (s. 7.1.1)

Instruktionen:

Beim letzten Mal haben wir das Spiel „Streßwaage" gespielt und ihr habt jede Menge Karten mit euren Einfällen an der Waage festgemacht. Da waren tolle Sachen dabei, zum Beispiel bei den *Streßsituationen* (ein Beispiel einfügen und das Kind benennen) oder bei den *Streßantworten* (ein Beispiel einfügen und das Kind benennen) oder bei den *Streßkillern* (ein Beispiel einfügen und das Kind benennen) oder die *Happy-Hippo-Laune* (ein Beispiel einfügen und das Kind benennen).

Wo uns noch mehr einfallen sollte, sind die ... (ergänzen, wo zu wenige Beispiele genannt wurden). Heute habe ich euch Karten von mir mitgebracht und bin gespannt, wie ihr die zuordnen könnt. Könnt ihr die vier wichtigen Begriffe noch einmal benennen und mir sagen, was sie bedeuten?

Die Kinder beschreiben die vier Memo-Karten an der Streßwaage.

Ich gebe jetzt jedem acht Karten. Mischt sie gut durch und lest sie jeder für sich durch.
Jedes Kind erhält 2 mal 4 Karten aus den verschiedenen Bereichen: Streßsituationen, Streßantworten, Streßkiller und Happy-Hippo-Laune.

Ihr habt von jedem der vier Begriffe zwei Karten bekommen. Macht bitte jetzt vier Päckchen, also zwei Streßsituationen, zwei Streßantworten, zwei Streßkiller und zweimal die Happy-Hippo-Laune. Toll, und nun nehmt ihr von jedem Päckchen eine Karte weg. Wir machen jetzt zuerst einen Durchgang, wo ihr kreuz und quer die vier Karten in die Streßwaage einsortieren könnt.
Einordnen der ersten vier Karten.

Jetzt möchte ich, daß wir immer in vier Lösungsschritten unsere Karten in die Streßwaage einordnen.
Gut, fangen wir an mit ... (ein Kind auswählen).

Ich werde jetzt immer einen Lösungsschritt nennen und du sollst prüfen, welche Karte dazu paßt.

Zunächst der erste Lösungsschritt:
1. Welche äußeren Anforderungen werden an dich gestellt oder wann setzt du dich selbst unter Druck? Also: In welcher *Situation* erlebst du Streß?
   Welche Karte paßt?
Das Kind darf vorlesen und anheften.

Reflexion:
Ist das eine Anforderung von innen oder außen? Wäre das für dich eine mögliche Streßsituation? Hast du so was vielleicht schon selbst erlebt?

Jetzt der zweite Lösungsschritt:
2. Was fühlst du in einer Streßsituation? Was ist im Kopf los? Wie reagiert dein Körper in einer Streßsituation?
   Also: *Streßantworten.*
Das Kind darf vorlesen und anheften.

Reflexion:
Ist das ein Streßgefühl oder eine körperliche Reaktion im Kopf? Woran merkst Du, daß Du in einer Streßsituation bist?

Nun der dritte Lösungsschritt:
3. Was kannst du in einer Streßsituation tun, um den Streß zu verringern.
   Also: *Streßkiller.*
Das Kind darf vorlesen und anheften.

Reflexion:
Ist das ein Streßkiller, den du auch schon mal benutzt hast? Meinst du, den könntest du in deiner Streßsituation einsetzen?

Und jetzt der letzte, der vierte Lösungsschritt:
4. Wie fühlst du dich, wenn du das Richtige bei Streß getan hast? Also: *Happy-Hippo-Laune.*
Ein Kind darf vorlesen und anheften.

Reflexion:
Hast du das auch schon mal gefühlt, wenn du das Richtige gegen Streß gemacht hast? Oder wie fühlst du dich, wenn du den Streß in den Griff gekriegt hast?
Gut, jetzt haben wir die vier wichtigen Begriffe in unserer Streßwaage geklärt.

Toll, das hat ... doch toll gemacht! Jetzt machen wir mit demselben Ablauf weiter, bis alle Karten angeheftet sind. Wißt ihr jetzt schon die richtige Reihenfolge, in der die vier Karten gelegt werden müssen?
..., versuche es mal. Wir fangen damit an, daß wir Streß erkennen. Wir wissen, in welcher Situation ihr Streß erlebt und was ihr fühlt, wenn ihr Streß habt. Und dann machen wir etwas gegen den Streß. Wenn wir das Richtige getan haben, merken wir das dann.
Währenddessen auf die vier Memo-Karten zeigen. Die Kinder legen nacheinander die Karten in der richtigen Sequenz und verändern die Position der Streßwaage entsprechend.

5. Wir hatten aber auch schon angesprochen, daß es Dinge gibt, die den Streß nicht wegmachen. Stattdessen verschlimmern sie noch den Streß. Wir nennen das *Mega-Stresser.*

Mega-Stresser sind Dinge, die ihr macht und der Streß geht dadurch nicht weg, sondern er wird noch viel schlimmer.
Welche Farbe haben die Mega-Stresser in der Streßwaage und wo sind sie versteckt?
Ein Kind muß die grüne Waagschale entfernen, so daß die gelbe zum Vorschein kommt.

Hier habe ich wieder eine Memo-Karte, das ist unsere fünfte und letzte Memo-Karte. Könnt ihr erkennen, welcher Mega-Stresser hier abgebildet ist?
Genau, „Ich schaffe das nie!". Wer ordnet die Karte in die Streßwaage ein?
Verändere bitte auch die Waage so, wie sie sich verändert, wenn ihr einen Mega-Stresser einsetzt. Sehr gut!
So, nun habe ich für jeden von euch noch ein Beispiel für einen Mega-Stresser auf diesen Karteikarten. Lest ihn mal laut vor und sagt uns, ob das auch ein Mega-Stresser ist, den ihr kennt und schon mal eingesetzt habt.
Überlegt bitte jetzt, welche Mega-Stresser ihr manchmal einsetzt und schreibt sie auf diese Karte.
Auf die Karten Mega-Stresser schreiben lassen und in die Waage einsortieren lassen.

Hausaufgabe:

Instruktionen:
Damit ihr wieder testen könnt, ob unsere Lösungen der vielen Rätsel auch so richtig sind, gebe ich euch bis zum nächsten Mal wieder eine Aufgabe auf.

5. „Noch mal gucken, was ich schon gelernt habe": Selbstbeobachtung „Streßwaage"

Ziel	Selbstbeobachtung von Belastungssituationen, Streßreaktionen und Bewältigungsstrategien
Dauer	ca. 5 Minuten
Durchführung	Stuhlkreis
Materialien	Arbeitsblatt „Streßwaage 2" (s. 7.2.4; enthält das Deckblatt und das Ausfüllblatt)

Instruktionen:
Die letzte Aufgabe habt ihr beim letzten Mal ja super gemacht. Die Aufgabe heute ist genau so wie beim letzten Mal.

Sie bezieht sich darauf, daß ihr bis zum nächsten Termin noch mal beobachtet,
* welche inneren und äußeren Anforderungen, also *Streßsituationen*,
* welche *Streßantworten*,
* welche *Streßkiller* und diesmal noch
* welche *Mega-Stresser*

es zu Hause und in der Schule so gibt.

Versucht also, noch mal ganz genau euch und eure Umwelt zu beobachten und tragt eure Beobachtungen wieder in den Bogen hier ein.

Nächstes Mal besprechen wir wieder eure Eintragungen und stellen bestimmt fest, daß ihr jetzt schon besser beobachten konntet als beim ersten Mal.

Es wäre toll, wenn ihr diesmal die Beobachtungen nicht so kreuz und quer eintragt. Ihr habt ja heute gelernt, daß das eine Kette ist: Versucht doch, zu einer bestimmten Streßsituation eine passende Streßantwort, einen passenden Streßkiller und einen passenden Mega-Stresser zu finden.

Dritter Sitzungstermin

*Tabelle 3.4: Ziele, praktisches Vorgehen und Materialien der **dritten** Trainingsstunde (AST_8).*

Ziele	Praktisches Vorgehen	Materialien
a) Innerhalb der Trainingsstunde		
Vertrautwerden mit den anderen Teilnehmern	Ratespiel der Namen der anderen Gruppenmitglieder	Papierzettel
Bewußtmachen des Streßgeschehens und der effektiven/ineffektiven Bewältigungsstrategien	Besprechen der Hausaufgaben „Streßwaage"	ausgefüllte Arbeitsblätter „Streßwaage 2"
Lernen eines Entspannungsverfahrens als Bewältigungsstrategie	Durchführung einer Entspannungsübung	Instruktion „Entspannungsübung II"
Differenzierte Wahrnehmung: Erholungsaktivitäten	Sammeln von individuellen Erholungsaktivitäten	
Erproben erworbener Handlungsroutinen, Steigern der Kompetenzerwartung, Modellernen	Verhaltensübung: Spielen, Reflexion und erneutes Spielen einer Belastungssituation	Geschichte „Klassenarbeit schreiben"
b) Außerhalb der Trainingsstunde		
Übertragen von Bewältigungsstrategien auf den Alltag	Ruhe- und Entspannungsphasen einbauen	Arbeitsblatt „Cool-man"
Übertragen einer Bewältigungsstrategie auf den Alltag	Entspannungsübungen mit Hilfe der Kassette durchführen	Entspannungskassette (Seite A) und Arbeitsblatt B „Echt cooler Sound!"

Spiel zur Erinnerung an die Namen der Gruppenmitglieder (2 Minuten)

Instruktionen
(bei sechs Kindern):
Bevor wir heute anfangen, möchte ich noch mal schauen, ob ihr euch denn noch an alle unsere Namen erinnert. Heute machen wir ein Ratespiel, um unser Gedächtnis zu testen. Ich habe hier für jeden fünf Papierschnipsel. Wir haben also fünf Zettel für die Namen der anderen fünf Kinder. Auf jeden Zettel schreibt ihr jetzt bitte versteckt immer den Namen von einem der anderen Kinder. Dann legt ihr diesen Zettel mit dem Namen nach unten vor das jeweilige Kind. Ich bin gespannt, ob ihr alle Namen wißt, dann hat jedes Kind fünf richtige Treffer.

„Na? Hausaufgaben gemacht?": Besprechen der Hausaufgabe

Ziel	Bewußtmachen des Streßgeschehens und der Bewältigungsstrategien
Dauer	ca. 18 Minuten
Durchführung	auf dem Boden
Materialien	ausgefüllte Arbeitsblätter „Streßwaage 2" und Memo-Karten (s. 7.1.1)

Auswertung:
Ich hatte euch ja eine Aufgabe für heute gestellt. Ich würde gern wissen, was ihr so beobachtet habt. Fangen wir zuerst mit der „Streßwaage" an. Was habt ihr notiert?
Habt ihr den Eindruck gehabt, daß es euch schon leichter gefallen ist, euch und eure Umwelt zu beobachten als beim ersten Mal?

Wer hat es geschafft, eine Kette aufzuschreiben? Das ist ja super!

Streßwaagen beschreiben und die fünf Memo-Karten anbringen lassen.

Durchgehen der Arbeitsblätter „Streßwaage 2" der Reihe nach.

Darstellung des Themas „Streß":

1. Entspannung: Zweite Übung (nach Florin, 1975; Petermann, 1996)

Ziel	Lernen des Entspannungsverfahrens als Bewältigungsstrategie
Dauer	ca. 20 Minuten
Durchführung	auf dem Boden (falls nicht möglich: Stuhlkreis)
Materialien	Instruktionen „Entspannungsübung II", ggf. Kissen und Decken

Instruktionen:

Letztes Mal habe ich euch schon die Entspannungsübung vorgestellt und ihr habt sie alle schon toll gemacht. Auch heute werden wir eine Entspannungsübung machen und ich bin gespannt, wie es heute klappt. Ich werde heute einige Übungen vom letzten Mal wiederholen, andere sind aber neu.

Ihr wißt ja, daß es bei unserer Entspannungsübung ganz wichtig ist, daß ihr jeden Tag diese Entspannungsübung macht. Denn ihr wißt: Je mehr ihr übt, desto besser funktioniert sie. Damit ihr die Entspannungsübung auch zu Hause machen könnt, gebe ich euch heute diese Kassette. Diese Kassette ist sozusagen ein Schatz, denn wenn ihr sie jeden Tag hört, lernt ihr euren Zaubertrick.

Bevor wir in die Entspannungsübung gehen, möchte ich euch an unsere drei Regeln erinnern, die ihr einhalten solltet. Wenn ihr diese Regeln beachtet, funktioniert der Zaubertrick ganz toll:

1. Folgt meinen Anweisungen zur Entspannung ganz genau!
2. Konzentriert euch ganz auf euren Körper! Achtet auf den Gegensatz von An- und Entspannung.
3. Übt eine Entspannungsübung jeden Tag und ihr werdet es super schaffen!

Nun wollen wir aber endlich anfangen:

Lege dich nun ganz bequem mit dem Rücken auf den Boden. Räkele dich noch mal so richtig und hole tief Luft und atme die ganze Luft wieder aus. Nun lege die Arme ganz locker hin, so daß die Hände neben den Beinen sind (2 sec Pause). Schließe nun deine Augen. Während der ganzen Übung solltest du die Augen geschlossen halten. Wenn du dich auf die Übungen konzentrierst, fällt dir das auch gar nicht so schwer.

Versuche, eine ganz bequeme Lage zu finden (5).

Es folgen die Anweisungen zur Entspannung für folgende Übungen (vgl. Entspannungskassette, Seite A; 7.1.7):

rechter Oberarm, linker Oberarm, Stirnübung, Augen, Bauch, Po, rechter Wadenmuskel, linker Wadenmuskel, beide Waden, Ausstiegsformel

2. „Cool-man-Spiel": Informations-sammlung „Erholungsaktivitäten"

Ziel	Sensibilisierung für die Wahrnehmung von Erholungsaktivitäten (s. Erinnerungsblatt „Streß-Pausen"; 7.2.15)
Dauer	ca. 10 Minuten
Durchführung	an Gruppentischen
Materialien	Schreibkarten

Instruktionen:

Jetzt habt ihr schon viele schwierige und wichtige Rätsel gelöst und ihr wißt jetzt,

- wie ihr besser Ereignisse erkennt, in denen ihr Streß erlebt,
- wie ihr euch fühlt, wenn ihr in einer Streßsituation seid und
- wie ihr den Streß in den Griff bekommt, also was könnt ihr tun, damit ihr weniger Streß erlebt und euch wohler fühlt.

Nun habt ihr zum Glück nicht den ganzen Tag Streß. In den „Streß-Pausen" könnt ihr euch ausruhen und abschalten. Diese Pausen sind nicht nur wichtig, daß ihr euch von Anstrengungen erholt, sondern auch, daß ihr neue Energie sammelt für die nächste Anstrengung.

Nun wieder ein Rätsel: Wißt ihr, was ihr alles machen könnt, um euch in solchen Pausen zu erholen? Das gehört alles zu unserem Streßkiller „Pause machen".

Karten schreiben und an die Magnettafel/Pinnwand heften.

Freies Spielen (5 Minuten)

3. „So tun, als ob wir eine Klassenarbeit schreiben": Rollenspiel (Thema vgl. Dirks et al., 1993)

Ziel	Erproben von erworbenen Handlungsroutinen Steigern der Kompetenzerwartung Modellernen
Dauer	ca. 20 Minuten
Durchführung	Stuhlkreis
Materialien	Schreibkarten, Arbeitsblatt „Streßkiller" (s. 7.2.12), Rollenspieltext (s. 7.1.8)

Instruktionen:

Ich möchte nun mit euch ein Rollenspiel machen. Weiß jemand von euch, was das ist?

Nun, ich werde euch gleich eine Geschichte vorlesen und ihr sollt dann spielen, wie die Geschichte wohl weiter geht. Die Geschichte handelt von einem Jungen, der eine Mathearbeit schreiben soll:

Rollenspieltext s. 7.1.8

Wir wollen jetzt spielen, wie die Geschichte weitergehen könnte.
– Zuvor besprechen wir noch mal, um was es hier überhaupt geht.
– Was haben die unterschiedlichen Rollen zu spielen?
– Was denkt ihr, wie geht es weiter? Was könnte Marco gegen den Streß tun? Besprechen wir erst mal, welche *Mega-Stresser* den Streß bei Marco nicht wegmachen. Richtig, damit kriegen wir den Streß nicht in den Griff!

Fällt euch jetzt ein *Streßkiller* ein?
1 Minute überlegen lassen.

So, nun verteile ich euch noch ein Arbeitsblatt, auf dem ihr angebt, welche Streßkiller ihr könnt und welche ihr üben möchtet. Lest und bearbeitet es in Ruhe.
Arbeitsblatt „Streßkiller" verteilen und ausfüllen lassen.

So, nun sucht euch einen Streßkiller davon aus, den ihr jetzt spielen möchtet. Schreibt diesen Streßkiller auf diese Karteikarte.
Die Streßkiller werden von den Kindern auf den Karteikarten vermerkt.

Wir spielen nun, wie die Geschichte weitergehen könnte, wenn Marco diesen *Streßkiller* einsetzt.

– Nun legen wir fest, welche Kinder die drei Rollen übernehmen.
– Die Kinder, die jetzt zuschauen, beachten bei Marco unsere drei wichtigen Dinge: die Streßsituationen, die Streßantworten und vor allem den *Streßkiller*.
– Nun kann's losgehen! Fangt bitte damit an, daß es an Marco's Haustür klingelt!

Ende des Spiels: Klatschen

Auswertung:
Reflexion des Rollenspiels:
a) Darsteller der Hauptrolle:
– Was wolltest du ausdrücken?
– Wie hast du dich gefühlt? War es vom Anfang bis zum Ende gleich, was du gefühlt hast?
– Wie beurteilst du das, was du gegen den Streß getan hast: War es richtig? Wäre es auch in anderen Situationen wirksam?

b) Beobachter:
– Was habt ihr beobachtet? War das eine Streßsituation für Marco? Was waren die Anforderungen an Marco?
– Wie fühlte Marco? Was waren seine Streßgefühle?
– Was hat Marco gemacht? Welchen *Streßkiller* hat er eingesetzt?
– Hat der *Streßkiller* gewirkt?
– Fallen euch andere *Streßkiller* ein?

Jetzt können wir die Geschichte mit einem anderen Ausgang und mit vertauschten Rollen spielen. Wer spielt nun die Hauptrolle und welche beiden Kinder übernehmen die beiden Nebenrollen?
..., du spielst wieder den *Streßkiller*, den du auf deiner Karteikarte aufgeschrieben hast.
Nachdem alle Kinder einmal die Hauptrolle gespielt haben, sortieren die Kinder ihre Karteikarte in die Streßwaage ein.

– Habt ihr schon mal eine ähnliche Situation erlebt?

Hausaufgaben:

Instruktionen:
Auch heute bekommt ihr wieder Hausaufgaben auf. Denn damit könnt ihr immer noch einmal in Ruhe zu Hause herausfinden, ob ihr noch mehr Lösungen euer Rätsel findet. Heute sind es sogar zwei Hausaufgaben.

4. „Echt cool, man": Selbstbeobachtung „Erholungsaktivitäten"

Ziel	Übertragen der Bewältigungsstrategien auf den Alltag
Dauer	ca. 5 Minuten
Durchführung	an Gruppentischen
Materialien	Arbeitsblatt „Cool-man" (s. 7.2.5)

Instruktionen:

Die Aufgabe besteht darin, daß ihr mal prüft, ob ihr die Erholungsaktivitäten, die eben jeder für sich herausgefunden hat, nicht öfter am Tag einsetzen könnt. Beobachtet, was ihr in den Pausen macht und, ob ihr eure Erholungsaktivitäten dann machen könnt. Tragt das bitte in dieses Blatt hier ein.

Falls das AST in der Klinik durchgeführt wird:
Sicher sind hier die Möglichkeiten nicht so groß wie bei euch zu Hause, aber bestimmt findet ihr eine Lösung, euch in den Pausen zu entspannen.

Ich bin gespannt, was ihr alles so gemacht und erlebt habt und wünsche euch viel Erfolg.
Wenn es euch schwerfällt, eure Beobachtungen aufzuschreiben, gebt nicht auf, etwas einzutragen. Ihr findet bestimmt etwas.

5. „Echt cooler Sound": Entspannungskassette, Seite A

Ziel	Einüben des Entspannungsverfahrens im Alltag
Dauer	ca. 10 Minuten
Durchführung	an Gruppentischen
Materialien	Entspannungskassette (s. 7.1.7), Begleittext (s. 7.2.7) und Arbeitsblatt B „Echt cooler Sound" (s. 7.2.6)

Instruktionen:

Für eure zweite Aufgabe gebe ich euch eine Kassette mit. Auf beiden Seiten sind Entspannungsübungen zu hören. Eure Aufgabe besteht nun darin, euch in der Freizeit diese Entspannungskassette am besten jeden Tag einmal anzuhören. Und zwar sollt ihr zunächst die *Seite A* hören. Später werden wir uns die Seite B auch anhören. Wenn ihr die Kassette vor dem Schlafengehen hört, solltet ihr nicht wieder aufstehen. Durch die Entspannungsübung werdet ihr nämlich munter! Bleibt ihr aber im Bett liegen, schlaft ihr bestimmt gut ein.

Zusätzlich sollt ihr auf diesem Blatt aufschreiben, wann ihr die Kassette gehört habt, wie ihr euch vorher und nachher gefühlt habt und wie euch die Entspannungsübung gefallen hat.
Auf der Kassette gehen wir auch wieder unterschiedliche Muskeln durch wie heute. Ihr sollt wieder versuchen, eure Muskeln zu entspannen. Ich bin gespannt, wie euch die Kassette gefällt.
Wenn ihr einige Muskeln nicht entspannen konntet, schreibt es auf diesem Blatt auf. Wir können es dann beim nächsten Mal üben.

Nun gebe ich euch noch ein Blatt für euren „Streß-Flyer". Darauf stehen die Begleitsätze zu eurer Kassette. Wir werden sie jetzt lesen.
Wer möchte sie laut vorlesen?
Ein Kind liest die Anweisung vor.

– Was meint ihr, wann ihr die Kassette am besten hören könnt?
– Könnt ihr euch vorstellen, daß ihr sie in Ruhe hören könnt?
– Was müssen wir ändern, damit ihr die Kassette jeden Tag hören könnt?

Nächstes Mal besprechen wir dann, wie gut ihr euch entspannen konntet.

Vierter Sitzungstermin (Eltern-Kind)

*Tabelle 3.5: Ziele, praktisches Vorgehen und Materialien der **vierten** Trainingsstunde (Eltern-Kind; AST_8).*

Ziele	Praktisches Vorgehen	Materialien
a) Innerhalb der Trainingsstunde		
Vertrautwerden mit den anderen Teilnehmern	spielerisches Kennenlernen	großer Luftballon
Differenzierte Wahrnehmung: Diskrimination von Emotionen	Pantomimen-Spiel „Ich fühle mich ganz ..."	Karten „Emotionen und Stimmung"
Bewußtmachen der Bewältigungsstrategien	Besprechen der Hausaufgaben „Erholung"	ausgefüllte Arbeitsblätter "Cool man"
Differenzierte Wahrnehmung: Erholungsaktivitäten	Sammeln gemeinsamer Erholungsaktivitäten von Eltern-Kind	
Bewußtmachen der Bewältigungsstrategien	Besprechen der Hausaufgaben „Entspannungskassette, Seite A"	ausgefüllte Arbeitsblätter „Echt cooler Sound"
Einüben eines Entspannungsverfahrens	Durchführen einer Entspannungsübung	Instruktion „Entspannungsübung III"
Reflexion und Vertiefung der differenzierten Wahrnehmung von Belastungssituationen, Streßreaktionen und effektiven/ineffektiven Bewältigungsstrategien	Die Kinder erklären ihren Eltern die Streßwaage; Gespräch über das Streßmodell	Modell der Streßwaage
b) Außerhalb der Trainingsstunde		
Übertragen einer Bewältigungsstrategie auf den Alltag	Entspannungsübungen mit Hilfe der Kassette durchführen	Entspannungskassette (Seite A) und Arbeitsblatt B „Echt cooler Sound!"
Übertragen von Bewältigungsstrategien auf den Alltag	Ruhe- und Erholungsphasen mit den Eltern einbauen	Arbeitsblatt „Daddy cool"

Begrüßung und Vorstellung (10 Minuten)

Instruktionen optional:

Heute sind wir also eine große Runde. Die Kinder und ich, wir kennen uns ja schon sehr gut, aber heute sind wir natürlich gespannt auf die Eltern. Damit wir uns alle erst mal kennenlernen, machen wir nun das Spiel, was ihr Kinder ja schon kennt: Wir stellen uns mit unserem Vor- und Nachnamen vor und sagen dann noch, was unser liebstes Hobby ist und warum wir das Hobby so gern mögen. Ich schlage vor, ich fange mal bei mir an:

Ich werde dann den Luftballon an den nächsten weitergeben, derjenige stellt sich dann vor und gibt den Luftballon an den nächsten weiter. So geht es weiter, bis wir uns alle vorgestellt haben.

Ich heiße ..., mein Hobby ist ..., weil ...

So, der nächste macht weiter. Hier der Ballon!

Die Kinder stellen sich der Reihe nach vor.

Darstellung des Themas „Streß":

1. Pantomimen-Spiel: „Ich fühle mich ganz ..."

Zunächst wird ein Pantomimen-Spiel durchgeführt, um die Eltern auch schon früh aktiv mit einzubeziehen.

Ziel	Sensibilisierung für die Selbst- und Fremdwahrnehmung und das Ausdrücken emotionaler Streßreaktionen
Dauer	ca. 10 Minuten
Durchführung	Stuhlkreis
Materialien	Karteikarten mit Gefühlen „Angst, Ärger, Trauer, innere Erregtheit, Freude" und der Stimmung „Positives Wohlbefinden" (s. 7.1.2)

Instruktionen:

Wir wiederholen jetzt ein Spiel aus der ersten Stunde. Ihr habt da herausgefunden, daß wir nur dann etwas gegen den Streß unternehmen können, wenn wir erkennen, was alles in einer Streßsituation mit uns und den anderen geschieht. Dafür müssen wir erkennen, wann wir Streß erleben.

Wir müssen also wissen, was wir fühlen, wenn wir Streß erleben.

Deswegen möchte ich jetzt mit euch unser Spiel noch einmal machen, bei dem ihr erkennt, wann ihr Streß oder eben keinen Streß erlebt.

Ihr wißt, das Spiel heißt „Ich fühle mich ganz ..." und hierzu brauchen wir wieder diese sechs Karten, auf denen jeweils ein Gefühl steht. Für das Spiel bildet ihr nun mit eurer Mutter oder eurem Vater ein Team. Mischt mal diese Karten und jeder von euch bekommt jeweils drei Karten. Jetzt sollt ihr wieder die Gefühle, die auf den Karten stehen, darstellen, ohne dabei Worte zu gebrauchen. Wißt ihr noch, wie so ein Spiel heißt?

Genau, „Pantomime". Nun sollt ihr aber wieder im Wechsel einmal der Darsteller und das andere Mal der Zuschauer sein. Als Zuschauer sollt ihr das Gefühl, das euer Partner euch vorstellt, erkennen und ihm eure Lösung ins Ohr flüstern.

Wenn alle fertig sind, sagt ihr mir die Lösungen laut und woran ihr die Gefühle erkannt habt.

Auswertung:

Na, haben alle die sechs Gefühle erkannt?

Woran habt ihr die Gefühle erkannt?

Alle sechs Begriffe durchgehen.

Richtig.

So, nun waren einige Gefühle dabei, die ihr im Streß erlebt. Welche waren das? Sortiert sie in die Streßwaage ein.

Angst, Ärger, Trauer, Aufregung

Und dann waren Gefühle dabei, die ihr habt, wenn ihr keinen Streß habt. Welche waren das? Sortiert sie bitte auch in die Streßwaage ein.

Freude, sich wohl fühlen

Besprechen der Hausaufgaben „Cool-man" und

2. „Wenn der Vater mit dem Sohne – Daddy-cool-Spiel": Informationssammlung „Erholungsaktivitäten mit den Eltern"

Ziel	Sensibilisierung der Wahrnehmung von Erholungsaktivitäten
Dauer	ca. 10 + 10 Minuten
Durchführung	an Gruppentischen
Materialien	Schreibkarten; ausgefüllte Arbeitsblätter „Echt cool, man"; Erinnerungsblatt „Streß-Pausen" (s. 7.2.15)

Instruktionen:

In der dritten Stunde und in der Hausaufgabe zu heute habt ihr noch ein anderes wichtiges Rätsel gelöst. Ihr hattet euch überlegt, was ihr eigentlich in den „Streß-Pausen" so macht. Zwischen den Streßsituationen sind ja Pausen, in denen ihr euch endlich ausruhen, abschalten könnt. Diese Pausen waren aber nicht nur dafür wichtig, daß ihr euch von Anstrengungen erholt, sondern auch, daß ihr neue Energie sammelt für die nächste Anstrengung.

Was habt ihr beobachtet in euren Pausen? Wie habt ihr euch erholt? Konntet ihr eure eigenen Erholungsaktivitäten machen, die wir letzte Stunde herausgefunden haben? Oder habt ihr vielleicht andere Dinge zur Erholung gemacht?

Durchgehen der Arbeitsblätter „Echt cool, man".

Ich gebe euch hier eine Liste mit Erholungsaktivitäten, die ich für euch zusammengestellt habe. Das sind alles Dinge, die mir andere Kinder genannt haben. Schaut mal drauf! Fehlt euch etwas? Dann schreibt es einfach dazu!

Austeilen des Erinnerungsblattes „Streß-Pausen".

Jeder hat nun herausgefunden, was ihr alles machen könnt, um euch in solchen Pausen zu erholen. Heute ist nun noch die Aufgabe herauszufinden, was ihr denn mit euren Eltern zusammen machen könnt, was euch allen Spaß macht. Also, was könnt ihr mit euren Eltern machen, damit ihr euch in euren Pausen gut erholen könnt. Das Spiel heißt nach einem alten Film „Wenn der Vater mit dem Sohne", aber das könnte natürlich auch heißen „Wenn die Mutter mit der Tochter" oder wie auch immer ... Überlegt doch jetzt mit eurer Mutter oder eurem Vater, was ihr machen könnt in den Pausen.

Karten schreiben und an die Pinnwand/Magnettafel heften mit der Überschrift „Daddy cool".

Freies Spielen (5 Minuten)

Besprechen der Hausaufgabe „Entspannungskassette, Seite A" und

3. Entspannung: Dritte Übung (nach Florin, 1975; Petermann, 1996)

Ziel	Lernen eines Entspannungsverfahrens als Bewältigungsstrategie
Dauer	ca. 10 + 10 Minuten
Durchführung	Stuhlkreis
Materialien	ausgefüllte Arbeitsblätter „Echt cooler Sound"; Instruktionen „Entspannungsübung III"

Instruktionen:

In den letzten beiden Trainings habt ihr schon toll unsere Entspannungsübungen gemacht. Heute machen wir mal alle zusammen eine Entspannungsübung.

Vorher möchte ich aber endlich von euch hören, wie ihr denn die Übung auf eurer Entspannungskassette gefunden habt und wie das geklappt hat.

Habt ihr die Entspannungskassette gehört?

Wann habt ihr sie gehört?

Hat euch die Kassette gefallen?

Wie habt ihr euch dabei entspannen können?

Was können wir ändern, daß ihr mit der Entspannungsübung besser zurechtkommt?

Durchgehen der Arbeitsblätter „Echt cooler Sound" (gegen den Uhrzeigersinn). Bei Problemen einfach alle Kinder diese Muskelgruppe entspannen lassen.

So, nun wollen wir aber zusammen eine Entspannungsübung machen. Ich bin gespannt, wie es heute mit uns allen klappt. Ihr Kinder kennt zwei Übungen schon vom letzten Mal; eine Übung ist neu.

Bevor wir in die Entspannungsübung gehen, möchte ich euch wieder unsere drei Regeln vorstellen, die ihr einhalten solltet. Wenn ihr diese Regeln beachtet, funktioniert der Zaubertrick ganz toll:

1. Folgt meinen Anweisungen zur Entspannung ganz genau!
2. Konzentriert euch ganz auf euren Körper! Achtet auf den Gegensatz von An- und Entspannung.
3. Übt eine Entspannungsübung jeden Tag, dann werdet ihr es super schaffen!

Heute legen wir uns mal nicht hin, weil das sonst zu eng wird. Heute setzen wir uns bequem hin. Räkelt euch noch mal so richtig und holt tief Luft und atmet die ganze Luft wieder aus. Schaut mal, legt jetzt die Hände und die Unterarme locker auf eure Oberschenkel, so wie ich (2 sec Pause). Schließe nun deine Augen. Während der ganzen Übung solltest du die Augen geschlossen halten. Wenn du dich auf die Übungen konzentrierst, fällt dir das auch gar nicht so schwer.

Versuche, eine ganz bequeme Lage zu finden (5).

Es folgen die Anweisungen zur Entspannung für folgende Übungen (vgl. Entspannungskassette, Seite A und B; 7.1.7):
Stirnübung, Augen, Schultern, Ausstiegsformel

Auswertung:

Nun wie hat es in dieser großen Runde und im Sitzen geklappt? Ich fand es schon ganz gut.

Konnte sich jemand gar nicht entspannen?

Welche Muskelgruppen waren schwierig?

Diese Übung könnt ihr also auch in Pausen gut mit anderen, zum Beispiel mit euren Eltern, zusammen machen.

4. „Streßwaagen-Spiel, die Dritte": Streßwaage mit Eltern (vgl. Dirks et al., 1993)

Ziel	Wahrnehmung von Belastungssituationen, Streßreaktionen und Bewältigungsstrategien (s. Leitfaden „Streßkiller/Mega-Stresser"; 7.2.14) Aufbau von Kompetenzerwartungen
Dauer	ca. 20 Minuten
Durchführung	an Gruppentischen
Materialien	Pinnwand/Magnettafel mit einer Pappwaage, Schreibkarten, Stecknadeln oder Magnete, Memo-Karten (s. 7.1.1)

Instruktionen:

Ihr habt ja in den letzten Trainings super die Streßwaage verstanden. Heute möchte ich, daß ihr euren Eltern verratet, was das mit dieser Streßwaage eigentlich auf sich hat. Zu Beginn schlage ich vor, daß wir uns noch mal überlegen, was das Wichtige war, und denkt dabei mal an die Memo-Karten. **Die Kinder benennen die vier Memo-Karten-Karten.**

Womit fangen wir an?
Ein Kind auswählen, was die Streßsituationen erklärt.

Genau, zunächst schauen wir, wann wir eigentlich Streß erleben. Das sind die *Streßsituationen*. Wir hatten da ja unterschieden zwischen inneren und äußeren Anforderungen. Kannst du dafür ein Beispiel sagen? Überlegt mit euren Eltern Beispiele. Schreibe das Beispiel bitte auf diese Karte und sortiere sie in die Streßwaage ein.

So, nun ist unsere Waage also aus dem Gleichgewicht geraten. Was müssen wir dann noch wissen?
Ein Kind auswählen, was die Streßantworten erklärt.

Genau, dann müssen wir wissen, woran ich merken kann, daß ich Streß habe. Das sind die *Streßantworten*.
Welche drei Bereiche haben wir bei den Streßantworten?
Toll, unsere Streßantworten können also aus drei Bereichen sein:
- Erstens haben wir die *Streßgefühle*.
- Zweitens haben wir die *körperlichen Antworten*.
- Drittens haben wir den Gedankenstop, also Chaos im Kopf.

Jeder schreibt jetzt ein Beispiel bitte auf diese Karte und sortiert sie in die Streßwaage ein.
Falls die Kinder und Eltern einen Bereich nicht frei assoziiert, dann sollte darauf aufmerksam gemacht werden, daß es noch andere Streßreaktionen gibt. Ggf. an vorige Spiele (Pantomime, Körperwahrnehmung) erinnern.

Wie geht es nun mit unserer Streßwaage weiter?
Ein Kind auswählen, was die Streßkiller erklärt.

Genau, wenn wir also wissen, wann wir Streß erleben und es an unseren Streßantworten merken, daß wir im Streß sind, müssen wir was tun, damit wir den Streß in den Griff kriegen. Das sind die *Streßkiller*, die die Waage wieder ins Gleichgewicht bringen können.
Schreibe das Beispiel bitte auf diese Karte und sortiere sie in die Streßwaage ein.

Was bedeutet nun die vierte Memo-Karte?
Ein Kind auswählen, was die Happy-Hippo-Laune erklärt.

Genau, wenn wir den Streß in den Griff bekommen haben, dann merken wir wieder an unserem Körper und an unseren Gefühlen und im Kopf, daß nun der Streß weniger oder sogar weg ist. Das ist die *Happy-Hippo-Laune*.

Schreibe das Beispiel bitte auf diese Karte und sortiere sie in die Streßwaage ein.

Super, nun hattet ihr herausgefunden, daß es nicht nur Streßkiller gibt, sondern auch Dinge, die nicht so sehr geeignet sind in den Streßsituationen. Wie heißen die?

Genau, die *Mega-Stresser*. Die verschlimmern die Streßsituation noch und die Streßwaage kommt nicht wieder ins Gleichgewicht. Wo kam dieses Memo-Kärtchen hin?

Schreibe das Beispiel bitte auf diese Karte und sortiere sie in die Streßwaage ein.

Das war ja toll! Nun erklärt ... zum Schluß noch einmal, in der richtigen Reihenfolge, was alles wichtig ist, damit wir Streß erkennen können und was dagegen tun können.
Genau, wir haben also:
- die äußeren und inneren Anforderungen, also die *Streßsituationen*,
- die *Streßantworten*,
- die *Streßkiller* und
- die *Happy-Hippo-Laune*.
Das war ja toll. Nun wissen eure Eltern endlich, was denn das ist, eine Streßwaage.

Hausaufgabe:

5. „Echt cooler Sound": Entspannungskassette, Seite A

Ziel	Einüben des Entspannungsverfahrens im Alltag
Dauer	ca. 2 Minuten
Durchführung	Stuhlkreis
Materialien	Entspannungskassette (s. 7.1.7) und Arbeitsblatt B „Echt cooler Sound" (s. 7.2.6)

Instruktionen:
Eure erste Aufgabe besteht heute wieder darin, daß ihr euch die *Seite A* eurer Entspannungskassette anhört. Ich gebe euch auch wieder ein Blatt für euren „Streß-Flyer" mit, auf dem ihr eintragen sollt, wie euch die Übung gefallen hat.
Wenn es euch bei einigen Muskeln nicht gelungen ist, sie zu entspannen, schreibt es auf diesem Blatt wieder auf und wir werden es beim nächsten Mal üben.
Nächstes Mal besprechen wir dann, wie gut ihr euch entspannen konntet.

6. „Daddy cool": Selbstbeobachtung „Erholungsaktivitäten mit den Eltern"

Ziel	Übertragen der Bewältigungsstrategien auf den Alltag
Dauer	ca. 3 Minuten
Durchführung	Stuhlkreis
Materialien	Arbeitsblatt „Daddy cool" (s. Abschnitt 3.3: Trainingsspezifische Arbeitsmaterialien)

Instruktionen:

Die zweite Aufgabe besteht darin, daß ihr mal prüft, ob ihr die Erholungsaktivitäten mit euren Eltern, die eben jeder für sich herausgefunden hat, nicht öfter am Tag einsetzen könnt. Beobachtet, was ihr in den Pausen macht und, ob ihr eure Erholungsaktivitäten dann machen könnt. Ich bin gespannt, was ihr zusammen mit euren Eltern noch findet, wie ihr euch in den Pausen zusammen entspannen könnt. Tragt das bitte in dieses Blatt hier ein.

Fünfter Sitzungstermin

Tabelle 3.6: Ziele, praktisches Vorgehen und Materialien der **fünften** Trainingsstunde (AST_8).

Ziele	Praktisches Vorgehen	Materialien
a) Innerhalb der Trainingsstunde		
Auffangen von Ängsten und Unsicherheiten	Rückblickendes Gespräch über die letzte Sitzung	
Bewußtmachen der Bewältigungsstrategien	Besprechen der Hausaufgaben „Erholungsaktivitäten mit den Eltern" und „Entspannungskassette, Seite A"	ausgefüllte Arbeitsblätter „Daddy cool" und „Echt cooler Sound"
Einüben eines Entspannungsverfahrens als Bewältigungsstrategie	Durchführen einer Entspannungsübung	Instruktion „Entspannungsübung IV"
Erproben erworbener Handlungsroutinen, Steigern der Kompetenzerwartung, Modellernen	Verhaltensübung: Spielen, Reflexion und erneutes Spielen einer Belastungssituation	Geschichte „Auf dem Schulhof gehänselt werden"
Verstärken erlernter Bewältigungsstrategien und der Kompetenzerwartungen	Rückblickendes Gespräch über die Lerninhalte mit Bekräftigung seitens der Kinder und des Trainers	Instruktionskarten als Erinnerungshilfen für zukünftige Belastungssituationen
b) Außerhalb der Trainingsstunde		
Übertragen einer Bewältigungsstrategie auf den Alltag	Entspannungsübungen mit Hilfe der Kassette durchführen	Entspannungskassette (Seite A) und Arbeitsblatt B „Echt cooler Sound!"
Verstärken erlernter Bewältigungsstrategien und von Selbstwirksamkeitserwartungen	Selbstbeobachtung „Gelungene Streßbewältigung"	Arbeitsblatt „The winner is ..."

„Rückblick auf die letzte Stunde"

Ziel	Ermittlung von Ängsten und Unsicherheiten positive Verstärkung Steigern der Selbstsicherheit
Dauer	ca. 10 Minuten
Durchführung	Stuhlkreis

Wie habt ihr denn die letzte Stunde gefunden?
Ich finde, ihr habt euren Eltern die Streßwaage toll erklärt, so daß sie bestimmt jetzt auch besser über Streß Bescheid wissen. Was denkt ihr, ist das gut für euch, daß wir gemeinsame Trainingssitzungen machen?

„Na? Hausaufgaben gemacht?": Besprechen der Hausaufgaben

Ziel	Sensibilisierung der Wahrnehmung von Erholungsaktivitäten
Dauer	ca. 10 Minuten
Durchführung	auf dem Boden
Materialien	ausgefüllte Arbeitsblätter „Daddy cool" und „Echt cooler Sound"

Auswertung:
Ich hatte euch zwei Aufgaben für heute gestellt. Ich würde gern wissen, was ihr so beobachtet habt. Heute wollen wir nur kurz über die Pausen mit euren Eltern reden. Wenn eure Eltern in der siebten Sitzung noch einmal mitkommen, werden wir noch einmal über diese Aufgabe sprechen.
Fangen wir also an mit „Daddy cool". Was habt ihr notiert?
Konntet ihr dieses weitere Rätsel lösen?
Habt ihr neue Dinge entdeckt, die ihr mit euren Eltern in den Streßpausen
machen könnt?
Durchgehen der Arbeitsblätter „Daddy cool" (im Uhrzeigersinn). Arbeitsblatt wieder im Flyer abheften lassen.

Habt ihr die Entspannungskassette gehört?
Wann habt ihr sie gehört?
Hat euch die Kassette gefallen?
Wie habt ihr euch dieses Mal dabei entspannen können? Ist es euch schon leichter gefallen, euch mit der Kassette zu entspannen?
Durchgehen der Arbeitsblätter „Echt cooler Sound" (gegen den Uhrzeigersinn). Bei Problemen einfach alle Kinder diese Muskelgruppe entspannen lassen.

Darstellung des Themas „Streß":

1. Entspannung: Vierte Übung (nach Florin, 1975; Petermann, 1996)

Ziel	Lernen eines Entspannungsverfahrens als Bewältigungsstrategie
Dauer	ca. 15 Minuten
Durchführung	auf dem Boden (falls nicht möglich: Stuhlkreis)
Materialien	Instruktionen „Entspannungsübung IV"; ggf. Kissen und Decken

Instruktionen:
Nun möchte ich euch gern noch eine weitere Entspannungsübung zeigen. Wenn sie uns gut gelingt, werdet ihr feststellen, daß ihr durch die Übung ruhiger werdet. Ihr werdet merken, daß wir wieder bekannte aber auch neue Entspannungsübungen machen.
• Versucht wieder, meinen Anweisungen zu folgen.
• Konzentriert euch ganz auf euren Körper. Achtet auf den Gegensatz von An- und Entspannung.
Legt euch nun alle bequem mit dem Rücken auf den Boden. Streckt euch noch mal so richtig und holt tief Luft und atmet die ganze Luft wieder aus. Legt eure Arme ganz locker neben die Beine.
Schließe nun bitte deine Augen. Während der ganzen Übung solltest du wieder die Augen geschlossen halten.
Versuche, eine ganz bequeme Haltung zu finden (5 sec Pause).

> Es folgen die Anweisungen zur Entspannung für folgende Übungen (vgl. Entspannungskassette, Seite A und B; 7.1.7):
> *Kurzformel, Bauch, Po, beide Waden, Kurzformel-Wiederholung, Ausstiegsformel*

Auswertung:
Das habt ihr ja wieder super gemacht. Wenn ihr noch weiter so übt, werdet ihr unschlagbar sein!
Wie hat euch diese Entspannungsübung gefallen?
Wie fühlt ihr euch jetzt?
Stört euch irgendwas, so daß ihr lieber keine Entspannungsübung machen möchtet? Was können wir ändern, damit ihr sie machen könnt und ihr euch dadurch wohler fühlt?

2. „So tun, als ob mein bester Freund auf dem Schulhof gehänselt wird": Rollenspiel

Ziel	Erproben von erworbenen Handlungsroutinen Steigern der Kompetenzerwartung Modellernen
Dauer	ca. 20 Minuten
Durchführung	Stuhlkreis
Materialien	Schreibkarten, Arbeitsblatt „Streßkiller" (s. 7.2.12), Rollenspieltext (s. 7.1.8)

Instruktionen:
Heute machen wir wie beim letzten Mal ein Rollenspiel. Nun wißt ihr ja alle, wie das geht. Beim letzten Mal hat das ja schon super geklappt.
Nun, ich werde euch wieder eine Geschichte vorlesen und ihr sollt dann spielen, wie die Geschichte wohl weiter geht. Die Geschichte handelt von einem Jungen, der auf dem Schulhof gehänselt wird, als die Mitschüler sehen, daß er eine Zahnspange tragen muß:

> Rollenspieltext s. 7.1.8

Wir wollen jetzt spielen, wie die Geschichte weitergehen könnte.
– Zuvor besprechen wir noch mal, um was es hier überhaupt geht.
– Was haben die unterschiedlichen Rollen zu spielen?
– Was denkt ihr, wie geht es weiter? Was könnte Marco gegen den Streß tun? Besprechen wir erst mal, welche *Mega-Stresser* den Streß bei Marco nicht wegmachen. Richtig, damit kriegen wir den Streß nicht in den Griff!
Fällt euch jetzt ein *Streßkiller* ein?
1 Minute überlegen lassen.

So, nun verteile ich euch noch ein Arbeitsblatt, auf dem ihr angebt, welche Streßkiller ihr könnt und üben möchtet. Lest und bearbeitet es in Ruhe.
Arbeitsblatt „Streßkiller" verteilen und ausfüllen lassen.

So, nun sucht euch einen Streßkiller davon aus, den ihr jetzt spielen möchtet. Schreibt diesen Streßkiller auf diese Karteikarte.
Die Streßkiller werden von den Kindern auf den Karteikarten vermerkt.

Wir spielen nun, wie die Geschichte weitergehen könnte, wenn Marco diesen *Streßkiller* einsetzt.
– Nun legen wir fest, welche Kinder die drei Rollen übernehmen.

- Die Kinder, die jetzt zuschauen, beachten bei Marco unsere drei wichtigen Dinge: die Streßsituationen, die Streßantworten und vor allem den *Streßkiller*.
- Nun kann's losgehen! Fangt bitte damit an, daß Marco von dem Jungen gehänselt wird.

Ende des Spiels: Klatschen

Auswertung:

> s. Rollenspiel im dritten Sitzungstermin

Freies Spielen (5 Minuten)

3. „Zurück in die Vergangenheit: Was habe ich gelernt?": Rückblick auf erlernte Bewältigungsstrategien

Ziel	Verstärkung erlernter Bewältigungsstrategien (s. Leitfaden „Streßkiller/Mega-Stresser"; 7.2.14) Fördern der Kompetenzerwartungen
Dauer	ca. 20 Minuten
Durchführung	an Gruppentischen
Materialien	Instruktionskarten als Erinnerungshilfen (vgl. 7.2.16)

Instruktionen:
Ich würde jetzt gern mit euch auf unsere letzten Treffen zurückblicken.
Habt ihr einige *Streßkiller* gelernt, von denen ihr gar nicht dachtet, daß ihr sie machen könnt?
Habt ihr erkannt, daß die *Mega-Stresser* euren Streß noch vergrößern?
Jeder überlegt sich jetzt mal bitte eine für ihn typische Streßsituation. Und dann überlegt ihr euch, wie ihr früher in der Streßsituation versucht habt, mit dem Streß umzugehen.

Ich gebe euch zwei Beispiele aus unserem Training:
1. Beispiel: Denkt an das Video. Der Marco war immer beim Vorlesen seines Aufsatzes so aufgeregt, daß er nicht ohne Fehler vorlesen konnte. Er hat ewig über das Problem gegrübelt, aber davon ging der Streß nicht weg.
2. Beispiel: Kati hat die Nerven immer bei einem Rechentest verloren. Was hat sie sich so gedacht?

Ich möchte, daß ihr das wieder versucht, in kurzen Rollenspielen darzustellen. Und zwar schreibt auf die Karteikarte eure *Streßsituation*, eure Streßantworten und euren *Mega-Stresser*. Und dann spielt mal nur, was ihr in dieser Streßsituation gemacht habt.
Also, ..., welche Streßsituation war für dich wichtig? Was hast du dann gemacht? Versuche, es mal kurz darzustellen.

Würdest du heute auch noch dasselbe machen?
Ggf. selbst eine Streßsituation anführen und durchsprechen!

Was hat euch am meisten geholfen, mit der Streßsituation nun fertig zu werden?
Schreibt die *Streßkiller* auf die Karte und versucht nun, die Streßkiller in kleinen Rollenspielen darzustellen.
Alle Kinder spielen die Streßkiller.

Könnt ihr mal einschätzen, wie ihr solchen Streßsituationen nun gegenüber steht? Denkt ihr, ihr habt den Streß nun besser im Griff?
Damit jeder für zukünftige Streßsituationen einige einfache Regeln hat, kann jeder ein kleines Erinnerungskärtchen mit seiner Regel beschreiben. Das Kärtchen könnt ihr dann immer bei euch tragen.

> Falls ein Elternabend stattgefunden hat:
> Ich habe euren Eltern beim Elternabend auch ein Erinnerungskärtchen gegeben. Sie haben sich auch einen Streßkiller auf das Kärtchen geschrieben. Vergleicht mal, ob ihr denselben Streßkiller habt.

Die Streßkiller werden dem Leitfaden „Streßkiller/Mega-Stresser" entnommen.

Beispiele:
A:	Ein Mädchen hat berichtet, daß es auf dem Nachhauseweg von anderen Mitschülern bedroht wird.
Lösung:	Sie fragt einen netten Jungen in ihrer Klasse, daß er mit ihr gemeinsam nach Hause geht.
Kärtchen:	„Ich bitte jemanden um Hilfe!"
B:	Der Vater verbietet seinem Sohn, sofort nach der Schule Fußballspielen zu gehen.
Lösung:	Der Junge reagiert nicht gleich aggressiv („Ich gehe gleich in die Luft!" als „Mega-Stresser")
Kärtchen:	„Ich muß mich in den Griff kriegen!"

Hausaufgaben:

4. „Echt cooler Sound": Entspannungskassette, Seite A

Ziel	Einüben des Entspannungsverfahrens im Alltag
Dauer	ca. 5 Minuten
Durchführung	an Gruppentischen
Materialien	Entspannungskassette (s. 7.1.7) und Arbeitsblatt B „Echt cooler Sound" (s. 7.2.6)

Instruktionen:

Eure erste Aufgabe besteht heute wieder darin, daß ihr euch die Seite A eurer Entspannungskassette anhört. Ich gebe euch auch wieder ein Blatt für euren „Streß-Flyer" mit, auf dem ihr eintragen sollt, wie euch die Übung gefallen hat.

Wenn ihr einige Muskeln nicht entspannen konntet, schreibt es auf diesem Blatt wieder auf. Wir werden es dann beim nächsten Mal üben.

5. „The winner is ...": Gelungene Streßbewältigung

Ziel	Verstärkung erlernter Bewältigungsstrategien Fördern der Kompetenzerwartungen
Dauer	ca. 5 Minuten
Durchführung	an Gruppentischen
Materialien	Arbeitsblatt „The winner is ..." (s. 7.2.9)

Instruktionen:

Für die nächste Aufgabe möchte ich euch bitten, bis zum nächsten Termin wieder ganz genau zu beobachten, wie ihr mit dem Streß fertig werdet. Wir haben ja festgestellt, daß jeder einige Streßsituationen zu meistern hat. Wir haben auch gesehen, daß ihr nun schon neue Streßkiller kennt. Nun möchte ich, daß ihr auf diesem Blatt notiert, in welcher Streßsituation welche Streßkiller bei euch gut geklappt haben. Zusätzlich möchte ich von euch wissen, welche anderen Streßkiller ihr auch hättet einsetzen können.

Ich bin gespannt, was ihr wieder beobachtet. Denkt daran, daß es nicht darauf ankommt, daß ihr ganz viele Dinge notiert. Jede Situation, die ihr gemeistert habt, ist schon ein toller Erfolg!

Sechster Sitzungstermin

*Tabelle 3.7: Ziele, praktisches Vorgehen und Materialien der **sechsten** Trainingsstunde (AST_8).*

Ziele	Praktisches Vorgehen	Materialien
a) Innerhalb der Trainingsstunde		
Verstärken erfolgreicher Streß-bewältigung und Bewußtmachen der Bewältigungsstrategien	Besprechen der Hausaufgaben „Gelungene Streßbewältigung" und „Entspannungskassette, Seite A"	ausgefüllte Arbeitsblätter „The winner is ..." und „Echt cooler Sound"
Einüben eines Entspannungsverfahrens als Bewältigungsstrategie	Durchführen einer Kurzversion der Entspannungstechnik	Instruktion „Entspannungsübung V"
Erproben erworbener Handlungsroutinen, Steigern der Kompetenzerwartung, Modellernen	Verhaltensübung: Spielen, Reflexion und erneutes Spielen der Belastungssituation mit freier Themengestaltung	
Identifikation von Rückfallfaktoren und Ermittlung von Bewältigungsstrategien zur Rückfallverarbeitung und -prävention	Ausblickendes Gespräch über die Bewältigungskompetenzen mit Bekräftigung seitens der Kinder und des Trainers	ausgefüllte Arbeitsblätter „The winner is ..." Instruktionskarten als Erinnerungshilfen für zukünftige Belastungssituationen
Reflexion der differenzierten Wahrneh-mung des Streßgeschehens; Steigern der Selbstsicherheit	Gespräch über Beispiele des individuellen Streßgeschehens für die Eltern	ausgewählte Beispiele des Streßgeschehens
b) Außerhalb der Trainingsstunde		
Übertragen einer Bewältigungsstrategie auf den Alltag	Entspannungsübungen mit Hilfe der Kassette durchführen	Entspannungskassette (Seite B) und Arbeitsblatt A „Echt cooler Sound"
Auseinandersetzen mit zukünftigen Belastungssituationen und Erkennen bestehender Ängste	Schreiben einer Fantasy-Geschichte über zukünftige Streßbewältigung	Arbeitsblatt „Space 2009: Meine Reise nach Eurion"

„Na? Hausaufgaben gemacht?": Besprechen der Hausaufgaben

Ziel	Bewußtmachen des Streßgeschehens und der Bewältigungsstrategien
Dauer	ca. 20 Minuten
Durchführung	Stuhlkreis
Materialien	ausgefüllte Arbeitsblätter „The winner is ..." und „Echt cooler Sound"

Auswertung:

Ich hatte euch wieder zwei Aufgaben für heute gestellt. Ich würde gern wissen, was ihr so beobachtet habt. Fangen wir zuerst mit dem Flyer „The winner is ..." an. Was habt ihr notiert? Konntet ihr feststellen, daß ihr schon in einigen Streßsituationen den Streß besser im Griff habt?

Ich hoffe, ihr habt auch daran gedacht, daß es hier nicht darauf ankommt, daß ihr ganz viel auf dem Flyer stehen habt. Wie immer gilt auch hier die Devise eines abgewandelten Sprichwortes: Langsam, aber fleißig ernährt sich das Eichhörnchen!
Durchgehen der Arbeitsblätter „The winner is ..." (im Uhrzeigersinn). Jedes Kind loben für gelungene Streß-bewältigung.

Also, ich finde, daß ihr schon mächtige Fortschritte gemacht habt. Wenn das in den weiteren Stunden jetzt noch so weitergeht, könnt ihr riesig stolz darauf sein, was ihr alles geschafft habt.

Die nächste Frage kennt ihr ja schon, oder??? Was glaubt ihr, wie die Frage lautet?
Genau, ob ihr schon die Entspannungskassette gehört habt. Wann habt ihr sie gehört? Wie habt ihr euch dabei entspan-

nen können? Hat es diesmal noch besser geklappt? Wie hat euch diesmal die Kassette gefallen?

Durchgehen der Arbeitsblätter „Echt cooler Sound" (gegen den Uhrzeigersinn). Bei Problemen einfach alle Kinder diese Muskelgruppe entspannen lassen.

Darstellung des Themas „Streß":

1. Entspannung: Fünfte Übung (nach Florin, 1975; Petermann, 1996)

Ziel	Lernen des Entspannungsverfahrens als Bewältigungsstrategie
Dauer	ca. 15 Minuten
Durchführung	Stuhlkreis
Materialien	Instruktionen „Entspannungsübung V" (identisch mit der Instruktion der Entspannungskassette auf der Seite B; s. 7.1.7)

Instruktionen:

Nun möchte ich euch gern zeigen, wie ihr die Entspannungsübung machen könnt, ohne daß andere da etwas von merken. Diese Übung könnt ihr dann machen, wenn ihr in einer Streßsituation seid. Also, wenn ihr eine Arbeit schreibt und ihr merkt, daß ihr ganz unruhig seid und euch gar nicht konzentrieren könnt. Oder ihr habt eine wichtige Prüfung in eurem Hobby, zum Beispiel, wenn ihr Musik macht und ein Vorspielen habt, oder wenn ihr Sport macht und einen Wettkampf habt.

Auch hier werdet ihr feststellen, daß ihr ruhiger werdet, wenn ihr die Übung macht. Diese Übung ist allerdings kürzer und ihr braucht schon eine bestimmte Routine mit der ausführlichen Entspannungsübung von der Kassette, daß ihr das auch toll schafft. Aber ihr habt ja jetzt schon toll mit der *Seite A* der Kassette und hier geübt, so daß wir jetzt die kürzere Übung ausprobieren können. Diese Übung habt ihr auf der zweiten Seite eurer Entspannungskassette und könnt sie ab heute auch zu Hause hören.

Wenn sie bei euch jetzt noch nicht so gut klappt, macht das nichts. Wir werden ja danach wieder über die Übung sprechen. Dann können wir ja wieder herausfinden, was euch gestört hat.

Setzt euch nun alle bequem hin. Streckt euch noch mal so richtig und holt tief Luft und atmet die ganze Luft wieder aus. Schaut mal, ich zeige euch, wie ihr am bequemsten sitzen könnt. Wir nennen diese Haltung „Droschkenkutschersitz": Legt einfach eure Unterarme und Hände ganz locker auf die Oberschenkel. Heute schließt ihr bitte eure Augen. Wenn ihr in Zukunft viel geübt habt, müßt ihr die Augen

nicht unbedingt schließen, sondern könnt die Augen geöffnet halten und einfach auf den Boden gucken (2 sec Pause). Versuche, eine ganz bequeme Haltung zu finden (5).

Weitere Instruktionen s. 7.1.7; Entspannungskassette, Seite B

Auswertung:

Das habt ihr ja wieder super gemacht. Wenn ihr noch weiter so prima übt, werdet ihr unschlagbar sein!

Wie hat euch diese Entspannungsübung gefallen?

Wie fühlt ihr euch jetzt?

Hilft euch die Entspannungsübung, in Streßsituationen ruhiger zu werden oder ruhig zu bleiben?

Welche Situationen könnt ihr euch vorstellen, in denen ihr diese Übung machen könnt?

Stört euch irgendwas, so daß ihr sie lieber nicht macht? Was können wir ändern, damit ihr sie machen könnt und ihr euch dadurch wohler fühlt?

Diese kürzere Entspannungsübung ist ja auf der zweiten Seite eurer Kassette, damit ihr auch diese Übung jederzeit machen könnt.

2. „So tun, als ob???": Rollenspiel

Ziel	Erproben von erworbenen Handlungsroutinen Steigern der Kompetenzerwartung Modellernen
Dauer	ca. 20 Minuten
Durchführung	Stuhlkreis
Materialien	Schreibkarten, Arbeitsblatt „Streßkiller" (s. 7.2.12)

Instruktionen:

Heute machen wir wie bei den letzten Malen wieder ein Rollenspiel. Das Besondere ist nun, daß ihr heute zu einem Thema ein Rollenspiel machen könnt, was von euch in der Gruppe festgelegt wird. Ich gebe euch also kein Thema vor, sondern ihr sucht euch selbst etwas aus. Wir brauchen dafür wieder drei Rollen.

Überlegt mal, welche Streßsituation wir spielen sollen. Wir können auch ruhig noch ein anderes Thema danach spielen. Was wäre eine *Streßsituation*?

Anleiten der Kinder zu einem Thema.

Gut, also nun haben wir ein Thema und ihr habt euch auch schon eine Geschichte ausgedacht.

Dann wollen wir jetzt wieder spielen, wie die Geschichte weitergehen könnte.

- Zuvor besprechen wir noch mal, um was es hier überhaupt geht.
- Was haben die unterschiedlichen Rollen zu spielen?
- Was denkt ihr, wie geht es weiter? Was könnte X gegen den Streß tun? Besprechen wir erst mal, welche *Mega-Stresser* den Streß bei X nicht wegmachen.
  Richtig, damit kriegen wir den Streß nicht in den Griff!

Fällt euch jetzt ein *Streßkiller* ein?
1 Minute überlegen lassen.

So, nun verteile ich euch noch ein Arbeitsblatt, auf dem ihr angebt, welche Streßkiller ihr könnt und üben möchtet. Lest und bearbeitet es in Ruhe.
Arbeitsblatt „Streßkiller" verteilen und ausfüllen lassen.

So, nun sucht euch einen Streßkiller davon aus, den ihr jetzt spielen möchtet. Schreibt diesen Streßkiller auf diese Karteikarte.
Die Streßkiller werden von den Kindern auf den Karteikarten vermerkt.

Wir spielen nun, wie die Geschichte weitergehen könnte, wenn X diesen *Streßkiller* einsetzt.
- Nun legen wir fest, welche Kinder die drei Rollen übernehmen.
- Die Kinder, die jetzt zuschauen, beachten bei X unsere drei wichtigen Dinge: die Streßsituationen, die Streßantworten und vor allem den *Streßkiller*.
- Nun kann's losgehen! Fangt bitte damit an, daß ...

Ende des Spiels: Klatschen

Auswertung:

> s. Rollenspiel im dritten Sitzungstermin

Freies Spielen (5 Minuten)

3. „Zurück in die Zukunft: Was kann ich in Zukunft bei Streß tun?" Ausblick auf Rückfälle

Ziel	Identifikation von Rückfallfaktoren Ermittlung von Bewältigungsstrategien zur Rückfallverarbeitung und -prävention
Dauer	ca. 15 Minuten
Durchführung	an Gruppentischen
Materialien	Instruktionskarten als Erinnerungshilfen (vgl. 7.2.16)

Instruktionen:
Ich finde, ihr habt toll dazu gelernt. Nun wißt ihr aber selbst, daß ihr zwar jetzt besser mit Streß umgehen könnt, aber daß es immer wieder Streßsituationen geben kann, in denen ihr nicht wißt, was der richtige Streßkiller ist. Oder ihr etwas macht, was nicht wirkt.
Ich hatte euch ja schon zu Anfang gesagt, daß wir den Streß nicht 100%ig verhindern können. Es ist ja sogar auch gut, in einer *gewissen Menge* Streß zu erleben. In den Situationen, in denen es schwer ist, alles in den Griff zu bekommen und ihr es aber trotzdem geschafft habt, lernt ihr sehr viel. Ihr erinnert euch, daß es schön ist, wenn wir auf uns stolz sind.
Fällt euch jetzt schon eine Streßsituation ein, bei der ihr so ein komisches Gefühl habt, daß ihr sie vielleicht in Zukunft mal nicht in den Griff bekommt?
Situationen sammeln. Ggf. auf die Streßsituationen des Arbeitsblattes „The winner is ..." zurückgreifen.

Ich möchte nun, daß ihr euch überlegt, wie ihr euch dann fühlt.
Was werdet ihr nach der Situation machen?
Nachfragen, ob das Kind dann in Zukunft Angst vor der Situation hat oder einfach ausprobiert, einen anderen Streßkiller einzusetzen.

Könnt ihr nun wieder in einem kurzen Rollenspiel darstellen, wie ihr die Streßsituation doch noch in den Griff bekommen könnt.
Damit jeder für zukünftige Streßsituationen, die ihr nicht so toll gelöst habt, einige einfache Regeln hat, kann jeder wieder ein kleines Erinnerungskärtchen mit seiner Regel beschreiben. Ihr könnt auch dieses Kärtchen immer bei euch tragen.
Jedes Kind nennt und spielt den Umgang mit zukünftigen Streßsituationen.

Beispiele:
A: Ein Mädchen hat berichtet, daß sie es dem Nachhauseweg von anderen Mitschülern bedroht wird.
Lösung 1: Sie fragt einen netten Jungen in ihrer Klasse, ob er mit ihr gemeinsam nach Hause geht. Der antwortet ihr, daß er dazu keine Lust hat.
Lösung 2: Sie schaut sich die Situation genau an und entschließt sich, in einen Verein zu gehen, um Selbstverteidigung zu lernen. Bis sie sich sicher fühlt, schließt sie sich anderen Mädchen an und muß dafür auf dem Nachhauseweg einen kleinen Umweg machen.
Kärtchen: „Ich mache mir einen Plan!"

B: Ein Vater verbietet seinem Sohn, sofort
            nach der Schule Fußballspielen zu gehen,
            weil er Hausaufgaben machen soll. Diesmal
            hat er aber ausnahmsweise keine auf.

Lösung 1:   Der Junge reagiert nicht gleich aggressiv
            („Ich gehe gleich in die Luft!" als Mega-
            Stresser). Der Vater ist völlig verunsichert
            und läßt nicht mit sich reden.

Lösung 2:   Der Junge geht erst mal in sein Zimmer, um
            seine Lieblings-CD zu hören und an etwas
            Schönes zu denken. Später versucht er,
            noch mal seinen Vater anzusprechen.

Kärtchen: „Ich denke an etwas anderes!"

Vorstellung der ausgewählten Beispiele des Streßgeschehens (10 Minuten)

In der nächsten Stunde werden ja wieder eure Eltern mitkommen. Damit eure Eltern über euren Streß mehr erfahren,
möchte ich ihnen in der nächsten Stunde Karten mit euren
Beispielen für die Streßwaage von euch zeigen. Ich finde es
toll, wenn ihr mir dabei helft, wie ich euren Eltern euren
Streß gut erklären kann. Ihr seid ja nun schon Streßexperten.
Nun möchte ich euch die Beispiele vorlesen, die ich ausgewählt habe. Ich bin gespannt, wie ihr sie findet. Wenn ihr der
Meinung seid, daß ihr die Beispiele euren Eltern zusätzlich
erklären müßt, ist das kein Problem. Wenn ihr sie euren
Eltern beim nächsten Mal vorlest, dann könnt ihr ja vorher
sagen, was euch wichtig ist. Wenn ihr ein anderes Beispiel
besser findet, schreibe ich das auf eine neue Karte, die wir
euren Eltern dann vorlesen.
Vorlesen der jeweils fünf Karteikarten „Streßsituationen, Streßantworten, Streßkiller, Happy-Hippo-Laune
und Mega-Stresser". Die Kinder sollen mit diesen Beispielen einverstanden sein; ggf. ändern.

Hausaufgaben:

4. „Echt cooler Sound": Entspannungskassette, Seite B

Ziel	Einüben eines Entspannungsverfahrens im Alltag
Dauer	ca. 2 Minuten
Durchführung	Stuhlkreis
Materialien	Entspannungskassette (s. 7.1.7) und Arbeitsblatt A „Echt cooler Sound" (s. 7.2.6)

Instruktionen:
Da ihr ja prima die Entspannung geübt habt, könnt ihr nun
bis zum nächsten Mal ausprobieren, ob denn die kürzere
Entspannungsübung bei euch klappt. Dazu hört ihr bitte die
Entspannungsübung auf *Seite B* der Entspannungskassette,
und zwar am Anfang. Ich bin gespannt, ob sie euch auch
gefällt und was ihr so beim nächsten Mal berichtet.
Ihr bekommt wieder ein Blatt für euren Flyer. Da wir ja nun
eine längere Pause bis zum nächsten Treffen haben, habt ihr
nun auf diesem Blatt Platz für die Beobachtungen der ganzen
Zeit.

5. „Space 2009: Meine Reise nach Eurion": Fantasy-Geschichte

Ziel	Auseinandersetzen mit zukünftigen Belastungssituationen Diagnostik bestehender Ängste
Dauer	ca. 3 Minuten
Durchführung	Stuhlkreis
Materialien	Arbeitsblatt „Space 2009: Meine Reise nach Eurion" (s. 7.2.10)

Instruktionen:
Als nächste Aufgabe möchte ich euch eine ganz interessante
Aufgabe stellen. Sicher kennt ihr alle Fantasy-Geschichten.
Ich würde euch gern bitten, bis zum nächsten Termin eine
solche Story zu schreiben. Hierfür sollt ihr euch mal überlegen, welche Streßsituationen bald so auf euch zukommen
könnten. Die sollt ihr euch dann ganz fest vorstellen. Damit
das besser gelingt, sollt ihr eure Vorstellungen hier auf
diesem Blatt aufschreiben. Das muß keine super tolle Geschichte werden, die den Nobelpreis kriegt, aber versucht
mal, euch so genau wie möglich, die Streßsituation vorzustellen. Stellt euch vor, ihr seid in dieser Zeit. Wie geht es
euch? Was denkt ihr? Welche anderen Personen spielen eine
Rolle? Was macht ihr in dieser Streßsituation? Seid ihr ganz
allein? Ist jemand dabei?
Meint ihr, ihr schafft das? Ist noch was unklar? Ich weiß, daß
das eine verzwickte Aufgabe ist!
Ihr habt ja auch schon das Spiel „Zurück in die Zukunft" gut
geschafft. Das war ja so ähnlich wie diese Aufgabe.

Siebter Sitzungstermin

*Tabelle 3.8: Ziele, praktisches Vorgehen und Materialien der **siebten** Trainingsstunde (Eltern-Kind; AST_8).*

Ziele	Praktisches Vorgehen	Materialien
a) Innerhalb der Trainingsstunde		
Bewußtmachen der Bewältigungs-strategien von Eltern und Kind	Besprechen der Hausaufgaben „Erholungsaktivitäten mit den Eltern"	ausgefüllte Arbeitsblätter „Daddy cool"
Reflexion und Vertiefung der differenzierten Wahrnehmung der Belastungssituationen, Streßreaktionen und effektiven/ineffektiven Bewältigungsstrategien; Eltern: Kennenlernen des Streßgeschehens des Kindes	Zuordnen von Karteikarten des individuellen Streßgeschehens in das Modell der Streßwaage	vorgefertigte und ausgewählte Karten und Modell der Streßwaage
Lernen von positiven Selbstinstruktionen als Bewältigungsstrategie	Gespräch über die Karten und anschließend Aufstellen eigener Selbstinstruktionen	Karten „Positive Selbstinstruktionen von Modellfiguren"
Bewußtmachen des Streßgeschehens	Besprechen der Hausaufgaben „Fantasy-Geschichte über Streßbewältigung"	ausgefüllte Arbeitsblätter „Space 2009 ..."
Bewußtmachen der Bewältigungs-strategien	Besprechen der Hausaufgaben „Entspannungskassette, Seite B"	ausgefüllte Arbeitsblätter „Echt cooler Sound"
Einüben eines Entspannungsverfahrens als Bewältigungsstrategie	Durchführen einer Kurzformel der Entspannungstechnik	Instruktion „Kurzformel"
Erproben erworbener Handlungsroutinen, Steigern der Kompetenzerwartung, Modellernen; Eltern: Perspektivenübernahme der Rolle ihrer Kinder	Verhaltensübung: Spielen, Reflexion und erneutes Spielen einer Belastungssituation	Geschichte „Schwierige Klassenarbeit zurückbekommen"
b) Außerhalb der Trainingsstunde		
Übertragen einer Bewältigungsstrategie auf den Alltag	Entspannungsübungen mit Hilfe der Kassette durchführen;	Entspannungskassette (Seite B) und Arbeitsblatt A „Echt cooler Sound"
Auseinandersetzen mit zukünftigen Belastungssituationen und Erkennen bestehender Ängste	Schreiben einer Fantasy-Geschichte über zukünftige Streßbewältigung	Arbeitsblatt „Space 2009: Meine Reise nach Eurion"

„Na? Hausaufgaben gemacht?": Besprechen der Hausaufgaben

Ziel	Sensibilisierung der Wahrnehmung von Erholungsaktivitäten
Dauer	ca. 10 Minuten
Durchführung	Stuhlkreis
Materialien	ausgefüllte Arbeitsblätter „Daddy cool"

Auswertung:

Wir hatten ja schon in der vorletzten Sitzung die Hausaufgabe „Daddy cool – Pausen mit euren Eltern" besprochen. Ich würde nun gern nochmals hören, was ihr da notiert habt. Auch von den Eltern möchte ich wissen, ob Ihnen vielleicht neue Erholungsaktivitäten eingefallen sind, die Sie mit ihrem Kind machen können.

Was habt ihr in euren Pausen so beobachtet. Schaut mal in eurem Streß-Flyer nach, was ihr notiert habt. Wie habt

ihr euch erholt? Vielleicht fallen euch ja jetzt noch neue Dinge ein?
Durchgehen der Arbeitsblätter „Daddy cool" der Reihe nach.

Darstellung des Themas „Streß":

1. „Streßwaagen-Spiel, die Vierte": Streßwaage mit Eltern

Ziel	Wahrnehmung von Belastungssituationen, Streßreaktionen und Bewältigungsstrategien (s. Leitfaden „Streßkiller/Mega-Stresser"; 7.2.14) Aufbau von Kompetenzerwartungen
Dauer	ca. 15 Minuten
Durchführung	an Gruppentischen
Materialien	vorgegebene (s. 7.1.6) und ausgewählte Karten; Memo-Karten (s. 7.1.1)

Instruktionen:
Beim letzten Training mit euren Eltern habt ihr ja super die Streßwaage erklärt. Heute möchte ich, daß wir das noch einmal wiederholen. Dafür habe ich zweimal fünf Karten mitgebracht. Einmal sind es fünf Karten von mir und die anderen fünf Karten habt ihr ja beim letzten Termin ausgewählt.
Zu Beginn sollten wir uns wieder überlegen, was das Wichtige war und denkt dabei an die vier Memo-Karten.
Die Kinder benennen die vier Memo-Karten.

Das war ja toll! Wir haben vier Dinge, die wichtig sind, damit wir Streß erkennen und was dagegen tun können.
Wir haben also:
- die äußeren und inneren Anforderungen, also die *Streß-situationen*,
- die *Streßantworten*,
- die *Streßkiller* und
- die *Happy-Hippo-Laune*.

Manchmal fällt euch aber auch was in einer Streßsituation ein, was den Streß verschlimmern würde. Wie heißt das? Genau, *Mega-Stresser*.
Hier habe ich eure ersten fünf Karten. Diese Beispiele sind von mir. Jetzt zieht jeder mal eins von den sechs Päckchen. Jeder hat jetzt also für jeden der fünf Begriffe der Streß-waage je eine Karte.
Nun sortieren wir gemeinsam diese fünf Karten ein und denkt dabei wieder an unsere Reihenfolge.
Womit fangen wir an?

Ein Kind auswählen, was die Karte „Streßsituationen" einsortiert.
Nun welche Streßsituation haben die anderen?

Ein Kind auswählen, was die Karte „Streßantworten" einsortiert.
Nun welche Streßantwort haben die anderen?

Ein Kind auswählen, was die Karte „Streßkiller" einsortiert.
Nun welchen Streßkiller haben die anderen?

Ein Kind auswählen, was die Karte „Happy-Hippo-Laune" einsortiert.
Nun welche Happy-Hippo-Laune haben die anderen?

Ein Kind auswählen, was die Karte „Mega-Stresser" einsortiert.
Nun welchen Mega-Stresser haben die anderen?

Nun habe ich heute von jedem von euch für jeden Begriff eine Karte mitgebracht. Auch für die Mega-Stresser habe ich ein Beispiel. Das sind Beispiele, die ihr in den letzten Stunden erzählt habt. Ihr sollt nun erst mal mit euren Eltern die Karten in die richtige Reihenfolge bringen. Danach gehen wir einzeln alle Teams durch und ihr sollt zusammen mit euren Eltern die Karten in die Streßwaage einsortieren.
Ich möchte gern, daß ihr euren Eltern beschreibt, wie wichtig euch diese Beispiele sind. Von euren Eltern möchte ich danach erfahren, ob sie auch diese Beispiele genannt hätten oder ob sie vielleicht andere Beispiele ausgesucht hätten.
Alle Kinder-Eltern-Teams sortieren die fünf Karten ein.
Bei jedem Team die Eltern reflektieren lassen, ob ihnen diese Beispiele bekannt sind, ob sie es genauso wichtig einschätzen wie ihre Kinder.

Das war ja toll. Ich denke, mit eurer Hilfe sind eure Eltern auch zu Streßexperten geworden.

2. Spiel: „Stolz wie ... ich"

Ziel	Lernen von positiven Selbstinstruktionen als Bewältigungsstrategie
Dauer	ca. 10 Minuten
Durchführung	Stuhlkreis
Materialien	Karteikarten „Positive Selbstinstruktionen von Modellfiguren" (s. 7.1.4), Schreibkarten

Instruktionen:
Nun möchte ich mit euch nochmals ein Spiel wiederholen, das wir in der zweiten Stunde schon einmal gemacht haben. Nun machen wir es aber mit euren Eltern zusammen. Ihr

hattet herausgefunden, daß ein Streßkiller ist, wenn ich daran denke, worauf ich stolz sein kann. Könnt ihr euch noch an das Spiel erinnern? Es heißt „Stolz wie ..." und kommt von dem Spruch „Stolz wie Oscar".

Wir hatten ja diese vier Karten mit den Tierfiguren angeschaut. Wißt ihr noch, worauf

- der Löwe stolz war?

Karte zeigen.

- der Fuchs stolz war?

Karte zeigen.

- der Bär stolz war?

Karte zeigen.

- das Walroß stolz war?

Karte zeigen.

Nun überlegen wir uns alle mal, worauf wir stolz sein können. Wir schreiben das auf eine Karte und wir werden es dann von jedem hören. Ich finde es schön, wenn wir, nachdem uns jemand gesagt hat, worauf er stolz ist, alle klatschen.

Das war schon ganz toll. Jeder hat ja jetzt mindestens ein Beispiel gefunden. Achtet mal jeden Tag darauf und überlegt euch am Abend, was ihr an diesem Tag gemacht habt, worauf ihr stolz sein könnt. Ihr findet bestimmt etwas. Stellt es euch ganz fest vor. Ich bin gespannt, was ihr alles sammeln könnt.

3. Besprechen der Hausaufgabe „Meine Reise nach Eurion I"

Ziel	Bewußtmachen der Bewältigungsressourcen
Dauer	ca. 10 Minuten
Durchführung	Stuhlkreis
Materialien	ausgefüllte Arbeitsblätter „Meine Reise nach Eurion"

Auswertung:

Ich würde gern wissen, was ihr bei eurer Aufgabe „Space 2009: Meine Reise nach Eurion" so beobachtet habt. Was habt ihr notiert? Konntet ihr euch vorstellen, welche Streßsituation in einiger Zeit auf euch zukommt und wie ihr dann damit umgeht? Das war keine leichte Aufgabe, oder?

Ich hoffe, ihr habt auch daran gedacht, daß es hier nicht darauf ankam, daß ihr ganz viel auf dem Flyer stehen habt. Wie war unsere Devise noch? Genau, langsam, aber fleißig ernährt sich das Eichhörnchen!

Durchgehen der Arbeitsblätter „Meine Reise nach Eurion" (im Uhrzeigersinn).

Also, ich finde, daß ihr diese schwere Aufgabe schon sehr gut gelöst habt. Wir haben nun nicht nur über Streßsituationen geredet, die ihr im Augenblick habt, sondern auch schon über Streßsituationen, die in Zukunft auf euch zukommen. Ihr habt wirklich viel gelernt und könnt riesig stolz darauf sein, was ihr alles geschafft habt.

Freies Spielen (5 Minuten)

4. Besprechen der Hausaufgabe „Echt cooler Sound, Seite B"

Ziel	Bewußtmachen der Bewältigungsstrategien
Dauer	ca. 10 Minuten
Durchführung	Stuhlkreis
Materialien	ausgefüllte Arbeitsblätter „Echt cooler Sound"; Blatt „Kurzformel" (s. 7.2.8)

Auswertung:

Als Nächstes kommt wieder meine Standardfrage! Genau, ob ihr die Entspannungskassette gehört habt. Wann habt ihr sie gehört? Wie habt ihr euch dabei entspannen können? Wie hat die kürzere Form geklappt? Wie hat euch die kürzere Form diesmal gefallen?

Durchgehen der Arbeitsblätter „Echt cooler Sound" (gegen den Uhrzeigersinn). Bei Problemen einfach alle Kinder diese Muskelgruppe entspannen lassen.

Instruktionen:

Heute machen wir wieder alle gemeinsam Entspannungsübungen.

Es ist eine neue Entspannungsübung.

Vielleicht habt ihr die zweite Seite der Kassette schon mal weiter gehört. Dann habt ihr bestimmt entdeckt, daß da noch eine *Kurzformel* drauf gespielt ist. Diese Kurzformel ist ca. 2,5 Minuten lang. Die klappt aber nur, wenn ihr die anderen Übungen fleißig jeden Tag gemacht habt.

Mit dieser Kurzformel könnt ihr in wenigen Minuten ruhiger werden.

Diese Kurzformel könnt ihr dann in Streßsituationen einsetzen, in denen ihr keine große Vorbereitungszeit habt. Diese Formel könnt ihr zum Beispiel auch einsetzen, wenn euch jemand stark geärgert hat. Damit ihr nicht „in die Luft geht", könnt ihr euch diese Formel denken. Mit dieser Kurzformel könnt ihr in wenigen Minuten ruhiger werden. Ich möchte nun gern diese Kurzformel zur Entspannung mit euch durchgehen.

Verteilen der Blätter „Kurzformel":
Hier wieder ein Blatt für euren „Streß-Flyer". Ich werde euch diese Kurzformel erst mal vorlesen. Achtet auch auf die Pausen, die ich mache.
Vorlesen der Kurzformel.

Nun möchte ich, daß wir alle zusammen diese Kurzformel laut lesen.
Gemeinsames Lesen der Kurzformel.

Toll, nun schauen wir mal, ob ihr euch entspannen könnt, wenn ich euch nun die Kurzformel sage. Setzt euch wieder bequem in den „Droschkenkutschersitz", laßt aber die Augen geöffnet. Räkelt euch noch mal und dann fangen wir an.

> Kurzformel s. 7.2.8

Auswertung:
Wie war das für euch? Habt ihr das Gefühl, daß ihr ruhiger seid?
Die Kurzformel ist ja auch auf eurer Kassette, und zwar auf der Seite B hinter der kurzen Entspannungsübung. So könnt ihr sie zu Hause auch hören und einüben. Ihr könnt sie bestimmt bald auswendig.

5. „So tun, als ob wir eine schwierige Klassenarbeit zurückbekommen": Rollenspiel

Ziel	Erproben von erworbenen Handlungsroutinen Steigern der Kompetenzerwartung Modellernen Eltern: Bewußtmachen des Streßgeschehens ihrer Kinder
Dauer	ca. 25 Minuten
Durchführung	an Gruppentischen
Materialien	Schreibkarten, Arbeitsblatt „Streßkiller" (s. 7.2.12), Rollenspieltext (s. 7.1.8)

Instruktionen:
Heute machen wir wieder ein Rollenspiel. Nun seid ihr ja schon Profis. Diesmal machen aber auch eure Eltern mit. Im Spiel gibt es wieder drei Rollen. Diesmal spielen in einem Rollenspiel immer ein Kind mit seiner Mutter oder seinem Vater und ich übernehme die dritte Rolle. Wir Erwachsenen übernehmen dabei die Kinderrollen und ihr Kinder die Rolle der Erwachsenen.

Jetzt lese ich aber erst mal die Geschichte vor. Wir spielen dann, wie die Geschichte wohl weiter geht. Die Geschichte handelt von einem Mädchen, das eine schwierige Klassenarbeit zurückbekommt:

> Rollenspieltext s. 7.1.8

Dann wollen wir jetzt wieder spielen, wie die Geschichte weitergehen könnte.
- Zuvor besprechen wir noch mal, um was es hier überhaupt geht.
- Was haben die unterschiedlichen Rollen zu spielen?
- Was denkt ihr, wie geht es weiter? Was könnte Kati gegen den Streß tun? Besprechen wir erst mal, welche *Mega-Stresser* den Streß bei Kati nicht wegmachen. Richtig, damit kriegen wir den Streß nicht in den Griff!

Fällt euch jetzt ein *Streßkiller* ein?
1 Minute überlegen lassen.

So, nun verteile ich euch noch ein Arbeitsblatt, auf dem ihr angebt, welche Streßkiller ihr könnt und üben möchtet. Lest und bearbeitet es in Ruhe.
Arbeitsblatt „Streßkiller" verteilen und ausfüllen lassen.

So, nun sucht euch einen Streßkiller davon aus, den ihr jetzt spielen möchtet. Schreibt diesen Streßkiller auf diese Karteikarte.
Die Streßkiller werden von den Kindern auf den Karteikarten vermerkt.

Wir spielen nun, wie die Geschichte weitergehen könnte, wenn Marco diesen *Streßkiller* einsetzt.
- Nun legen wir fest, welches Eltern-Kind-Team beginnt.
- Die Kinder, die jetzt zuschauen, beachten bei Kati unsere drei wichtigen Dinge: die Streßsituationen, die Streßantworten und vor allem den *Streßkiller*.
- Nun kann's losgehen! Fangt damit an, daß Jasmin Kati fragt, ob sie eine schlechte Note in der Mathe-Arbeit erwartet.

Ende des Spiels: Klatschen

Auswertung:

> s. Rollenspiel im dritten Sitzungstermin

Hausaufgaben:

6. „Echt cooler Sound": Entspannungskassette, Seite B

Ziel	Einüben des Entspannungsverfahrens im Alltag
Dauer	ca. 2 Minuten
Durchführung	Stuhlkreis
Materialien	Entspannungskassette (s. 7.1.7) und Arbeitsblatt A „Echt cooler Sound" (s. 7.2.6)

Instruktionen:

Da ihr ja so prima die Entspannung geübt habt, könnt ihr nun bis zum nächsten Mal wieder ausprobieren, ob denn die kurze Entspannungsübung auf der *Seite B* bei euch klappt. Ich bin gespannt, was ihr so beim nächsten Mal berichtet. Ihr bekommt wieder ein Blatt für euren Flyer. Da wir uns ja erst in einer Woche wiedersehen, habt ihr nun auf diesem Blatt Platz für die Beobachtungen der ganzen Woche.

7. „Space 2009: Meine Reise nach Eurion II": Fantasy-Geschichte

Ziel	Auseinandersetzen mit zukünftigen Streßsituationen Diagnostik bestehender Ängste
Dauer	ca. 3 Minuten
Durchführung	an Gruppentischen
Materialien	Arbeitsblatt „Space 2009: Meine Reise nach Eurion" (s. 7.2.10)

Instruktionen:

Als nächste Aufgabe möchte ich euch noch einmal bitten, bis zum nächsten Termin eine solche Fantasy-Story zu schreiben. Hierfür sollt ihr euch wieder überlegen, welche Streßsituationen bald so auf euch zukommen könnten. Die sollt ihr euch dann ganz fest vorstellen. Damit das besser gelingt, sollt ihr eure Vorstellungen hier wieder auf diesem Blatt aufschreiben. Das muß keine super tolle Geschichte werden, die den Nobelpreis kriegt, aber versucht mal, euch so genau wie möglich, die Streßsituation vorzustellen. Stellt euch vor, ihr seid in dieser Zeit. Wie geht es euch? Was denkt ihr? Welche anderen Personen spielen eine Rolle? Was macht ihr in dieser Streßsituation? Seid ihr ganz allein? Ist jemand dabei?

Ihr habt das letztes Mal schon toll geschafft und ich bin gespannt, was euch diesmal einfällt. Ist noch was unklar? Ich weiß, daß das eine verzwickte Aufgabe ist!

Achter Sitzungstermin

*Tabelle 3.9: Ziele, praktisches Vorgehen und Materialien der **achten** Trainingsstunde (AST_8).*

Ziele	Praktisches Vorgehen	Materialien
a) Innerhalb der Trainingsstunde		
Bewußtmachen des Streßgeschehens und der Bewältigungsstrategien, Besprechen bestehender Ängste	Besprechen der Hausaufgaben „Fantasy-Geschichte über zukünftige Streßbewältigung schreiben" und „Entspannungskassette, Seite B"	ausgefüllte Arbeitsblätter „Space 2009: Meine Reise nach Eurion" und „Echt cooler Sound"
Lernen eines Entspannungsverfahrens als Bewältigungsstrategie	Durchführen einer Kurzformel der Entspannung	Instruktion „Kurzformel"
Erproben erworbener Handlungsroutinen, Steigern der Kompetenzerwartung, Modellernen	Verhaltensübung: Spielen, Reflexion und erneutes Spielen des frei gewählten Themas einer Belastungssituation	
Verstärken erlernter Bewältigungs- strategien und Steigern der Kompetenz- erwartungen	Rückblickendes Gespräch über frühere Schwierigkeiten bei der Streßbewältigung mit Bekräftigung seitens der Kinder und des Trainers	selbst ausgewähltes Videomaterial; Instruktionskarten als Erinnerungshilfen für zukünftige Belastungssituationen
Verstärken von Bewältigungsverhalten und Steigern der Kompetenzerwartungen	Rückblickendes Gespräch über die erworbenen Bewältigungskompetenzen mit Bekräftigung seitens der Kinder und des Trainers	selbst ausgewähltes Videomaterial; Instruktionskarten als Erinnerungshilfen für zukünftige Belastungssituationen
Identifikation von Rückfallfaktoren und Ermittlung von Bewältigungsstrategien zur Rückfallverarbeitung und -prävention	Vorstellungsübung über zukünftige Streßbewältigung	die im Training angefertigten Instruktions- karten; „Space 2009 plus1: Meine Reisen von Eurion nach irgendwo"

„Na? Hausaufgaben gemacht?": Besprechen der Hausaufgaben

Ziel	Bewußtmachen des Streßgeschehens und der Bewältigungsstrategien
Dauer	ca. 20 Minuten
Durchführung	Stuhlkreis
Materialien	ausgefüllte Arbeitsblätter „Meine Reise nach Eurion" und „Echt cooler Sound"

Auswertung:

Ich hatte euch wieder zwei Aufgaben für heute gestellt. Ich würde gern wissen, was ihr so beobachtet habt. Fangen wir zuerst an mit dem Flyer „Space 2009: Meine Reise nach Eurion". Was habt ihr diesmal notiert? Konntet ihr euch vorstellen, welche Streßsituation in einiger Zeit auf euch zukommt und wie ihr dann damit umgeht? Das war keine leichte Aufgabe, oder? Ist sie euch diesmal schon leichter gefallen?

Ich hoffe, ihr habt auch daran gedacht, daß es hier nicht darauf ankam, daß ihr ganz viel auf dem Flyer stehen habt. Wie war unsere Devise noch? Genau, langsam aber fleißig ernährt sich das Eichhörnchen!
Durchgehen der Arbeitsblätter „Meine Reise nach Eurion" (im Uhrzeigersinn).

Also, ich finde, daß ihr diese schwere Aufgabe wieder sehr gut gelöst habt. Ihr habt wirklich viel gelernt und könnt riesig stolz darauf sein, was ihr alles geschafft habt.

Als Nächstes kommt wieder meine Standardfrage!
Genau, ob ihr die Entspannungskassette gehört habt. Wann habt ihr sie gehört? Wie habt ihr euch dabei entspannen können? Wie hat die kürzere Form geklappt? Wie hat euch die kürzere Form diesmal gefallen?

Durchgehen der Arbeitsblätter „Echt cooler Sound" (gegen den Uhrzeigersinn). Bei Problemen einfach alle Kinder diese Muskelgruppe entspannen lassen.

Kurzformel

Instruktionen:

So, und nun machen wir noch mal unsere *Kurzformel.*

Schaut noch einmal in euren „Streß-Flyer" und sucht das Blatt mit der Kurzformel raus. Wir gehen nun diese Kurzformel zur Entspannung wieder durch. Wißt ihr noch, wann ihr die Kurzformel einsetzen könnt?
Genau, diese Kurzformel könnt ihr in Streßsituationen einsetzen, in denen ihr keine große Vorbereitungszeit habt. Diese Formel könnt ihr zum Beispiel auch einsetzen, wenn euch jemand stark geärgert hat. Damit ihr nicht „in die Luft geht", könnt ihr euch diese Formel denken.
Nun möchte ich, daß wir alle zusammen diese Kurzformel laut lesen.

„Kurzformel" S. 7.2.8

Nun lese ich euch noch einmal die Kurzformel vor, und ihr versucht, euch dabei zu entspannen.

Auswertung:

Denkt ihr, diese Formel wird euch helfen?
Ihr habt ja die Kassette, daß ihr euch immer wieder eine Übung anhören könnt. Wenn ihr die Kassette hören möchtet, wählt immer diejenige Übung aus, zu der ihr gerade Zeit und Lust habt.

Darstellung des Themas „Streß":

1. „So tun, als ob???": Rollenspiel

Ziel	Erproben von erworbenen Handlungsroutinen Steigern der Kompetenzerwartung Modellernen Steigern sozialer Kompetenzen
Dauer	ca. 20 Minuten
Durchführung	Stuhlkreis
Material	Schreibkarten, Arbeitsblatt „Streßkiller" (s. 7.2.12)

Instruktionen:

Heute machen wir wie bei den letzten Malen wieder ein Rollenspiel. Das Besondere ist nun, daß ihr heute wieder zu einem Thema ein Rollenspiel machen könnt, was von euch in der Gruppe festgelegt wird. Ich gebe euch also wieder kein Thema vor, sondern ihr sucht euch selbst etwas aus. Wir brauchen dafür ja drei Rollen.

Überlegt mal, welche Streßsituation wir spielen sollen. Wir können auch ruhig noch ein anderes Thema danach spielen. Was wäre eine *Streßsituation?*
Anleiten der Kinder zu einem Thema.

Gut, also nun haben wir ein Thema und ihr habt euch auch schon eine Geschichte ausgedacht.
Dann wollen wir jetzt wieder spielen, wie die Geschichte weitergehen könnte.
– Zuvor besprechen wir noch mal, um was es hier überhaupt geht.
– Was haben die unterschiedlichen Rollen zu spielen?
– Was denkt ihr, wie geht es weiter? Was könnte X gegen den Streß tun? Besprechen wir erst mal, welche *Mega-Stresser* den Streß bei X nicht wegmachen.
 Richtig, damit kriegen wir den Streß nicht in den Griff!

Fällt euch jetzt ein *Streßkiller* ein?
1 Minute überlegen lassen.

So, nun verteile ich euch noch ein Arbeitsblatt, auf dem ihr angebt, welche Streßkiller ihr könnt und üben möchtet. Lest und bearbeitet es in Ruhe.
Arbeitsblatt „Streßkiller" verteilen und ausfüllen lassen.

So, nun sucht euch einen Streßkiller davon aus, den ihr jetzt spielen möchtet. Schreibt diesen Streßkiller auf diese Karteikarte.
Die Streßkiller werden von den Kindern auf den Karteikarten vermerkt.

Wir spielen nun, wie die Geschichte weitergehen könnte, wenn X diesen *Streßkiller* einsetzt.
– Nun legen wir fest, welche Kinder die drei Rollen übernehmen.
– Die Kinder, die jetzt zuschauen, beachten bei X unsere drei wichtigen Dinge: die Streßsituationen, die Streßantworten und vor allem den *Streßkiller.*
– Nun kann's losgehen! Fangt bitte damit an, daß ...

Ende des Spiels: Klatschen

Auswertung:

s. Rollenspiel im dritten Sitzungstermin

Freies Spielen (5 Minuten)

2a. „Ich glotz TV: Guck mal, wie es früher mal war": Rückblick auf Schwierigkeiten bei der Streßbewältigung

Ziel	Positive Verstärkung erworbener Bewältigungsfertigkeiten Steigern der Kompetenzerwartungen
Dauer	ca. 10 Minuten
Durchführung	an Gruppentischen
Materialien	Videomaterial aus den Rollenspielen und dem Spiel „Zurück in die Zukunft" ausgefüllte Instruktionskarten (s. 7.2.16)

Instruktionen:

Ich finde, ihr habt toll dazugelernt. Damit ihr das auch mal sehen könnt, werde ich euch nun mal einige Videoausschnitte vorspielen. Auf den Videos werdet ihr euch entdecken. Jeder von euch wird in einem Ausschnitt zu sehen sein, bei dem wir sehen, wie ihr mit einer Streßsituation umgegangen seid.

Dabei zeige ich euch erst mal Aufnahmen, wo ihr den Streß noch nicht so gut im Griff hattet. Später zeige ich euch dann noch weitere Filme, wo das schon gut geklappt hat.

Ich fange an mit... Schaut euch den Film genau an. Guckt mal, ob ihr wieder die vier wichtigen Punkte entdeckt:

1. die *Streßsituation*,
2. die *Streßantwort*,
3. der *Streßkiller* oder gar der Mega-Stresser und
4. die *Happy-Hippo-Laune*.

Auswertung:

Wie findest du dein Video?
Findest du, die Situation hattest du im Griff?
Kannst du die wichtigen Punkte benennen?
Wie finden die anderen das Video?
Bekräftigen und alle Sequenzen vorführen und mit dem Kind besprechen. An die Erinnerungskärtchen erinnern oder ein neues schreiben.

2b. „Ich glotz TV: Guck mal, was ich schon gelernt habe": Rückblick auf Gelingen der Streßbewältigung

Ziel	Positive Verstärkung erworbener Bewältigungsfertigkeiten Steigern der Kompetenzerwartungen
Dauer	ca. 10 Minuten
Durchführung	an Gruppentischen
Material	Videomaterial aus den Rollenspielen und dem Spiel „Zurück in die Zukunft" ausgefüllte Instruktionskarten (s. 7.2.16)

Instruktionen:

So, daß ihr aber wirklich toll dazugelernt habt, seht ihr in den nächsten Videos. Jeder von euch wird wieder in einem Ausschnitt zu sehen sein, bei dem wir sehen, wie ihr mit einer Streßsituation umgegangen seid. Und bei diesem Video finde ich, habt ihr das schon toll gemacht. Ich bin gespannt, ob ihr mir da zustimmt. Ob ihr auch findet, daß ihr da den Streß im Griff hattet.

> Weitere Instruktionen und die Auswertung sind identisch zu dem vorigen Spiel 2a.

3. „Space 2009 plus 1: Meine Reise von Eurion nach irgendwo": Fantasy-Geschichte

Ziel	Identifikation von Rückfallfaktoren Diagnostik bestehender Ängste Ermittlung von Bewältigungsstrategien zur Rückfallverarbeitung und -prävention Auseinandersetzen mit zukünftigen Belastungssituationen
Dauer	ca. 20 Minuten
Durchführung	an Gruppentischen
Materialien	Arbeitsblatt „Space 2009 plus 1: Meine Reise von Eurion nach irgendwo" (s. 7.2.11)

Instruktionen:

Als nächste Aufgabe möchte ich euch noch einmal diese ganz interessante Aufgabe stellen: Eine Fantasy-Geschichte. Ich würde euch gern bitten, euch nun fünf Minuten eine solche Story vorzustellen und die wichtigsten Punkte aufzuschreiben. Hierfür sollt ihr euch wieder überlegen, welche Streßsituationen bald so auf euch zukommen könnten. Die sollt ihr euch dann ganz fest vorstellen. Das muß wieder keine super tolle Geschichte werden, sondern es reichen Notizen. Die sollen für euch eine Hilfe sein, wenn ihr uns von der Story berichtet.

Versucht mal, euch so genau wie möglich, die Streßsituation vorzustellen. Stellt euch vor, ihr seid in dieser Zeit. Wie geht es euch? Was denkt ihr? Welche anderen Personen spielen eine Rolle? Was macht ihr in dieser Streßsituation? Seid ihr ganz allein? Ist jemand dabei?

Ihr habt das ja schon letztens gut geschafft, obwohl es eine verzwickte Aufgabe ist!

Auswertung:

Jedes Kind liest seine Geschichte vor. Bekräftigen erfolgreicher Streßbewältigung und Thematisieren ungünstiger Bewältingungsmaßnahmen.

Also, ich finde, daß ihr diese schwierige Aufgabe schon ganz toll gelöst habt. Ihr habt wirklich sehr viel dazu gelernt. Ihr habt jetzt sogar schon über zukünftige Streßsituationen nachgedacht. Ihr könnt riesig stolz darauf sein, daß ihr euch tolle Streßkiller überlegt habt, mit denen ihr den Streß dann in den Griff bekommt.

Erinnerung an die Entspannungskassette; Erinnerungsblatt „Streßkiller" (s. 7.2.13)

Zum Schluß möchte ich euch noch einmal daran erinnern, daß ihr ja jederzeit die Entspannungskassette zur Verfügung habt. Ihr könnt also in Pausen die Kassette hören und euch mit dieser Kassette gut entspannen. Das ist ja ein toller Streßkiller! Ihr habt aber gelernt, daß ihr viele Möglichkeiten habt, mit den Streßsituationen umzugehen. Ihr müßt versuchen, den richtigen Streßkiller für die jeweilige Streßsitua-tion auszusuchen. Ich bin sicher, daß ihr das schafft, und ihr werdet sehen, daß ihr die Situation in den Griff bekommt. Ihr habt ja schon im Training gezeigt, daß ihr das toll könnt.

Wenn ihr mal nicht mehr so sicher seid, was ihr in den Streßpausen zur Erholung machen könnt, habt ihr ja euer Erinne-rungsblatt. Nun gebe ich euch noch ein Blatt mit, und zwar ein Erinnerungsblatt für eure Streßkiller. Da stehen die Streßkiller drauf, die wir hier besprochen haben. Dann könnt ihr immer in eurem „Streß-Flyer" nachschauen, wenn ihr euch nicht sicher seid. Vielleicht habt ihr ja auch Lust, ein Rollenspiel mal mit euren Eltern oder Freunden zu Hause zu machen. Dann könnt ihr noch mal üben und eure Eltern und Freunde lernen dann auch, wie sie den Streß besser in den Griff kriegen.

Erinnerungsblatt „Streßkiller" austeilen. Die Urkunden können am Ende des Trainings oder im Nachgespräch verliehen werden (s. 7.2.18).

3.3 Trainingsspezifische Arbeitsmaterialien

Übersicht 1

Tabelle 3.10: Kurzer Überblick über das Training (AST_8).

Wann?	Was?
Erste Trainingsstunde	Was ist Streß? Spiele: • Pantomimen-Spiel „Ich fühle mich ganz ..." • Hörspiel „Dr. Beat" • „Streßwaagen-Spiel, die Erste"
Zweite Trainingsstunde	Entspannungsübung Spiele: • Video-Spiel „Was tun bei Streß?" • „Stolz wie ... ich!" • „Streßwaagen-Spiel, die Zweite"
Dritte Trainingsstunde	Entspannungsübung Spiele: • „Cool-man-Spiel" • „So tun, als ob wir eine Klassenarbeit schreiben"
Vierte Trainingsstunde (Eltern-Kind)	Spiele: • Pantomimen-Spiel „Ich fühle mich ganz ..." • „Daddy-cool-Spiel" Entspannungsübung • „Streßwaagen-Spiel, die Dritte"
Fünfte Trainingsstunde	Entspannungsübung Spiele: • „So tun, als ob mein bester Freund gehänselt wird" • „Zurück in die Vergangenheit: Was habe ich gelernt?"
Sechste Trainingsstunde	Entspannungsübung Spiele: • „So tun, als ob wir ???" • „Zurück in die Zukunft: Was kann ich in Zukunft bei Streß tun?"
Siebte Trainingsstunde (Eltern-Kind)	Spiele: • „Streßwaagen-Spiel, die Vierte" • „Stolz wie ... ich" Entspannungsübung Spiel: • „So tun, als ob wir eine schwierige Klassenarbeit zurückbekommen"

Achte Trainingsstunde	Entspannungsübung
	
	Spiele:
	• „So tun, als ob wir ???"
	• „Ich glotz TV:
	  Guck mal, wie es früher mal war.
	  Guck mal, was ich gelernt habe"
	• Fantasy „Space 2009 plus 1: Meine Reise von Eurion nach irgendwo"

Übersicht 2

Tabelle 3.11: Überblick über das Training (AST_8).

Wann?	Was?
Erste Trainingsstunde	Was ist Streß? Was liegt in den Sitzungen an? Spiele: • Pantomimen-Spiel „Ich fühle mich ganz ..." • Hörspiel „Dr. Beat" • „Streßwaagen-Spiel, die Erste" Hausaufgabe: • „Mal gucken, was ich schon gelernt habe"
Zweite Trainingsstunde	Na? Hausaufgaben gemacht??? Kennenlern-Übung: • Entspannung Spiele: • Video-Spiel „Was tun bei Streß?" • „Stolz wie ... ich!" • „Streßwaagen-Spiel, die Zweite" Hausaufgabe: • „Noch mal gucken, was ich schon gelernt habe"
Dritte Trainingsstunde	Na? Hausaufgaben gemacht??? Übung: • Entspannung Spiele: • „Cool-man-Spiel" • „So tun, als ob wir eine Klassenarbeit schreiben" Hausaufgaben: • „Echt cool, man" • „Echt cooler Sound"
Vierte Trainingsstunde *(Eltern-Kind)*	Spiele: • Kennenlern-Spiel • Pantomimen-Spiel „Ich fühle mich ganz ..." • „Daddy-cool-Spiel" Na? Hausaufgaben gemacht??? Übung: • Entspannung Spiel: • „Streßwaagen-Spiel, die Dritte" Hausaufgaben: • „Echt cooler Sound" • „Daddy-cool"
Fünfte Trainingsstunde	Na? Hausaufgaben gemacht??? Übung: • Entspannung Spiele: • „So tun, als ob mein bester Freund gehänselt wird" • „Zurück in die Vergangenheit: Was habe ich gelernt?" Hausaufgaben: • „Echt cooler Sound" • „The winner is ..."

Tabelle 3.11: Fortsetzung

Wann?	Was?
Sechste Trainingsstunde	Na? Hausaufgaben gemacht??? Übung: • Entspannung „In der Kürze liegt die Würze" Spiele: • „So tun, als ob wir ???" • „Zurück in die Zukunft: Was kann ich in Zukunft bei Streß tun?" Gespräch: • „Was haben wir denn da?" Hausaufgaben: • „Echt cooler Sound" • Fantasy „Space 2009: Meine Reise nach Eurion"
Siebte Trainingsstunde (Eltern-Kind)	Na? Hausaufgaben gemacht??? Spiele: • „Streßwaagen-Spiel, die Vierte" • „Stolz wie ... ich" Übung: • Entspannung „Schnell wie der Schall" Spiel: • „So tun, als ob wir eine schwierige Klassenarbeit zurückbekommen" Hausaufgaben: • „Echt cooler Sound" • Fantasy „Space 2009: Meine Reise nach Eurion"

Achte Trainingsstunde	Na? Hausaufgaben gemacht???
	
	Übung:
	• Entspannung „Schnell wie der Schall"
	
	Spiele:
	• „So tun, als ob wir ???"
	• „Ich glotz TV:
	  Guck mal, wie es früher mal war.
	  Guck mal, was ich gelernt habe"
	• Fantasy „Space 2009 plus 1: Meine Reise von Eurion nach irgendwo"

Arbeitsblatt „Wenn der Vater mit dem Sohne"
„Daddy cool" von ....

Wenn der Streß vorbei ist, denke ich gar nicht mehr nach . . .
Was kann ich alles in Pausen mit meinen Eltern machen?

1.
2.
3.
4.
5.
6.

4 Anti-Streß-Training ohne Elternbeteiligung (AST_6)

4.1 Stundenübersicht

Tabelle 4.1: Ablauf des Trainings im Überblick (AST_6).*

Programmeinheit	Programminhalte

Erste Trainingsstunde	• Begrüßung, Vertrag und Kennenlernspiel (10)
	
	• Freies Spielen (zum Kennenlernen, 5)
	
	• Zum Begriff „Streß" und Zielbestimmung des Trainings (10)
	
	• Vorstellung der Trainingsinhalte (5)
	
	• Darstellung des Themas „Streß":
	  1. Pantomimen-Spiel „Ich fühle mich ganz ..." (15)
	  2. Spiel zur Körperwahrnehmung „Dr. Beat" (15)
	
	• Freies Spielen (5)
	  3. „Streßwaagen-Spiel, die Erste" (20)
	
	• Vorstellung der Hausaufgaben:
	  4. Selbstbeobachtung „Streßwaage 1" (5)

Zweite Trainingsstunde	• Ballspiel und Besprechen der Hausaufgaben (10)
	
	• Darstellung des Themas „Streß":
	  1. Entspannung als emotionsregulierende Bewältigungsstrategie:
	    Einführung und erste Übung zum Kennenlernen (15)
	  2. Videobeispiel „Effektive/ineffektive Bewältigung" (20)
	
	• Freies Spielen (5)
	  3. Spiel: „Stolz wie ... ich!" (10)
	  4. „Streßwaagen-Spiel, die Zweite" (25)
	
	• Vorstellung der Hausaufgaben:
	  5. Selbstbeobachtung „Streßwaage 2" (5)

Dritte Trainingsstunde	• Ratespiel und Besprechen der Hausaufgaben (20)
	
	• Darstellung des Themas „Streß":
	  1. Entspannung: Zweite Übung (20)
	  2. Informationssammlung „Erholungsaktivitäten" (10)
	
	• Freies Spielen (5)
	  3. Rollenspiel: Klassenarbeit schreiben (20)
	
	• Vorstellung der Hausaufgabe:
	  4. Selbstbeobachtung „Erholung"
	  5. Entspannungskassette, Seite A (15)

Tabelle 4.1: Fortsetzung

Programmeinheit	Programminhalte

Vierte Trainingsstunde	• Besprechen der Hausaufgaben (20)
	
	• Darstellung des Themas „Streß":
	  1. Entspannung: Dritte Übung (15)
	  2. Rollenspiel: Auf dem Schulhof gehänselt werden (20)
	
	• Freies Spielen (5)
	  3. Rückblick auf Ge- und Mißlingen der Streßbewältigung (20)
	
	• Vorstellung der Hausaufgaben:
	  4. Entspannungskassette, Seite A
	  5. Selbstbeobachtung „Gelungene Streßbewältigung" (10)

Fünfte Trainingsstunde	• Besprechen der Hausaufgaben (20)
	
	• Darstellung des Themas „Streß":
	  1. Entspannung: Vierte Übung (15)
	  2. Rollenspiel: Schwierige Klassenarbeit zurückbekommen (20)
	
	• Freies Spielen (5)
	  3. Ausblick auf Ge- und Mißlingen der Streßbewältigung (20)
	
	• Vorstellung der Hausaufgaben:
	  4. Entspannungskassette, Seite B
	  5. Vorstellungsübung „Zukünftige Streßbewältigung" (10)

Sechste Trainingsstunde	• Besprechen der Hausaufgaben (incl. Kurzformel Entspannung; 25)
	
	• Darstellung des Themas „Streß":
	  1. Rollenspiel: Freies Thema (20)
	
	• Freies Spielen (5)
	  2. Rückblick auf Ge- und Mißlingen der Streßbewältigung
	    anhand von Video-Material „Ich glotz TV" (20)
	  3. Vorstellungsübung „Zukünftige Streßbewältigung" (20)

* Anmerkung: In Klammern ist die Dauer des Trainingselementes in Minuten angegeben.

4.2 Instruktionen

Erster Sitzungstermin

Identisch zum ersten Sitzungstermin von AST_8.

Zweiter Sitzungstermin

Identisch zum zweiten Sitzungstermin von AST_8.

Dritter Sitzungstermin

Identisch zum dritten Sitzungstermin von AST_8.

Vierter Sitzungstermin

Tabelle 4.2: Ziele, praktisches Vorgehen und Materialien der **vierten** Trainingsstunde (AST_6).

Ziele	Praktisches Vorgehen	Materialien
a) Innerhalb der Trainingsstunde		
Bewußtmachen der Bewältigungsstrategien, Auffangen von ungünstigen Erfahrungen mit dem Verfahren	Besprechen der Hausaufgaben „Erholung", „Entspannungskassette, Seite A"	ausgefüllte Arbeitsblätter „Cool-man", „Echt cooler Sound"
Einüben eines Entspannungsverfahrens als Bewältigungsstrategie	Durchführen einer Kurzversion eines Entspannungsverfahren	Instruktion „Entspannungsübung III"
Erproben erworbener Handlungsroutinen, Steigern der Kompetenzerwartung, Modellernen	Verhaltensübung: Spielen, Reflexion und erneutes Spielen einer Belastungssituation	Geschichte „Auf dem Schulhof gehänselt werden"
Verstärken erlernter Bewältigungsstrategien und der Kompetenzerwartungen	Rückblickendes Gespräch über die Lerninhalte mit Bekräftigung seitens der Kinder und des Trainers	Instruktionskarten als Erinnerungshilfen für zukünftige Belastungssituationen
b) Außerhalb der Trainingsstunde		
Übertragen einer Bewältigungsstrategie auf den Alltag	Entspannungsübungen mit Hilfe der Kassette durchführen	Entspannungskassette (Seite A) und Arbeitsblatt A „Echt cooler Sound!"
Verstärken erlernter Bewältigungsstrategien und von Kompetenzerwartungen	Selbstbeobachtung „Gelungene Streßbewältigung"	Arbeitsblatt „The winner is ..."

„Na? Hausaufgaben gemacht?": Besprechen der Hausaufgaben

Ziel	Sensibilisierung der Wahrnehmung von Erholungsaktivitäten Bewußtmachen der Bewältigungsstrategien
Dauer	ca. 20 Minuten
Durchführung	auf dem Boden
Materialien	ausgefüllte Arbeitsblätter „Echt cool, man", Erinnerungsblatt „Streß-Pausen" (s. 7.2.15) und ausgefüllte Arbeitsblätter „Echt cooler Sound"

Auswertung:

Ich hatte euch zwei Aufgaben für heute gestellt. Ich würde gern wissen, was ihr in euren Pausen so beobachtet habt. Wie habt ihr euch erholt? Konntet ihr eure eigenen Erholungsaktivitäten, die wir letzte Stunde herausgefunden haben, machen? Oder habt ihr vielleicht andere Dinge zur Erholung gemacht?

Durchgehen der Arbeitsblätter „Echt cool, man" (im Uhrzeigersinn).

Ich gebe euch hier eine Liste mit Erholungsaktivitäten, die ich für euch zusammengestellt habe. Das sind alles Dinge, die mir andere Kinder genannt haben. Schaut mal drauf! Fehlt euch etwas? Dann schreibt es einfach dazu!

Austeilen des Erinnerungsblattes „Streß-Pausen".

Habt ihr die Entspannungskassette gehört? Wann habt ihr sie gehört? Wie habt ihr euch dabei entspannen können? Hat euch die Kassette gefallen?

Durchgehen der Arbeitsblätter „Echt cooler Sound" (gegen den Uhrzeigersinn). Bei Problemen einfach alle Kinder diese Muskelgruppe entspannen lassen.

Darstellung des Themas „Streß":

1. Entspannung: Dritte Übung (nach Florin, 1975; Petermann, 1996)

Ziel	Lernen eines Entspannungsverfahrens als Bewältigungsstrategie
Dauer	ca. 15 Minuten
Durchführung	auf dem Boden (falls nicht möglich: Stuhlkreis)
Materialien	Instruktionen „Entspannungsübung III"; ggf. Kissen und Decken

Instruktionen:

Nun möchte ich euch gern noch eine weitere Entspannungsübung zeigen. Wenn sie uns gut gelingt, werdet ihr feststellen, daß ihr auch durch diese Übung ruhiger werdet. Ihr werdet merken, daß wir wieder bekannte, aber auch neue Entspannungsübungen machen.

- Versucht wieder, meinen Anweisungen schön zu folgen.
- Konzentriert euch ganz auf euren Körper. Achtet auf den Gegensatz von An- und Entspannung.

Legt euch nun alle bequem mit dem Rücken auf den Boden. Streckt euch noch mal so richtig und holt tief Luft und atmet die ganze Luft wieder aus. Legt eure Arme ganz locker neben die Beine.

Schließe nun bitte deine Augen. Während der ganzen Übung solltest du wieder die Augen geschlossen halten.

Versuche, eine ganz bequeme Haltung zu finden (5 sec Pause).

> Es folgen die Anweisungen zur Entspannung für folgende Übungen (vgl. Entspannungskassette, Seite A und B, 7.1.7):
> *Kurzformel, Bauch, Po, beide Waden, Kurzformel-Wiederholung, Ausstiegsformel*

Auswertung:

Das habt ihr ja wieder super gemacht. Wenn ihr noch weiter so übt, werdet ihr unschlagbar sein!

Wie hat euch diese Entspannungsübung gefallen?

Wie fühlt ihr euch jetzt?

Stört euch irgendwas, so daß ihr lieber keine Entspannungsübung machen möchtet? Was können wir ändern, damit ihr sie machen könnt und ihr euch dadurch wohler fühlt?

2. „So tun, als ob mein bester Freund auf dem Schulhof gehänselt wird": Rollenspiel

Ziel	Erproben von erworbenen Handlungsroutinen Steigern der Kompetenzerwartung Modellernen
Dauer	ca. 20 Minuten
Durchführung	Stuhlkreis
Materialien	Schreibkarten, Arbeitsblatt „Streßkiller" (s. 7.2.12), Rollenspieltext (s. 7.1.8)

Instruktionen:

Heute machen wir wie beim letzten Mal ein Rollenspiel. Nun wißt ihr ja alle, wie das geht. Beim letzten Mal hat das ja schon super geklappt.

Nun, ich werde euch wieder eine Geschichte vorlesen und ihr sollt dann spielen, wie die Geschichte wohl weiter geht. Die Geschichte handelt von einem Jungen, der auf dem Schulhof gehänselt wird, als die Mitschüler sehen, daß er eine Zahnspange tragen muß:

> Rollenspieltext s. 7.1.8

Wir wollen jetzt spielen, wie die Geschichte weitergehen könnte.

- Zuvor besprechen wir noch mal, um was es hier überhaupt geht.
- Was haben die unterschiedlichen Rollen zu spielen?
- Was denkt ihr, wie geht es weiter? Was könnte Marco gegen den Streß tun? Besprechen wir erst mal, welche *Mega-Stresser* den Streß bei Marco nicht wegmachen. Richtig, damit kriegen wir den Streß nicht in den Griff!

Fällt euch jetzt ein *Streßkiller* ein?
1 Minute überlegen lassen.

So, nun verteile ich euch noch ein Arbeitsblatt, auf dem ihr angebt, welche Streßkiller ihr könnt und üben möchtet. Lest und bearbeitet es in Ruhe.
Arbeitsblatt „Streßkiller" verteilen und ausfüllen lassen.

So, nun sucht euch einen Streßkiller davon aus, den ihr jetzt spielen möchtet. Schreibt diesen Streßkiller auf diese Karteikarte.
Die Streßkiller werden von den Kindern auf den Karteikarten vermerkt.

Wir spielen nun, wie die Geschichte weitergehen könnte, wenn Marco diesen *Streßkiller* einsetzt.
- Nun legen wir fest, welche Kinder die drei Rollen übernehmen.
- Die Kinder, die jetzt zuschauen, beachten bei Marco unsere drei wichtigen Dinge: die Streßsituationen, die Streßantworten und vor allem den *Streßkiller*.
- Nun kann's losgehen! Fangt bitte mit dem Beispiel an, daß Marco von dem Jungen gehänselt wird.

Ende des Spiels: Klatschen

Auswertung:
Reflexion des Rollenspiels:
a) Darsteller der Hauptrolle:
- Was wolltest du ausdrücken?
- Wie hast du dich gefühlt? War es vom Anfang bis zum Ende gleich, was du gefühlt hast?
- Wie beurteilst du das, was du gegen den Streß getan hast: War es richtig? Wäre es auch in anderen Situationen wirksam?

b) Beobachter:
- Was habt ihr beobachtet? War das eine Streßsituation für Marco? Was waren die Anforderungen an Marco?
- Wie fühlte Marco? Was waren seine Streßgefühle?
- Was hat Marco gemacht? Welchen *Streßkiller* hat er eingesetzt?
- Hat der *Streßkiller* gewirkt?
- Fallen euch andere *Streßkiller* ein?

Jetzt können wir die Geschichte mit einem anderen Ausgang und mit vertauschten Rollen spielen. Wer spielt nun die Hauptrolle und welche beiden Kinder übernehmen die beiden Nebenrollen?
..., du spielst wieder den *Streßkiller*, den du auf deiner Karteikarte aufgeschrieben hast.
Nachdem alle Kinder einmal die Hauptrolle gespielt haben, sortieren die Kinder ihre Karteikarte in die Streßwaage ein.

- Habt ihr schon mal eine ähnliche Situation erlebt?

Freies Spielen (5 Minuten)

3. „Zurück in die Vergangenheit: Was habe ich gelernt?": Rückblick auf erlernte Bewältigungsstrategien

Ziel	Verstärkung erlernter Bewältigungsstrategien (s. Leitfaden „Streßkiller/Mega-Stresser"; 7.2.14) Fördern der Kompetenzerwartungen
Dauer	ca. 20 Minuten
Durchführung	an Gruppentischen
Materialien	Instruktionskarten als Erinnerungshilfen (vgl. 7.2.16)

Instruktionen:
Ich würde jetzt gern mit euch auf unsere letzten Treffen zurückblicken.
Habt ihr einige *Streßkiller* gelernt, von denen ihr gar nicht dachtet, daß ihr sie machen könnt?
Habt ihr erkannt, daß die *Mega-Stresser* euren Streß noch vergrößern?
Jeder überlegt sich jetzt mal bitte eine für ihn typische Streßsituation. Und dann überlegt ihr euch, wie ihr früher in der Streßsituation versucht habt, mit dem Streß umzugehen.

Ich gebe euch zwei Beispiele aus unserem Training:
1. Beispiel: Denkt an das Video. Der Marco war immer beim Vorlesen seines Aufsatzes so aufgeregt, daß er nicht ohne Fehler vorlesen konnte. Er hat ewig über das Problem gegrübelt, aber davon ging der Streß nicht weg.
2. Beispiel: Kati hat die Nerven immer bei einem Rechentest verloren. Was hat sie sich so gedacht?

Ich möchte, daß ihr das wieder versucht, in kurzen Rollenspielen darzustellen. Und zwar schreibt auf die Karteikarte eure *Streßsituation*, eure *Streßantworten* und euren *Mega-Stresser*. Und dann spielt mal nur, was ihr in dieser Streßsituation gemacht habt.
Also, ..., welche Streßsituation war für dich wichtig? Was hast du dann gemacht? Versuche, es mal kurz darzustellen.

Würdest du heute auch noch dasselbe machen?
Ggf. selbst eine Streßsituation anführen und durchsprechen!

Was hat euch am meisten geholfen, mit der Streßsituation nun fertig zu werden?
Schreibt die *Streßkiller* auf die Karte und versucht nun, die Streßkiller in kleinen Rollenspielen darzustellen.
Alle Kinder spielen die Streßkiller.

Könnt ihr mal einschätzen, wie ihr solchen Streßsituationen nun gegenüber steht? Denkt ihr, ihr habt den Streß nun besser im Griff?

Damit jeder für zukünftige Streßsituationen einige einfache Regeln hat, kann jeder ein kleines Erinnerungskärtchen mit seiner Regel beschreiben. Das Kärtchen könnt ihr dann immer bei euch tragen.

> **Falls ein Elternabend stattgefunden hat:**
> Ich habe euren Eltern beim Elternabend auch ein Erinnerungskärtchen gegeben. Sie haben sich auch einen Streßkiller auf das Kärtchen geschrieben. Vergleicht mal, ob ihr denselben Streßkiller habt.

Die Streßkiller werden dem Leitfaden „Streßkiller/ Mega-Stresser" entnommen.

Beispiele:

A: Ein Mädchen hat berichtet, daß es auf dem Nachhauseweg von anderen Mitschülern bedroht wird.

Lösung: Sie fragt einen netten Jungen in ihrer Klasse, daß er mit ihr gemeinsam nach Hause geht.

Kärtchen: „Ich bitte jemanden um Hilfe!"

B: Der Vater verbietet seinem Sohn, sofort nach der Schule Fußballspielen zu gehen.

Lösung: Der Junge reagiert nicht gleich aggressiv („Ich gehe gleich in die Luft!" als Mega-Stresser)

Kärtchen: „Ich muß mich in den Griff kriegen!"

Hausaufgaben:

4. „Echt cooler Sound": Entspannungskassette, Seite A

Ziel	Einüben des Entspannungsverfahrens im Alltag
Dauer	ca. 5 Minuten
Durchführung	an Gruppentischen
Materialien	Entspannungskassette (s. 7.1.7) und Arbeitsblatt A „Echt cooler Sound" (s. 7.2.6)

Instruktionen:

Eure erste Aufgabe besteht heute wieder darin, daß ihr euch die *Seite A* eurer Entspannungskassette anhört. Ich gebe euch auch wieder ein Blatt für euren „Streß-Flyer" mit, auf dem ihr eintragen sollt, wie euch die Übung gefallen hat.

Wenn ihr einige Muskeln nicht entspannen konntet, schreibt es auf diesem Blatt wieder auf. Wir werden es dann beim nächsten Mal in einer Woche üben.

5. „The winner is ...": Gelungene Streßbewältigung

Ziel	Verstärkung erlernter Bewältigungsstrategien Fördern der Kompetenzerwartungen
Dauer	ca. 5 Minuten
Durchführung	an Gruppentischen
Materialien	Arbeitsblatt „The winner is ..." (s. 7.2.9)

Instruktionen:

Für die nächste Aufgabe möchte ich euch bitten, bis zum nächsten Termin wieder ganz genau zu beobachten, wie ihr mit dem Streß fertig werdet. Wir haben ja festgestellt, daß jeder einige Streßsituationen zu meistern hat. Wir haben auch gesehen, daß ihr nun schon neue Streßkiller kennt. Nun möchte ich, daß ihr auf diesem Blatt notiert, in welcher Streßsituation welche Streßkiller bei euch gut geklappt haben. Zusätzlich möchte ich von euch wissen, welche anderen Streßkiller ihr auch hättet einsetzen können.

Ich bin gespannt, was ihr wieder beobachtet. Denkt daran, daß es nicht darauf ankommt, daß ihr ganz viele Dinge notiert. Jede Situation, die ihr gemeistert habt, ist schon ein toller Erfolg!

Fünfter Sitzungstermin

*Tabelle 4.3: Ziele, praktisches Vorgehen und Materialien der **fünften** Trainingsstunde (AST_6).*

Ziele	Praktisches Vorgehen	Materialien
a) Innerhalb der Trainingsstunde		
Verstärken erfolgreicher Streßbewältigung und Bewußtmachen der Bewältigungsstrategien	Besprechen der Hausaufgaben „Gelungene Streßbewältigung" und „Entspannungskassette, Seite A"	ausgefüllte Arbeitsblätter „The winner is ..." und „Echt cooler Sound"
Einüben eines Entspannungsverfahrens als Bewältigungsstrategie	Durchführen einer Kurzversion der Entspannungstechnik	Instruktion „Entspannungsübung IV"
Erproben erworbener Handlungsroutinen, Steigern der Kompetenzerwartung, Modellernen	Verhaltensübung: Spielen, Reflexion und erneutes Spielen einer Belastungssituation	Geschichte „Schwierige Klassenarbeit zurückbekommen"
Identifikation von Rückfallfaktoren und Ermittlung von Bewältigungsstrategien zur Rückfallverarbeitung und -prävention	Ausblickendes Gespräch über die Bewältigungskompetenzen mit Bekräftigung seitens der Kinder und des Trainers	ausgefüllte Arbeitsblätter „The winner is ..." Instruktionskarten als Erinnerungshilfen für zukünftige Belastungssituationen
b) Außerhalb der Trainingsstunde		
Übertragen einer Bewältigungsstrategie auf den Alltag	Entspannungsübungen mit Hilfe der Kassette durchführen	Entspannungskassette (Seite B) und Arbeitsblatt A „Echt cooler Sound"
Auseinandersetzen mit zukünftigen Streßereignissen und Erkennen bestehender Ängste	Schreiben einer Fantasy-Geschichte über zukünftige Streßbewältigung	Arbeitsblatt „Space 2009: Meine Reise nach Eurion"

„Na? Hausaufgaben gemacht?": Besprechen der Hausaufgaben

Ziel	Bewußtmachen des Streßgeschehens und der Bewältigungsstrategien
Dauer	ca. 20 Minuten
Durchführung	Stuhlkreis
Materialien	ausgefüllte Arbeitsblätter „The winner is ..." und „Echt cooler Sound"

Auswertung:

Ich hatte euch wieder zwei Aufgaben für heute gestellt. Ich würde gern wissen, was ihr so beobachtet habt. Fangen wir zuerst mit dem Flyer „The winner is ..." an. Was habt ihr notiert? Konntet ihr feststellen, daß ihr schon in einigen Streßsituationen den Streß besser im Griff habt?

Ich hoffe, ihr habt auch daran gedacht, daß es hier nicht darauf ankommt, daß ihr ganz viel auf dem Flyer stehen habt. Wie immer gilt auch hier die Devise eines abgewandelten Sprichwortes: Langsam, aber fleißig ernährt sich das Eichhörnchen!

Durchgehen der Arbeitsblätter „The winner is ..." (im Uhrzeigersinn). Jedes Kind loben für gelungene Streßbewältigung.

Also, ich finde, daß ihr schon mächtige Fortschritte gemacht habt. Wenn das in den weiteren Stunden jetzt noch so weitergeht, könnt ihr riesig stolz darauf sein, was ihr alles geschafft habt.

Die nächste Frage kennt ihr ja schon, oder??? Was glaubt ihr, wie die Frage lautet?

Genau, ob ihr schon die Entspannungskassette gehört habt. Wann habt ihr sie gehört? Wie habt ihr euch dabei entspannen können? Hat es diesmal noch besser geklappt? Wie hat euch diesmal die Kassette gefallen?

Durchgehen der Arbeitsblätter „Echt cooler Sound" (gegen den Uhrzeigersinn). Bei Problemen einfach alle Kinder diese Muskelgruppe entspannen lassen.

Darstellung des Themas „Streß":

1. *Entspannung: Vierte Übung (nach Florin, 1975; Petermann, 1996)*

Ziel	Lernen des Entspannungsverfahrens als Bewältigungsstrategie
Dauer	ca. 15 Minuten
Durchführung	Stuhlkreis
Materialien	Instruktionen „Entspannungsübung IV" (identisch mit der Instruktion der Entspannungskassette auf der Seite B; s. 7.1.7)

Instruktionen:

Nun möchte ich euch gern zeigen, wie ihr die Entspannungsübung machen könnt, ohne daß andere da etwas von merken. Diese Übung könnt ihr dann machen, wenn ihr in einer Streßsituation seid. Also, wenn ihr eine Arbeit schreibt und ihr merkt, daß ihr ganz unruhig seid und euch gar nicht konzentrieren könnt. Oder ihr habt eine wichtige Prüfung in eurem Hobby, zum Beispiel, wenn ihr Musik macht und ein Vorspielen habt, oder wenn ihr Sport macht und einen Wettkampf habt.

Auch hier werdet ihr feststellen, daß ihr ruhiger werdet, wenn ihr die Übung macht. Diese Übung ist allerdings kürzer und ihr braucht schon eine bestimmte Routine mit der ausführlichen Entspannungsübung von der Kassette, daß ihr das auch toll schafft. Aber ihr habt ja jetzt schon toll mit der *Seite A* der Kassette und hier geübt, so daß wir jetzt die kürzere Übung ausprobieren können. Diese Übung habt ihr auf der zweiten Seite eurer Entspannungskassette und könnt sie ab heute auch zu Hause hören.

Wenn sie bei euch jetzt noch nicht so gut klappt, macht das nichts. Wir werden ja danach wieder über die Übung sprechen. Dann können wir ja wieder herausfinden, was euch gestört hat.

Setzt euch nun alle bequem hin. Streckt euch noch mal so richtig und holt tief Luft und atmet die ganze Luft wieder aus. Schaut mal, ich zeige euch, wie ihr am bequemsten sitzen könnt. Wir nennen diese Haltung „Droschkenkutschersitz": Legt einfach eure Unterarme und Hände ganz locker auf die Oberschenkel. Heute schließt ihr bitte eure Augen. Wenn ihr in Zukunft viel geübt habt, müßt ihr die Augen nicht unbedingt schließen, sondern könnt die Augen geöffnet halten und einfach auf den Boden gucken (2 sec Pause).

Versuche, eine ganz bequeme Haltung zu finden (5 sec Pause).

Weitere Instruktionen s. 7.1.7; Entspannungskassette, Seite B.

Auswertung:

Das habt ihr ja wieder super gemacht. Wenn ihr noch weiter so prima übt, werdet ihr unschlagbar sein!

Wie hat euch diese Entspannungsübung gefallen?

Wie fühlt ihr euch jetzt?

Hilft euch die Entspannungsübung, in Streßsituationen ruhiger zu werden oder ruhig zu bleiben?

Welche Situationen könnt ihr euch vorstellen, in denen ihr diese Übung machen könnt?

Stört euch irgendwas, so daß ihr sie lieber nicht macht? Was können wir ändern, damit ihr sie machen könnt und ihr euch dadurch wohler fühlt?

Diese kurze Entspannungsübung ist ja auf der zweiten Seite eurer Kassette, damit ihr auch diese kurze Übung jederzeit machen könnt.

2. *„So tun, als ob wir eine schwierige Klassenarbeit zurückbekommen": Rollenspiel*

Ziel	Erproben von erworbenen Handlungsroutinen Steigern der Kompetenzerwartung Modellernen
Dauer	ca. 20 Minuten
Durchführung	Stuhlkreis
Materialien	Schreibkarten, Arbeitsblatt „Streßkiller" (s. 7.2.12), Rollenspieltext (s. 7.1.8)

Instruktionen:

Heute machen wir wie bei den letzten Malen wieder ein Rollenspiel. Nun seid ihr ja schon Profis.

Nun, ich werde euch wieder eine Geschichte vorlesen und ihr sollt dann spielen, wie die Geschichte wohl weiter geht. Die Geschichte handelt von einem Mädchen, das eine schwere Klassenarbeit zurückbekommt:

Rollenspieltext s. 7.1.8

Wir wollen jetzt spielen, wie die Geschichte weitergehen könnte.

– Zuvor besprechen wir noch mal, um was es hier überhaupt geht.
– Was haben die unterschiedlichen Rollen zu spielen?
– Was denkt ihr, wie geht es weiter?

  Was könnte Kati gegen den Streß tun? Besprechen wir erst mal, welche *Mega-Stresser* den Streß bei Kati nicht wegmachen.

  Richtig, damit kriegen wir den Streß nicht in den Griff!

Fällt euch jetzt ein *Streßkiller* ein?
1 Minute überlegen lassen.

So, nun verteile ich euch noch ein Arbeitsblatt, auf dem ihr angebt, welche Streßkiller ihr könnt und üben möchtet. Lest und bearbeitet es in Ruhe.
Arbeitsblatt „Streßkiller" verteilen und ausfüllen lassen.

So, nun sucht euch einen Streßkiller davon aus, den ihr jetzt spielen möchtet. Schreibt diesen Streßkiller auf diese Karteikarte.
Die Streßkiller werden von den Kindern auf den Karteikarten vermerkt.

Wir spielen nun, wie die Geschichte weitergehen könnte, wenn Kati diesen *Streßkiller* einsetzt.
– Nun legen wir fest, welche Kinder die drei Rollen übernehmen.
– Die Kinder, die jetzt zuschauen, beachten bei Kati unsere drei wichtigen Dinge: die Streßsituationen, die Streßantworten und vor allem den *Streßkiller*.
– Nun kann's losgehen! Fangt damit an, daß Jasmin Kati fragt, ob sie eine schlechte Note in der Mathe-Arbeit erwartet.

Ende des Spiels: Klatschen

Auswertung:

s. Rollenspiel im vierten Sitzungstermin

Freies Spielen (5 Minuten)

3. „Zurück in die Zukunft: Was kann ich in Zukunft bei Streß tun?": Ausblick auf Rückfälle

Ziel	Identifikation von Rückfallfaktoren Ermittlung von Bewältigungsstrategien zur Rückfallverarbeitung und -prävention
Dauer	ca. 20 Minuten
Durchführung	an Gruppentischen
Materialien	Instruktionskarten als Erinnerungshilfen (vgl. 7.2.16)

Instruktionen:
Ich finde, ihr habt toll dazu gelernt. Nun wißt ihr aber selbst, daß ihr zwar jetzt besser mit Streß umgehen könnt, aber daß es immer wieder Streßsituationen geben kann, in denen ihr

nicht wißt, was der richtige Streßkiller ist. Oder ihr etwas macht, was nicht wirkt.
Ich hatte euch ja schon zu Anfang gesagt, daß wir den Streß nicht 100%ig verhindern können. Es ist ja sogar auch gut, in einer *gewissen Menge* Streß zu erleben. In den Situationen, in denen es schwer ist, alles in den Griff zu bekommen und ihr es aber trotzdem geschafft habt, lernt ihr sehr viel. Ihr erinnert euch, daß es schön ist, wenn wir auf uns stolz sind.
Fällt euch jetzt schon eine Streßsituation ein, bei der ihr so ein komisches Gefühl habt, daß ihr sie vielleicht in Zukunft mal nicht in den Griff bekommt?
Situationen sammeln. Ggf. auf die Streßsituationen des Arbeitsblattes „The winner is ..." zurückgreifen.

Ich möchte nun, daß ihr euch überlegt, wie ihr euch dann fühlt.
Was werdet ihr nach der Situation machen?
Nachfragen, ob das Kind dann in Zukunft Angst vor der Situation hat oder einfach ausprobiert, einen anderen Streßkiller einzusetzen.

Könnt ihr nun wieder in einem kurzen Rollenspiel darstellen, wie ihr die Streßsituation doch noch in den Griff bekommen könnt.
Damit jeder für zukünftige Streßsituationen, die ihr nicht so toll gelöst habt, einige einfache Regeln hat, kann jeder wieder ein kleines Erinnerungskärtchen mit seiner Regel beschriben. Ihr könnt auch dieses Kärtchen immer bei euch tragen.
Jedes Kind nennt und spielt den Umgang mit zukünftigen Streßsituationen.

Beispiele:
A: Ein Mädchen hat berichtet, daß es auf dem Nachhauseweg von anderen Mitschülern bedroht wird.
Lösung 1: Sie fragt einen netten Jungen in ihrer Klasse, ob er mit ihr gemeinsam nach Hause geht. Der antwortet ihr, daß er dazu keine Lust hat.
Lösung 2: Sie schaut sich die Situation genau an und entschließt sich, in einen Verein zu gehen, um Selbstverteidigung zu lernen. Bis sie sich sicher fühlt, schließt sie sich anderen Mädchen an und muß dafür auf dem Nachhauseweg einen kleinen Umweg machen.
Kärtchen: „Ich mache mir einen Plan!"

B: Ein Vater verbietet seinem Sohn, sofort nach der Schule Fußballspielen zu gehen, weil er Hausaufgaben machen soll. Diesmal hat er aber ausnahmsweise keine auf.

Lösung 1: Der Junge reagiert nicht gleich aggressiv („Ich gehe gleich in die Luft!" als Mega-Stresser). Der Vater ist völlig verunsichert und läßt nicht mit sich reden.

Lösung 2: Der Junge geht erst mal in sein Zimmer, um seine Lieblings-CD zu hören und an etwas Schönes zu denken. Später versucht er, noch mal seinen Vater anzusprechen.

Kärtchen: „Ich denke an etwas anderes!"

Hausaufgaben:

4. „Echt cooler Sound": Entspannungskassette, Seite B

Ziel	Einüben eines Entspannungsverfahrens im Alltag
Dauer	ca. 2 Minuten
Durchführung	Stuhlkreis
Materialien	Entspannungskassette (s. 7.1.7) und Arbeitsblatt A „Echt cooler Sound" (s. 7.2.6)

Instruktionen:

Da ihr ja prima die Entspannung geübt habt, könnt ihr nun bis zum nächsten Mal ausprobieren, ob denn die kürzere Entspannungsübung bei euch klappt. Dazu hört ihr bitte die Entspannungsübung auf *Seite B* der Entspannungskassette, und zwar am Anfang. Ich bin gespannt, ob sie euch auch gefällt und was ihr so beim nächsten Mal berichtet.

Ihr bekommt wieder ein Blatt für euren Flyer. Da wir uns ja erst in einer Woche wiedersehen, habt ihr auf diesem Blatt wieder Platz für die Beobachtungen der ganzen Woche.

5. „Space 2009: Meine Reise nach Eurion": Fantasy-Geschichte

Ziel	Auseinandersetzen mit zukünftigen Belastungssituationen Diagnostik bestehender Ängste
Dauer	ca. 8 Minuten
Durchführung	Stuhlkreis
Materialien	Arbeitsblatt „Space 2009: Meine Reise nach Eurion" (s. 7.2.10)

Instruktionen:

Als nächste Aufgabe möchte ich euch eine ganz interessante Aufgabe stellen. Sicher kennt ihr alle Fantasy-Geschichten. Ich würde euch gern bitten, bis zum nächsten Termin eine solche Story zu schreiben. Hierfür sollt ihr euch mal überlegen, welche Streßsituationen bald so auf euch zukommen könnten. Die sollt ihr euch dann ganz fest vorstellen. Damit das besser gelingt, sollt ihr eure Vorstellungen hier auf diesem Blatt aufschreiben. Das muß keine super tolle Geschichte werden, die den Nobelpreis kriegt, aber versucht mal, euch so genau wie möglich die Streßsituation vorzustellen. Stellt euch vor, ihr seid in dieser Zeit. Wie geht es euch? Was denkt ihr? Welche anderen Personen spielen eine Rolle? Was macht ihr in dieser Streßsituation? Seid ihr ganz allein? Ist jemand dabei?

Meint ihr, ihr schafft das? Ist noch was unklar? Ich weiß, daß das eine verzwickte Aufgabe ist!

Ihr habt ja auch schon das Spiel „Zurück in die Zukunft" gut geschafft. Das war ja so ähnlich wie diese Aufgabe.

Sechster Sitzungstermin

*Tabelle 4.4: Ziele, praktisches Vorgehen und Materialien der **sechsten** Trainingsstunde (AST_6).*

Ziele	Praktisches Vorgehen	Materialien
a) Innerhalb der Trainingsstunde		
Bewußtmachen des Streßgeschehens und der Bewältigungsstrategien, Besprechen bestehender Ängste	Besprechen der Hausaufgaben „Fantasy-Geschichte über zukünftige Streßbewältigung" und „Entspannungskassette, Seite B"	ausgefüllte Arbeitsblätter „Space 2009: Meine Reise nach Eurion" und „Echt cooler Sound"
Lernen eines Entspannungsverfahrens als Bewältigungsstrategie	Durchführen einer Kurzformel der Entspannung	Instruktion „Kurzformel"
Erproben erworbener Handlungsroutinen, Steigerrn der Kompetenzerwartung, Modellernen	Verhaltensübung: Spielen, Reflexion und erneutes Spielen des frei gewählten Themas einer Belastungssituation	
Verstärken erlernter Bewältigungsstrategien und Steigern der Kompetenzerwartungen	Rückblickendes Gespräch über frühere Schwierigkeiten bei der Streßbewältigung mit Bekräftigung seitens der Kinder und des Trainers	selbst ausgewähltes Videomaterial; Instruktionskarten als Erinnerungshilfen für zukünftige Belastungssituationen
Verstärken von Bewältigungsverhalten und Steigern der Kompetenzerwartungen	Rückblickendes Gespräch über die erworbenen Bewältigungskompetenzen mit Bekräftigung seitens der Kinder und des Trainers	selbst ausgewähltes Videomaterial; Instruktionskarten als Erinnerungshilfen für zukünftige Belastungssituationen
Identifikation von Rückfallfaktoren und Ermittlung von Bewältigungsstrategien zur Rückfallverarbeitung und -prävention	Vorstellungsübung über zukünftige Streßbewältigung	die im Training ausgefüllten Instruktionskarten; „Space 2009 plus 1: Meine Reisen von Eurion nach irgendwo"

„Na? Hausaufgaben gemacht?": Besprechen der Hausaufgaben

Ziel	Bewußtmachen des Streßgeschehens und der Bewältigungsstrategien
Dauer	ca. 25 Minuten
Durchführung	Stuhlkreis
Materialien	ausgefüllte Arbeitsblätter „Meine Reise nach Eurion" und „Echt cooler Sound"; Blatt „Kurzformel" (s. 7.2.8)

Auswertung:
Ich hatte euch wieder zwei Aufgaben für heute gestellt. Ich würde gern wissen, was ihr so beobachtet habt. Fangen wir zuerst an mit dem Flyer „Space 2009: Meine Reise nach Eurion". Was habt ihr notiert? Konntet ihr euch vorstellen, welche Streßsituation in einiger Zeit auf euch zukommt und wie ihr dann damit umgeht? Das war keine leichte Aufgabe, oder?

Ich hoffe, ihr habt auch daran gedacht, daß es hier nicht darauf ankam, daß ihr ganz viel auf dem Flyer stehen habt. Wie war unsere Devise noch? Genau, langsam, aber fleißig ernährt sich das Eichhörnchen!
Durchgehen der Arbeitsblätter „Meine Reise nach Eurion" (im Uhrzeigersinn).

Also, ich finde, daß ihr diese schwere Aufgabe schon sehr gut gelöst habt. Ihr habt wirklich viel gelernt und könnt riesig stolz darauf sein, was ihr alles geschafft habt.

Als Nächstes kommt wieder meine Standardfrage!
Genau, ob ihr die Entspannungskassette gehört habt. Wann habt ihr sie gehört? Wie habt ihr euch dabei entspannen können? Wie hat die kürzere Form geklappt? Wie hat euch die kürzere Form diesmal gefallen?
Durchgehen der Arbeitsblätter „Echt cooler Sound" (gegen den Uhrzeigersinn). Bei Problemen einfach alle Kinder diese Muskelgruppe entspannen lassen.

Kurzformel

Instruktionen:
Ihr habt ja nun schon gelernt, wie ihr die Entspannungsübung machen könnt, ohne daß andere da etwas von merken. Unsere neue Übung heute ist super kurz. Sie dauert nur ca. 2,5 Minuten. Die Übung nenne ich *„Kurzformel der Entspannung"*. Die klappt aber nur, wenn ihr die anderen Übungen ganz fleißig jeden Tag gemacht habt. Die Kurzformel könnt ihr euch dann sagen, wenn ihr in einer Streßsituation seid. Also, wenn ihr einen unangekündigten Test schreibt und ihr merkt, daß ihr ganz unruhig seid und euch gar nicht konzentrieren könnt. Da habt ihr nicht die Zeit, die längeren Übungen zu machen.
Oder ihr könnt die Formel zum Beispiel auch einsetzen, wenn euch jemand stark geärgert hat. Damit ihr nicht „in die Luft geht", könnt ihr euch diese Kurzformel denken.
Mit dieser Kurzformel könnt ihr in wenigen Minuten ruhiger werden.

Verteilen der Blätter „Kurzformel":
Hier nun ein Blatt mit der Kurzformel für euren „Streß-Flyer".
Ich werde euch diese Kurzformel erst mal vorlesen. Achtet auch auf die Pausen, die ich mache.

Nun möchte ich, daß einer von euch diese Sätze laut vorliest.
Falls noch ein Kind mag, dieses auch vorlesen lassen.

Toll, nun schauen wir mal, ob ihr euch entspannen könnt, wenn ich euch nun die Kurzformel sage. Setzt euch wieder bequem in den „Droschkenkutschersitz", laßt aber die Augen geöffnet. Räkelt euch noch mal und dann fangen wir an.

Kurzformel s. 7.2.8

Auswertung:
Wie war das für euch? Habt ihr das Gefühl, daß ihr ruhiger seid?

Die Kurzformel ist ja auch auf eurer Kassette, und zwar auf der *Seite B* hinter der kurzen Entspannungsübung. So könnt ihr sie zu Hause auch hören und einüben. Ihr könnt sie bestimmt bald auswendig.

Darstellung des Themas „Streß":

1. *„So tun, als ob???": Rollenspiel*

Ziel	Erproben von erworbenen Handlungsroutinen Modellernen Steigern sozialer Kompetenzen
Dauer	ca. 20 Minuten
Durchführung	Stuhlkreis
Material	Schreibkarten, Arbeitsblatt „Streßkiller" (s. 7.2.12)

Instruktionen:
Heute machen wir wie bei den letzten Malen wieder ein Rollenspiel. Das Besondere ist nun, daß ihr heute zu einem Thema ein Rollenspiel machen könnt, was von euch in der Gruppe festgelegt wird. Ich gebe euch also kein Thema vor, sondern ihr sucht euch selbst etwas aus. Wir brauchen dafür wieder drei Rollen.
Überlegt mal, welche Streßsituation wir spielen sollen. Wir können auch ruhig noch ein anderes Thema danach spielen. Was wäre eine *Streßsituation*?
Anleiten der Kinder zu einem Thema.

Gut, also nun haben wir ein Thema und ihr habt euch auch schon eine Geschichte ausgedacht.

Dann wollen wir jetzt wieder spielen, wie die Geschichte weitergehen könnte.
– Zuvor besprechen wir noch mal, um was es hier überhaupt geht.
– Was haben die unterschiedlichen Rollen zu spielen?
– Was denkt ihr, wie geht es weiter? Was könnte X gegen den Streß tun? Besprechen wir erst mal, welche *Mega-Stresser* den Streß bei X nicht wegmachen.
 Richtig, damit kriegen wir den Streß nicht in den Griff!

Fällt euch jetzt ein *Streßkiller* ein?
1 Minute überlegen lassen.

So, nun verteile ich euch noch ein Arbeitsblatt, auf dem ihr angebt, welche Streßkiller ihr könnt und üben möchtet. Lest und bearbeitet es in Ruhe.
Arbeitsblatt „Streßkiller" verteilen und ausfüllen lassen.

So, nun sucht euch einen Streßkiller davon aus, den ihr jetzt spielen möchtet. Schreibt diesen Streßkiller auf diese Karteikarte.
Die Streßkiller werden von den Kindern auf den Karteikarten vermerkt.

Wir spielen nun, wie die Geschichte weitergehen könnte, wenn X diesen *Streßkiller* einsetzt.

- Nun legen wir fest, welche Kinder die drei Rollen übernehmen.
- Die Kinder, die jetzt zuschauen, beachten bei X unsere drei wichtigen Dinge: die Streßsituationen, die Streßantworten und vor allem den *Streßkiller*.
- Nun kann's losgehen! Fangt bitte damit an, daß ...

Ende des Spiels: Klatschen

Auswertung:

s. Rollenspiel im vierten Sitzungstermin

Freies Spielen (5 Minuten)

2a. „Ich glotz TV: Guck mal, wie es früher mal war": Rückblick auf Schwierigkeiten bei der Streßbewältigung

Ziel	Positive Verstärkung erworbener Bewältigungsfertigkeiten Steigern der Kompetenzerwartungen
Dauer	ca. 10 Minuten
Durchführung	an Gruppentischen
Materialien	Videomaterial aus den Rollenspielen und dem Spiel „Zurück in die Zukunft"; ausgefüllte Instruktionskarten (s. 7.2.16)

Instruktionen:

Ich finde, ihr habt toll dazugelernt. Damit ihr das auch mal sehen könnt, werde ich euch nun mal einige Videoausschnitte vorspielen. Auf den Videos werdet ihr euch entdecken. Jeder von euch wird in einem Ausschnitt zu sehen sein, bei dem wir sehen, wie ihr mit einer Streßsituation umgegangen seid. Dabei zeige ich euch erst mal Aufnahmen, wo ihr den Streß noch nicht so gut im Griff hattet. Später zeige ich euch dann noch weitere Filme, wo das schon gut geklappt hat.

Ich fange an mit... Schaut euch den Film genau an. Guckt mal, ob ihr wieder die vier wichtigen Punkte entdeckt:
1. Die *Streßsituation*,
2. Die *Streßantwort*,
3. Der *Streßkiller* oder gar der Mega-Stresser und
4. Die *Happy-Hippo-Laune*.

Auswertung:

Wie findest du dein Video?
Findest du, die Situation hattest du im Griff?
Kannst du die wichtigen Punkte benennen?
Wie finden die anderen das Video?
Bekräftigen und alle Sequenzen vorführen und mit dem Kind besprechen. An die Erinnerungskärtchen erinnern oder ein neues schreiben.

2b. „Ich glotz TV: Guck mal, was ich schon erlernt habe": Rückblick auf Gelingen der Streßbewältigung

Ziel	Positive Verstärkung erworbener Bewältigungsfertigkeiten Steigern der Kompetenzerwartungen
Dauer	ca. 10 Minuten
Durchführung	an Gruppentischen
Material	Videomaterial aus den Rollenspielen und dem Spiel „Zurück in die Zukunft"; ausgefüllte Instruktionskarten (s. 7.2.16)

Instruktionen:

So, daß ihr aber wirklich toll dazugelernt habt, seht ihr in den nächsten Videos. Jeder von euch wird wieder in einem Ausschnitt zu sehen sein, bei dem wir sehen, wie ihr mit einer Streßsituation umgegangen seid. Und bei diesem Video finde ich, habt ihr das schon toll gemacht. Ich bin gespannt, ob ihr mir da zustimmt. Ob ihr auch findet, daß ihr da den Streß im Griff hattet.

Weitere Instruktionen und die Auswertung sind identisch zu dem vorigen Spiel 2a.

3. „Space 2009 plus 1: Meine Reise von Eurion nach irgendwo": Fantasy-Geschichte

Ziel	Identifikation von Rückfallfaktoren Diagnostik bestehender Ängste Ermittlung von Bewältigungsstrategien zur Rückfallverarbeitung und -prävention Auseinandersetzen mit zukünftigen Belastungssituationen
Dauer	ca. 20 Minuten
Durchführung	an Gruppentischen
Materialien	Arbeitsblatt „Space 2009 plus 1: Meine Reise von Eurion nach irgendwo" (s. 7.2.11)

Instruktionen:

Als nächste Aufgabe möchte ich euch noch einmal diese ganz interessante Aufgabe stellen: Eine Fantasy-Geschichte. Ich würde euch gern bitten, euch nun fünf Minuten eine solche Story vorzustellen und die wichtigsten Punkte aufzuschreiben. Hierfür sollt ihr euch wieder überlegen, welche Streßsituationen bald so auf euch zukommen könnten. Die sollt ihr euch dann ganz fest vorstellen. Das muß wieder keine super tolle Geschichte werden, sondern es reichen Notizen. Die sollen für euch eine Hilfe sein, wenn ihr uns von der Story berichtet.

Versucht mal, euch so genau wie möglich, die Streßsituation vorzustellen. Stellt euch vor, ihr seid in dieser Zeit. Wie geht es euch? Was denkt ihr? Welche anderen Personen spielen eine Rolle? Was macht ihr in dieser Streßsituation? Seid ihr ganz allein? Ist jemand dabei?

Ihr habt das ja schon letztens gut geschafft, obwohl es eine verzwickte Aufgabe ist!

Auswertung:

Jedes Kind liest seine Geschichte vor. Bekräftigen erfolgreicher Streßbewältigung und Thematisieren ungünstiger Bewältigungsmaßnehmen.

Also, ich finde, daß ihr diese schwierige Aufgabe schon ganz toll gelöst habt. Ihr habt wirklich sehr viel dazu gelernt. Ihr habt jetzt sogar schon über zukünftige Streßsituationen nachgedacht. Ihr könnt riesig stolz darauf sein, daß ihr euch tolle Streßkiller überlegt habt, mit denen ihr den Streß dann in den Griff bekommt.

Erinnerung an die Entspannungskassette; Erinnerungsblatt „Streßkiller" (s. 7.2.13)

Zum Schluß möchte ich euch noch einmal daran erinnern, daß ihr ja jederzeit die Entspannungskassette zur Verfügung habt. Ihr könnt also in Pausen die Kassette hören und euch mit dieser Kassette gut entspannen. Das ist ja ein toller Streßkiller! ihr habt aber gelernt, daß ihr viele Möglichkeiten habt, mit den Streßsituationen umzugehen. Ihr müßt versuchen, den richtigen Streßkiller für die jeweilige Streßsituation auszusuchen. Ich bin sicher, daß ihr das schafft, und ihr werdet sehen, daß ihr die Situation in den Griff bekommt. Ihr habt ja schon im Training gezeigt, daß ihr das toll könnt.

Wenn ihr mal nicht mehr so sicher seid, was ihr in den Streßpausen zur Erholung machen könnt, habt ihr ja euer Erinnerungsblatt. Nun gebe ich euch noch ein Blatt mit, und zwar ein Erinnerungsblatt für eure Streßkiller. Da stehen die Streßkiller drauf, die wir hier besprochen haben. Dann könnt ihr immer in eurem „Streß-Flyer" nachschauen, wenn ihr euch nicht sicher seid. Vielleicht habt ihr ja auch Lust, ein Rollenspiel mal mit euren Eltern oder Freunden zu Hause zu machen. Dann könnt ihr noch mal üben und eure Eltern und Freunde lernen dann auch, wie sie den Streß besser in den Griff kriegen.

Erinnerungsblatt „Streßkiller" austeilen. Die Urkunden können am Ende des Trainings oder im Nachgespräch verliehen werden (s. 7.2.18).

4.3 Trainingsspezifische Arbeitsmaterialien

Übersicht

Tabelle 4.5: Überblick über das Training (AST_6).

Wann?	Was?
Erste Trainingsstunde	Was ist Streß? Was liegt in den Sitzungen an? Spiele: • Pantomimen-Spiel „Ich fühle mich ganz ..." • Hörspiel „Dr. Beat" • „Streßwaagen-Spiel, die Erste" Hausaufgabe: • „Mal gucken, was ich schon gelernt habe"
Zweite Trainingsstunde	Na? Hausaufgaben gemacht??? Kennenlern-Übung: • Entspannung Spiele: • Video-Spiel „Was tun bei Streß?" • „Stolz wie ... ich!" • „Streßwaagen-Spiel, die Zweite" Hausaufgabe: • „Noch mal gucken, was ich schon gelernt habe"
Dritte Trainingsstunde	Na? Hausaufgaben gemacht??? Übung: • Entspannung Spiele: • „Cool-man-Spiel" • „So tun, als ob wir eine Klassenarbeit schreiben" Hausaufgaben: • „Echt cool, man" • „Echt cooler Sound"
Vierte Trainingsstunde	Na? Hausaufgaben gemacht??? Übung: • Entspannung Spiele: • „So tun, als ob mein bester Freund gehänselt wird" • „Zurück in die Vergangenheit: Was habe ich gelernt?" Hausaufgaben: • „Echt cooler Sound" • „The winner is ..."
Fünfte Trainingsstunde	Na? Hausaufgaben gemacht??? Übung: • Entspannung „In der Kürze liegt die Würze" Spiele: • „So tun, als ob wir eine schwierige Klassenarbeit zurückbekommen" • „Zurück in die Zukunft: Was kann ich in Zukunft bei Streß tun?"

Tabelle 4.5: Fortsetzung

Wann?	Was?
Fünfte Trainingsstunde	Hausaufgaben: • „Echt cooler Sound" • Fantasy „Space 2009: Meine Reise nach Eurion"

Sechste Trainingsstunde	Na? Hausaufgaben gemacht???
	
	Übung:
	• Entspannung „Schnell wie der Schall"
	
	Spiele:
	• „So tun, als ob wir ???"
	• „Ich glotz TV:
	  Guck mal, wie es früher mal war.
	  Guck mal, was ich gelernt habe"
	• Fantasy „Space 2009 plus 1: Meine Reise von Eurion nach irgendwo"

5 Kurzversion des Anti-Streß-Trainings (AST_4)

5.1 Stundenübersicht

Tabelle 5.1: Ablauf des Trainings im Überblick (AST_4).*

Programmeinheit	Programminhalte

Erste Trainingsstunde	• Begrüßung, Vertrag und Kennenlernspiel (10)
	• Zum Begriff „Streß" und Zielbestimmung des Trainings (8)
	• Vorstellung der Trainingsinhalte (2)
	• Darstellung des Themas „Streß":
	  1. Pantomimen-Spiel „Ich fühle mich ganz ..." (20)
	• Freies Spielen (10)
	  2. Spiel zur Körperwahrnehmung „Dr. Beat" (20)
	  3. Informationssammlung „Erholungsaktivitäten" (15)
	• Vorstellung der Hausaufgaben:
	  4. Selbstbeobachtung „Erholung" (5)

Zweite Trainingsstunde	• Ballspiel und Besprechen der Hausaufgaben (10)
	• Darstellung des Themas „Streß":
	  1. Entspannung als emotionsregulierende Bewältigungsstrategie:
	    Einführung und erste Übung (25)
	  2. Videobeispiel „Effektive/ineffektive Bewältigung" (20)
	• Freies Spielen (5)
	  3. „Streßwaagen-Spiel, die Erste" (20)
	• Vorstellung der Hausaufgaben:
	  4. Selbstbeobachtung „Streßwaage 1" (5)
	  5. Entspannungskassette, Seite A (5)

Dritte Trainingsstunde	• Ratespiel und Besprechen der Hausaufgaben (20)
	• Darstellung des Themas „Streß":
	  1. Entspannung: Zweite Übung (15)
	  2. Spiel: „Stolz wie ... ich!" (15)
	• Freies Spielen (5)
	  3. „Streßwaagen-Spiel, die Zweite" (30)
	• Vorstellung der Hausaufgaben:
	  4. Selbstbeobachtung „Streßwaage 2"
	  5. Entspannungskassette, Seite B (5)

Vierte Trainingsstunde	• Besprechen der Hausaufgaben (20)
	• Darstellung des Themas „Streß":
	  1. Entspannung: Kurzformel (10)
	  2. Rollenspiel: Klassenarbeit schreiben (25)
	• Freies Spielen (5)
	  3. Rück- und Ausblick auf Ge- und Mißlingen der Streßbewältigung (20, 10)
	• Erinnerung an die Entspannungskassette

* Anmerkung: In Klammern ist die Dauer des Trainingselementes in Minuten angegeben.

5.2 Instruktionen

Erster Sitzungstermin

*Tabelle 5.2: Ziele, praktisches Vorgehen und Materialien der **ersten** Trainingsstunde (AST_4).*

Ziele	Praktisches Vorgehen	Materialien
a) Innerhalb der Trainingsstunde		
Aufstellen von Verhaltensregeln zur Teilnahme am Training	Gespräch über die Bereitschaft zur aktiven Teilnahme am Training	Vertragsentwurf
Vertrautwerden mit den anderen Teilnehmern	Spielerisches Vorstellen	großer Luftballon
Information und Motivation	Überblick über die Trainingsinhalte	Memo-Karten Übersicht
Differenzierte Wahrnehmung: Diskrimination von Emotionen	Pantomimen-Spiel „Ich fühle mich ganz ..."	Karten „Emotionen und Stimmung"
Differenzierte Wahrnehmung: Diskrimination von körperlichen Streßreaktionen	Spiel zur Körperwahrnehmung „Dr. Beat"	Instruktionen zur Körperwahrnehmung
Differenzierte Wahrnehmung: Erholungsaktivitäten	Sammeln von individuellen Erholungsaktivitäten	
b) Außerhalb der Trainingsstunde		
Übertragen von Bewältigungsstrategien auf den Alltag	Ruhe- und Entspannungsphasen einbauen	Arbeitsblatt „Cool-man"

Begrüßung und Vorstellung (10 Minuten)

Vertrag (optional; s. 7.2.2)

Eure Eltern haben euch ja sicher von unserem Vertrag erzählt. Das ist so eine Art Profivertrag. Ich bin sozusagen euer Trainer und versichere euch, bei jedem Training für euch da zu sein. Genauso möchte ich, daß ihr euch verpflichtet, bei jedem Treffen da zu sein und pünktlich zu kommen. Außerdem ist es wichtig, daß ihr im Training die Spiele alle mitmacht und auch die Hausaufgaben macht. Überlegt nun bitte, ob ihr damit einverstanden seid. Wenn ja, dann unterschreibt bitte hier. Ich unterschreibe dann dort.
Den Vertrag könnt ihr jetzt in eure Arbeitsmappe heften. Ihr bekommt im Training noch weitere Blätter. Sammelt alle Blätter hier in diesem Hefter und bringt den Hefter bei jedem Training mit. Kennt ihr den Begriff „Flyer"?

Gut, ich schlage vor, wir nennen diesen Hefter „Streß-Flyer".
Den Kindern das Deckblatt der Arbeitsmappe (s. 7.2.1) geben.

Vorstellung

Beschriften eines Namensschildes (s. 7.2.3)
Damit wir auch unsere Namen wissen, gebe ich euch ein Namensschild, das ihr jetzt beschriften und aufstellen könnt.
Nun sollten wir uns alle erst mal kennenlernen. Hierzu schlage ich vor, daß wir der Reihe nach unsere Vor- und Nachnamen sagen. Damit wir schon etwas mehr voneinander wissen, sagt jeder noch sein liebstes Hobby und warum ihm dieses Hobby so gefällt.

Ich fange jetzt einfach mal an und ihr seid danach dran. Ich werde dann den Luftballon an den nächsten weitergeben, derjenige stellt sich dann vor und gibt den Luftballon an den nächsten weiter. So geht es weiter, bis wir uns alle vorgestellt haben.

Ich heiße ..., mein Hobby ist ..., weil ...

So, der nächste macht weiter. Hier der Ballon!

Die Kinder stellen sich der Reihe nach vor.

Das fand ich sehr interessant, was ihr alle so macht. Nun kennen wir uns schon ein wenig und können mit dem Training beginnen.

Zwischen unseren Aufgaben machen wir bei jedem Treffen eine Spielpause. Da könnt ihr frei spielen. Dazu könnt ihr, wenn ihr möchtet, die Spielsachen, die ihr hier seht, gebrauchen.

So, setzen wir uns nun alle im Halbkreis auf den Boden.

Zum Begriff „Streß" (8 Minuten)

Instruktionen:

Wie ihr wißt, werden wir ein Anti-Streß-Training in den nächsten drei Sitzungen machen.

Wißt ihr was Streß ist oder wie ihr euch fühlt, wenn ihr Streß habt? Wir könnten statt „ich bin im Streß" auch sagen: „ich fühle mich unter Druck gesetzt".

Tafel: Was ist Streß?

Ich sehe, ihr habt schon alle eine Vorstellung, was Streß ist und unsere Aufgabe ist, uns noch klarer zu werden, was Streß ist. Auch wenn ihr schon etwas wißt, möchte ich hier das Wort „Streß" kurz erklären. Später werden wir immer mehr über den Streß erfahren.

Das Wort „Streß" ist sowieso ein sehr schwieriges Wort. Wir sollten es eigentlich so verwenden:

Wir sollten besser sagen, wann ihr Streß erlebt. Also: Wann fühlt ihr euch unter Druck gesetzt? Oder: Welche *Streßsituationen* gibt es? Zum Beispiel wenn ihr eine Klassenarbeit schreiben müßt.

Memo-Karte „Streßsituationen" (s. 7.1.1) hinlegen.

Und wir sollten besser sagen, woran wir merken, daß wir in einer Streßsituation sind: Also welche *Streßantworten* bemerken wir an uns? Z.B. wenn sich alle Gedanken in unserem Kopf nur noch drehen und wir gar keine „klaren" Gedanken mehr fassen können.

Memo-Karte „Streßantworten" (s. 7.1.1) hinlegen.

Und wir sollten besser sagen, was wir in einer solchen Streßsituation machen, um den Streß in den Griff zu kriegen. Also: Was können wir tun gegen Streß? Ich nenne das ein-

fach *Streßkiller.* Z.B. wenn ihr euch erst mal durch langsames Ein- und Ausatmen beruhigt, bevor ihr euch die Aufgaben der Klassenarbeit anguckt.

Memo-Karte „Streßkiller" (s. 7.1.1) hinlegen.

Jeder von euch schreibt jetzt bitte die drei Begriffe auf eine Karte, also: Streßsituationen, Streßantworten und Streßkiller.

Bevor wir nun richtig beginnen, ist mir aber noch wichtig, euch zu sagen, welches *Ziel* dieses Training hat: Am Ende wißt ihr viel mehr darüber...

- wann ihr Streß erlebt, also über die *Streßsituationen,*
- wie ihr euch fühlt, wenn ihr Streß habt, also über die *Streßantworten* und
- was ihr gegen Streß machen könnt, also über die *Streßkiller.*

Es ist besonders wichtig, daß ihr lernt, was ihr gegen Streß tun könnt. Das Ziel ist aber nicht, daß ihr gar keinen Streß mehr habt. Es ist auch gar nicht so gut, denn ein bißchen Streß ist ja auch ganz

gut. Ohne Streß strengt man sich vielleicht gar nicht mehr an, etwas gut zu schaffen.

Wir können aber erreichen, daß ihr die *Streßsituationen* und eure *Streßantworten* besser erkennt und den Streß besser in den Griff bekommt.

Vorstellung der Trainingsinhalte der vier Sitzungen (s. Tab. 5.6) mit der Dauer von ca. 2 Minuten. Die Übersicht dient als Leitfaden für die jeweilige Sitzung. Ein Kind kann zum Beispiel immer aufgefordert werden, mit einem Stift zu markieren, welches Spiel nun gespielt wird.

Darstellung des Themas „Streß":

1. Pantomimen-Spiel: „Ich fühle mich ganz ..." (vgl. Dirks et al., 1993)

Zunächst wird ein Pantomimen-Spiel durchgeführt, um die Kinder schon früh aktiv mit einzubeziehen.

Ziel	Sensibilisierung für die Selbst- und Fremdwahrnehmung und das Ausdrücken emotionaler Streßreaktionen
Dauer	ca. 20 Minuten
Durchführung	auf dem Boden beginnen
Materialien	Karteikarten mit Gefühlen „Angst, Ärger, Trauer, innere Erregtheit, Freude" und der Stimmung „positives Wohlbefinden" (vgl. 7.1.2)

Instruktionen:

Damit wir etwas gegen Streß unternehmen können, müssen wir vor allem erkennen, was uns in Streß versetzt und was dann mit uns passiert. Damit ihr bei diesen Treffen zum Streßexperten werdet, müßt ihr einige Rätsel lösen. So müssen wir zum Beispiel herausfinden, was ihr bei Streß empfindet.

Deswegen möchte ich jetzt mit euch ein Spiel machen, bei dem ihr erkennt, wann ihr Streß oder eben keinen Streß erlebt.

Dieses Spiel heißt „Ich fühle mich ganz ..." und hierzu brauchen wir diese sechs Karten, auf denen jeweils ein Gefühl steht. Es müssen immer zwei zusammenspielen. Dabei ist im Wechsel einer der Darsteller und der andere der Zuschauer. Als Darsteller ist es eure Aufgabe, das Gefühl, das auf der Karte steht, nachzustellen. Hierbei dürft ihr aber keine Worte benutzen, ihr sollt also eine Pantomime spielen. Als Zuschauer ist es eure Aufgabe, das Gefühl, das euer Partner euch vorstellt, zu erkennen und ihm eure Lösung ins Ohr zu flüstern.

Wenn alle fertig sind, sagt ihr mir die Lösungen laut und woran ihr die Gefühle erkannt habt.

Wenn alle Kinder durch sind, die anderen Begriffe nochmals raten lassen:

Das ist ja toll, ihr habt alle die gespielten Gefühle eures Partners gewußt. Jetzt tauscht eure Karten aus und nun stellt ihr die Gefühle dar, die ihr eben erkennen mußtet.

Auswertung:

Na, habt ihr das erste Rätsel gelöst? Was glaubt ihr, waren die sechs Gefühle?
Woran habt ihr die Gefühle erkannt?
Alle sechs Begriffe durchgehen.

Richtig.
So, nun waren einige Gefühle dabei, die ihr im Streß erlebt. Welche waren das?
Angst, Ärger, Trauer, Aufregung

Und dann waren Gefühle dabei, die ihr habt, wenn ihr keinen Streß habt. Welche waren das?
Freude, sich wohl fühlen

Freies Spielen (10 Minuten)

2. Spiel zur Körperwahrnehmung „Dr. Beat"

Ziel	Sensibilisierung der körperbezogenen Selbstwahrnehmung
Dauer	ca. 20 Minuten
Durchführung	im Stuhlkreis beginnen
Materialien	Instruktionen zur Körperwahrnehmung (s. 7.1.3)

Instruktionen:

Nachdem ihr nun schon das Rätsel gelöst habt, was ihr fühlt, wenn ihr in einer Streßsituation seid, habe ich nun eine Aufgabe, bei der ihr ganz genau in euren Körper hören müßt. Deswegen heißt das Spiel „Dr. Beat". Wenn ihr nämlich mal versucht, auf euer Herzklopfen zu achten, hört ihr oder fühlt ihr euren Herzschlag.

Wir machen jetzt erst mal eine ganz kleine Aufgabe: Versucht jetzt mal eine Minute, ganz still zu sitzen und ganz genau euer Herzklopfen zu spüren.
Eine Minute abwarten.

Na, schlug es schnell? Oder langsam? Nun macht jeder ganz schnell zehn Kniebeugen und danach hört ihr wieder eine Minute in euren Körper. Sind alle soweit? Und los!

So, nun habt ihr schon mal gemerkt, daß euer Herzschlag sich verändert. Seid ihr ruhig und entspannt, schlägt euer Herz auch ruhig. Seid ihr aber aufgeregt oder habt euch gerade körperlich angestrengt, dann kann euer Herz ganz stark klopfen.
Nun machen wir noch andere Übungen, bei denen ihr euren Körper genau beobachten müßt.
Die Übungen können von dem Trainer zusammengestellt werden. Es wird empfohlen, zunächst Übungen durchzuführen, die die Kinder alleine machen, wie bei dem „Zeig her deine Hände" oder „Nur Fliegen ist schöner". Anschließend kann dann die Partnerübung „Pinocchio" durchgeführt werden.

Instruktion der Übungen zur Körperwahrnehmung s. 7.1.3

3. „Cool-man-Spiel": Informationssammlung „Erholungsaktivitäten"

Ziel	Sensibilisierung für die Wahrnehmung von Erholungsaktivitäten (s. Erinnerungsblatt „Streß-Pausen", 7.2.15)
Dauer	ca. 15 Minuten
Durchführung	an Gruppentischen
Materialien	Schreibkarten

Instruktionen:
Jetzt habt ihr schon schwierige und wichtige Rätsel gelöst und ihr wißt jetzt,
- woran ihr merkt, daß ihr in einer Streßsituation seid

Nun erlebt ihr zum Glück nicht den ganzen Tag Streß. In den „Streß-Pausen" könnt ihr euch ausruhen und abschalten. Diese Pausen sind nicht nur wichtig, daß ihr euch von Anstrengungen erholt, sondern auch, daß ihr neue Energie sammelt für die nächste Anstrengung.

Nun wieder ein Rätsel: Wißt ihr, was ihr alles machen könnt, um euch in solchen Pausen zu erholen? Das gehört alles zu unserem Streßkiller „Pause machen".
Karten schreiben und an die Magnettafel/Pinnwand heften.

Hausaufgaben:

Instruktionen:
Damit ihr noch mal testen könnt, ob unsere Lösungen der vielen Rätsel auch so richtig sind, gebe ich euch bis zum nächsten Mal eine Aufgabe auf.
Für die Aufgabe verteile ich euch dieses Blatt für euren „Streß-Flyer". Ihr werdet ja noch andere Blätter von mir im Training bekommen. Dieses hier sollt ihr ausfüllen, andere müßt ihr nur lesen.

4. „Echt cool, man": Selbstbeobachtung „Erholungsaktivitäten"

Ziel	Übertragen der Bewältigungsstrategien auf den Alltag
Dauer	ca. 5 Minuten
Durchführung	an Gruppentischen
Materialien	Arbeitsblatt „Cool-man" (s. 7.2.5)

Instruktionen:
Die Aufgabe besteht darin, daß ihr mal prüft, ob ihr die Erholungsaktivitäten, die eben jeder für sich herausgefunden hat, nicht öfter am Tag einsetzen könnt. Beobachtet, was ihr in den Pausen macht und, ob ihr eure Erholungsaktivitäten dann machen könnt. Tragt das bitte in dieses Blatt hier ein.

Falls das AST in der Klinik durchgeführt wird:
Sicher sind hier die Möglichkeiten nicht so groß wie bei euch zu Hause, aber bestimmt findet ihr eine Lösung, euch in den Pausen zu entspannen.

Ich bin gespannt, was ihr alles so gemacht und erlebt habt und wünsche euch viel Erfolg.
Wenn es euch schwerfällt, eure Beobachtungen aufzuschreiben, gebt nicht auf, etwas einzutragen. Ihr findet bestimmt etwas.

Zweiter Sitzungstermin

*Tabelle 5.3: Ziele, praktisches Vorgehen und Materialien der **zweiten** Trainingsstunde (AST_4).*

Ziele	Praktisches Vorgehen	Materialien
a) Innerhalb der Trainingsstunde		
Vertrautwerden mit den anderen Teilnehmern	Spielerisches Vorstellen	großer Luftballon
Bewußtmachen der Bewältigungsstrategien	Besprechen der Hausaufgaben „Erholung"	ausgefüllte Arbeitsblätter „Cool-man"
Lernen eines Entspannungsverfahrens als Bewältigungsstrategie	Einführung und Durchführung einer Entspannungsübung	Instruktion „Entspannungsübung I"
Differenzierte Wahrnehmung: Diskrimination von Bewältigungsstrategien	Modellernen und Gespräch über Bewältigungsstrategien	Videofilm „Effektive vs. ineffektive Bewältigungsstrategien"
Wissensvermittlung und differenzierte Wahrnehmung von Belastungssituationen, Streßreaktionen und Bewältigungsstrategien; Reformulierung des Streßgeschehens	Gespräch über das Streßmodell	Modell der Streßwaage
b) Außerhalb der Trainingsstunde		
Selbstbeobachtung von Belastungssituationen, Streßreaktionen und Bewältigungsstrategien	Selbstbeobachtung „Streßwaage"	Arbeitsblatt „Streßwaage 1"
Übertragen einer Bewältigungsstrategie auf den Alltag	Entspannungsübungen mit Hilfe der Kassette durchführen	Entspannungskassette (Seite A) und Arbeitsblatt A „Echt cooler Sound!"

Spiel zur Erinnerung an die Namen der Gruppenmitglieder (2 Minuten)

Instruktionen:
Bevor wir heute anfangen, möchte ich mal schauen, ob ihr euch denn noch an alle unsere Namen erinnert. Wir stellen uns nun wieder im Kreis auf und nehmen unseren Ballon. Ich werfe jetzt den Ballon an den nächsten und sage dabei seinen Namen. Ihr wählt dann auch jemanden aus und nennt seinen Namen, bevor ihr ihm den Ballon zuwerft. Und so geht es dann weiter.

„Na? Hausaufgaben gemacht?": Besprechen der Hausaufgaben

Ziel	Bewußtmachen der Bewältigungsstrategien
Dauer	ca. 8 Minuten
Durchführung	auf dem Boden
Materialien	ausgefüllte Arbeitsblätter „Echt cool, man", Erinnerungsblatt „Streß-Pausen" (s. 7.2.15)

Auswertung:
Ich hatte euch eine Aufgabe für heute gestellt. Habt ihr alle euren „Streß-Flyer" mit?

Was habt ihr beobachtet in euren Pausen? Wie habt ihr euch erholt? Konntet ihr eure eigenen Erholungsaktivitäten machen, die wir letzte Stunde herausgefunden haben? Oder habt ihr vielleicht andere Dinge zur Erholung gemacht?
Durchgehen der Arbeitsblätter „Echt cool, man".

Ich gebe euch hier eine Liste mit Erholungsaktivitäten, die ich für euch zusammengestellt habe. Das sind alles Dinge, die mir andere Kinder genannt haben. Schaut mal drauf! Fehlt euch etwas? Dann schreibt es einfach dazu!
Austeilen des Erinnerungsblattes „Streß-Pausen".

Darstellung des Themas „Streß":

1. Entspannung: Einführung und erste Übung (nach Florin, 1975; Petermann, 1996)

Ziel	Lernen eines Entspannungsverfahrens als Bewältigungsstrategie
Dauer	ca. 25 Minuten
Durchführung	auf dem Boden (falls nicht möglich: Stuhlkreis)
Materialien	Instruktionen „Entspannungsübung I", ggf. Kissen und Decken (identisch mit der Instruktion der Entspannungskassette auf der Seite A; S. 7.1.7)

Instruktionen:

Ich werde euch nun eine ganz besondere Übung vorstellen, die ihr machen könnt, um euch ruhiger zu fühlen. Ihr werdet euch sogar nicht nur ruhiger fühlen, sondern auch wohler. Wir nennen diese Übung im folgenden „Entspannungsübung". Wir werden in den nächsten Stunden immer wieder solche Entspannungsübungen zusammen machen. Außerdem werde ich euch auch eine Kassette mit nach Hause geben, so daß ihr auch zu Hause diese Entspannungsübungen machen könnt.
Ihr fragt euch vielleicht, wann ihr die Übung machen könnt. Wir werden unterschiedliche Entspannungsübungen lernen, die ihr in verschiedenen Situationen machen könnt. Heute stelle ich euch eine Übung vor, die eure Grundübung ist, die ihr jetzt am Anfang immer machen solltet. Diese ausführliche Entspannungsübung ist ein Streßkiller, der euch über lange Zeit hilft, mit dem Streß besser fertig zu werden. Bei den nächsten Treffen werdet ihr dann noch kürzere Formen kennenlernen. Die könnt ihr zum Beispiel immer dann machen, wenn ihr vor oder in einer Streßsituation seid. Wenn ihr also zum Beispiel wißt, gleich schreibe ich eine wichtige Arbeit. Oder ihr merkt, wie ihr in der Arbeit plötzlich immer unruhiger werdet, euer Herz klopft und ihr feststellt, daß ihr euch gar nicht mehr richtig auf die Klausur konzentrieren könnt.
Das Tolle an den Übungen ist nämlich auch, daß ihr die machen könnt, ohne daß andere Personen etwas davon merken. Es ist also eine Art Zaubertrick! Um diesen Zaubertrick

zu lernen, müßt ihr aber erst mal die ausführliche Entspannungsübung gut machen.
Damit der Zaubertrick funktioniert, müßt ihr allerdings einige Regeln beachten:
- *Erstens* müßt ihr *genau meinen Anweisungen folgen.* Also, auch wenn sich manches vielleicht erst mal für euch komisch anhört, müßt ihr trotzdem das machen, was ich euch sage.
- *Zweitens* müßt ihr euch ganz *auf euren Körper konzentrieren.* Es ist wichtig, daß ihr darauf achtet, wie sich eure Muskeln anfühlen. Ihr werdet die Muskeln für eine kurze Zeit anspannen. Danach entspannt ihr eure Muskeln wieder für eine längere Zeit. Dabei sollt ihr darauf achten, wie es sich anfühlt, wenn die Muskeln angespannt oder entspannt sind. Ich mache auch immer wieder Pausen, in denen ihr genau in euren Körper hören könnt, ihr genau erforschen könnt, wie sich nun eure Muskeln anfühlen.
- *Drittens* ist es notwendig, daß ihr die Entspannung *jeden Tag übt.* Entspannung müssen wir nämlich genauso lernen wie zum Beispiel eine Sportart. Ihr konntet ja auch nicht sofort schwimmen. Genauso ist es mit der Entspannung. Je mehr ihr nämlich übt, desto besser funktioniert sie.

Nun wollen wir aber endlich anfangen:
Legt euch nun ganz bequem mit dem Rücken auf den Boden. Räkelt euch noch mal so richtig und holt tief Luft und atmet die ganze Luft wieder aus. Nun legt die Arme ganz locker hin, so daß die Hände neben den Beinen sind (2 sec Pause).

Alternativ (bei Jugendlichen):
Setzt euch nun alle bequem hin. Streckt euch noch mal so richtig. Holt tief Luft und atmet die ganze Luft wieder aus. Schaut mal, ich zeige euch, wie ihr am bequemsten sitzen könnt: Legt einfach eure Unterarme und Hände ganz locker auf die Oberschenkel (2).

Schließe nun deine Augen. Während der ganzen Übung solltest du die Augen geschlossen halten. Wenn du dich auf die Übungen konzentrierst, fällt dir das auch gar nicht so schwer.
Versuche, eine ganz bequeme Lage zu finden (5).

Es folgen die Anweisungen zur Entspannung (vgl. Entspannungskassette, Seite A; 7.1.7)

Auswertung:

Das habt ihr schon ganz toll gemacht. Ich bin mir sicher, daß ihr das bald super könnt, so daß ihr das auch ohne meine Hilfe schafft. Wir werden in unserem Kurs ja noch weitere Übungen machen. Jetzt würde ich aber gern schon wissen ...

Wie hat euch die Entspannungsübung gefallen?

Wie fühlt ihr euch jetzt? Könnt ihr es damit vergleichen, wie ihr euch vorher gefühlt habt?

Denkt ihr, die Entspannungsübung hilft euch, ruhiger zu werden?

Wenn ihr sie in Ruhe am Tag machen wollt, wann ist für euch der richtige Zeitpunkt und wo seid ihr da?

Stört euch etwas, daß ihr es nicht machen könnt? Habt ihr zum Beispiel kein eigenes Zimmer, in das ihr euch allein zurückziehen könnt? Was müssen wir ändern, damit ihr euch entspannen könnt?

Ich hatte ja gesagt, daß ihr täglich diese Entspannungsübung machen sollt, damit ihr es auch richtig lernt. Durch diese Übung könnt ihr euch viel wohler fühlen und ihr habt einen Streßkiller, der euch hilft, über lange Zeit mit dem Streß fertig zu werden. Wenn ihr die ausführliche Übung richtig könnt, zeige ich euch nächste Stunde eine kürzere Übung. Die klappt aber nur, wenn ihr prima geübt habt.

2. Videobeispiel „Was tun bei Streß?": Effektive/ineffektive Bewältigungsstrategien

Ziel	Erkennen von Streßbewältigungsstrategien und deren Aufbau durch Modellernen (s. Leitfaden „Streßkiller/Mega-Stresser"; 7.2.14)
Dauer	ca. 20 Minuten
Durchführung	auf dem Boden
Materialien	Videofilm „Effektive/ineffektive Bewältigungsstrategien" (s. 7.1.5)

Instruktionen:

Ihr habt ja schon beim letzten Treffen toll herausgefunden, was ihr fühlt, wenn ihr Streß erlebt oder keinen Streß habt. Beim nächsten Rätsel ist herauszufinden, was ihr macht, um mit dem Streß fertig zu werden. Hierzu möchte ich euch nun Videofilme zeigen, in denen dargestellt ist, wie sich ein Kind in einer Streßsituation verhält und was es sich dabei denkt. Wir werden zwei unterschiedliche Streßsituationen erst mit einem ungünstigen Ausgang sehen und dann aber auch mit mehreren günstigen Lösungen.

Nachdem wir den ersten Ausschnitt gesehen haben, möchte ich mit euch darüber reden, ob sich die Kinder günstige oder ungünstige Gedanken gemacht haben. Ich möchte gern von euch wissen, ob sie sich richtig verhalten haben.

Fangen wir an mit dem ersten Ausschnitt, den wir bis zum Schluß sehen. Schaut mal, was die Streßsituation ist und wie die Kinder damit fertig werden.

> Erster Film: im Mittelpunkt: zwei Jungen und zwei Mädchen, Situation: „Vor der Klasse den eigenen Aufsatz vorlesen"

– Ausgang:

Junge 1: Negative Gedanken: „Ich werde nichts mehr 'rauskriegen; den Aufsatz finden die anderen bestimmt doof." Verhalten: stottern, verhaspeln.

Mädchen 1: Positive Selbstinstruktionen: „Ich schaffe es; es ist schön, wenn alle meinen Aufsatz hören und mir sagen, wie sie ihn finden." Verhalten: flüssig lesen.

Junge 2: Bagatellisierung: „Für mich ist er o.k., so ist es mir egal, was die anderen denken; es ist alles halb so schlimm." Verhalten: flüssig lesen.

Mädchen 2: Reaktionskontrolle: „Nur ruhig bleiben, erst mal tief einatmen, bloß nicht die Fassung verlieren." Verhalten: ruhig anfangen, aber gut lesen.

Auswertung:

Was habt ihr gesehen? Welche Situation war dargestellt?

Welches Kind ist nicht mit der Streßsituation fertig geworden? Was hat sich das Kind gedacht? Welche Gedanken haben den Streß nur noch schlimmer gemacht?

Welches Kind hat den Streß in den Griff gekriegt? Was hat das Kind sich gedacht?

Was hättet ihr in so einer Situation gemacht?

Instruktionen:

Nun sehen wir eine andere Situation, und ich halte den Film an, bevor ihr seht, wie das Kind sich verhält.

> Zweiter Film: wieder Jungen und Mädchen, Situation: „unangekündigter Rechentest"

Wie, denkt ihr, geht es weiter? Was könnte sich ein Kind denken? Was würde den Streß nur noch schlimmer machen? Was könnte das Kind machen, um den Streß in den Griff zu kriegen?

Mal sehen, wie es in dem Film weitergeht!

– Ausgang:

Mädchen 1: Negative Gedanken: „Ich weiß gar nichts mehr." Verhalten: nicht mehr rechnen können.

Junge 1:   Situationskontrolle und positive Selbstin-
             struktionen: „Ich mache eine Aufgabe
             nach der anderen; ich schaffe es; erst die
             einfachen, dann die schweren." Verhalten:
             rechnet fleißig.

Mädchen 2:   Bagatellisierung: „Ich versuche mein Be-
             stes, egal was dabei 'rauskommt." Ver-
             halten: rechnet fleißig.

Junge 2:   Reaktionskontrolle: „Jetzt bloß cool blei-
             ben, nur nicht aufregen; erst mal mein
             Verhalten unter Kontrolle kriegen." Ver-
             halten: langsam anfangen, Aufgaben
             fleißig zu lösen.

Auswertung:

Hat das Kind sich so verhalten, wie ihr es euch gedacht habt?
Was war die ungünstige Lösung? Was hat sich dieses Kind
gedacht?
Welche Streßkiller haben die anderen Kinder eingesetzt?

Freies Spielen (5 Minuten)

3. „Streßwaagen-Spiel, die Erste": Einführung in die Streßwaage (vgl. Dirks et al., 1993)

Ziel	Wahrnehmung von Belastungssituationen, Streßreaktionen und Bewältigungsstrategien (s. Leitfaden „Streßkiller/Mega-Stresser"; 7.2.14) Aufbau von Kompetenzerwartungen
Dauer	ca. 20 Minuten
Durchführung	an Gruppentischen
Materialien	Magnettafel/Pinnwand mit einer Pappwaage, Schreibkarten, Stifte, Magnete oder Stecknadeln, Memo-Karten (s. 7.1.1)

Instruktionen:

Ihr habt nun schon einige schwierige Rätsel gelöst. Wir werden uns aber noch weiter mit dem Thema „Streß" beschäftigen. Streßsituationen gibt es viele. Wir werden uns vor allem
mit Streß beschäftigen, den ihr in der Schule erlebt. Was
glaubt ihr, ist Streß?
Sammeln an der Magnettafel/Pinnwand, Überschrift:
Was ist Streß?

Ich möchte nun mit euch das, was wir heute und bei den
nächsten Treffen zum Thema „Streß" gemeinsam erarbeiten,
in eine große Waage einsortieren. Dann haben wir hinterher

eine „Streßwaage". Ihr werdet sehen, daß das, was mit dem
„Streßerleben" zusammenhängt, mit einer Waage vergleichbar ist: In die eine Waagschale können wir die Situationen
legen, bei denen ihr Streß erlebt, zum Beispiel daß ihr noch
eine schwierige Hausaufgabe machen müßt oder eine Klassenarbeit schreibt. Es sind also Anforderungen, die an euch
gestellt werden. Wir können auch sagen, wodurch werdet ihr
unter Druck gesetzt?
Das ist also unser nächstes Rätsel: Welche *Streßsituationen*
fallen euch noch ein, die wir in diese Waagschale legen
können?
Zunächst Kärtchen schreiben lassen, dann vorlesen
und danach darf jedes Kind seine Belastungssituation selbst anheften. Ggf. werden noch weitere ermittelt.

Wenn wir uns diese Anforderungen noch mal angucken,
könnt ihr mir sagen, ob diese Anforderungen immer von den
anderen an euch gestellt werden? Oder gibt es auch Situationen, in denen ihr euch selbst *unter Druck* setzt, also diese
Anforderungen an euch selbst stellt? Zum Beispiel wenn ihr
eine Klassenarbeit schreiben sollt und ihr unbedingt eine viel
bessere Note als sonst haben wollt.
Nochmals Situationen durchsprechen und innere
Anforderungen auf Karten aufschreiben und dazu anheften.

So haben wir in dieser Waagschale also das, was euch unter
Druck setzt. Das kann von außen sein, zum Beispiel durch
die Freunde. Das sind dann also von außen an euch gestellte
Anforderungen.
Oder ihr könnt euch selbst unter Druck setzen. Das sind dann
innere Anforderungen.
Wenn wir beide zusammenfassen, haben wir die „Streßsituationen".
Oh, aber guckt, unsere Waage hängt jetzt ganz schön schief
und wir müssen sehen, daß die Waage wieder ins Gleichgewicht kommt. Das können wir, indem wir in die andere
Waagschale etwas hineinlegen.
In die andere Waagschale kommt das, was ihr tun könnt, um
weniger Streß zu erleben. Wenn ihr zum Beispiel eine Klassenarbeit unangekündigt schreiben sollt, könnt ihr euch erst
mal die Fragen durchlesen und mit der einfachsten Aufgabe
anfangen. Oder wenn ihr einen Aufsatz vor der Klasse vorlesen sollt, könnt ihr erst mal tief durchatmen, bevor ihr
anfangt zu lesen. Wir wollten das ja „*Streßkiller*" nennen.
Nun wieder ein Rätsel: Was könnt ihr noch alles machen,
damit ihr in einer Streßsituation weniger Streß erlebt? Was
könnt ihr gegen den Streß tun?
Streßkiller auf Karten schreiben und von den Kindern
an die Wand heften lassen.

An unserer Waage gibt es aber noch einen Zeiger. Der zeigt an, ob die Waage im Gleichgewicht ist oder ob eine Waagschale schwerer ist. Wenn die Waagschale mit den Streßsituationen schwerer ist, so merkt ihr das an euren Streßantworten. Ihr könnt zum Beispiel keine klaren Gedanken fassen oder ihr merkt, wie euer Herz bis zum Hals schlägt. Wenn die Waage im Gleichgewicht ist, so merkt ihr das auch an euren Antworten. Ihr fühlt euch dann wohl und euer Herz schlägt ruhig.

Aber manchmal wißt ihr gar nicht, was ihr in der Streßsituation tun sollt, was das Richtige ist. Manchmal tut ihr auch etwas, aber es scheint doch nicht das Richtige zu sein, es scheint gar nicht zu wirken. Dann fühlt ihr euch schlecht. Ihr fühlt euch „im Streß". Ihr merkt das an euren „Streßantworten". Das ist der Fall, wo die Waagschale mit den Streßsituationen schwerer ist und der Zeiger auf die Streßantworten weist.

Nun kommt wieder ein Rätsel: Welche Gefühle habt ihr, wenn ihr in einer Streßsituation seid? Welche körperliche Antworten habt ihr in einer Streßsituation? Was ist in eurem Kopf los?

Streßreaktionen auf Kärtchen schreiben und an der Waage einordnen.

Es gibt also Streßantworten aus drei Bereichen:
- *Erstens* haben wir die *Streßgefühle*. Was hattet ihr da genannt?
- *Zweitens* haben wir die *körperlichen Antworten*. Was hattet ihr da genannt?
- *Drittens* haben wir den Gedankenstop, also Chaos im Kopf. Was hattet ihr da genannt?

Falls die Kinder einen Bereich nicht frei assoziieren, sollte darauf aufmerksam gemacht werden, daß es noch andere Streßreaktionen gibt. Ggf. an vorige Spiele (Pantomine, Körperwahrnehmung) erinnern.

Wenn die „Streßwaage" im Gleichgewicht ist, zeigt der Zeiger auf die Gefühle, die ihr erlebt, wenn ihr euch wohl fühlt. Das könnt ihr erreichen, indem ihr genau das Richtige tut, um eine Streßsituation in den Griff zu bekommen. Also hier habt ihr richtige Streßkiller zur Hand und der Zeiger schlägt zu den angenehmen Gefühlen aus. Außerdem merkt ihr noch, daß euer Körper ganz locker ist. Ich nenne das alles „Happy-Hippo-Laune".

Welche angenehmen Gefühle habt ihr noch, wenn ihr euch wohl fühlt, wenn der Streß vorbei ist?

Was macht euer Gedankenstop? Ist da immer noch Chaos im Kopf?

Und wie ist eurer Körper, wenn ihr euch wohl fühlt?

„Happy-Hippo-Laune" auf Karten schreiben und anheften lassen.

Zur Wiederholung die vier „Memo-Karten" (Streßsituationen, Streßantworten, Streßkiller, Happy-Hippo-Laune; s. 7.1.1) an der Waage befestigen:

Nun schauen wir uns noch mal an, was alles wichtig ist, damit wir Streß erkennen können und was wir dagegen tun können: ihr habt in die Streßwaage eure Karten zu den vier Begriffen richtig eingeordnet:
- die äußeren und inneren Anforderungen, also die *Streßsituationen*,
- die *Streßantworten*, mit den drei Bereichen: Gefühle, Körper und Kopf,
- die *Streßkiller* und
- die *Happy-Hippo-Laune*.

Hausaufgaben:

Instruktionen:
Damit ihr noch mal testen könnt, ob unsere Lösungen der vielen Rätsel auch so richtig sind, gebe ich euch bis zum nächsten Mal zwei Aufgaben auf.

4. „Mal gucken, was ich schon erlernt habe": Selbstbeobachtung „Streßwaage"

Ziel	Selbstbeobachtung von Belastungssituationen, Streßreaktionen und Bewältigungsstrategien
Dauer	ca. 5 Minuten
Durchführung	an Gruppentischen
Materialien	Arbeitsblatt „Streßwaage 1" (s. 7.2.4; enthält das Deckblatt und das Ausfüllblatt)

Instruktionen:
Die erste Aufgabe bezieht sich darauf, daß ihr bis zum nächsten Termin einfach mal beobachtet,
- welche inneren und äußeren Anforderungen, also *Streßsituationen*,
- welche *Streßantworten* und
- welche *Streßkiller*

es in eurem Alltag so gibt. Heute haben wir oft von Streß in der Schule gesprochen, aber ihr erlebt ja auch sonst Streß.

Versucht also, mal ganz genau euch und andere zu beobachten. Ihr sollt also ein Detektiv für euer Streßerleben sein. Tragt eure Beobachtungen in den Bogen hier ein. Nächstes Mal besprechen wir eure Eintragungen.

5. „Echt cooler Sound":
Entspannungskassette, Seite A

Ziel	Einüben eines Entspannungsverfahrens im Alltag
Dauer	ca. 5 Minuten
Durchführung	an Gruppentischen
Materialien	Entspannungskassette (s. 7.1.7), Begleittext (s. 7.2.7) und Arbeitsblatt A „Echt cooler Sound" (s. 7.2.6)

Instruktionen:

Für eure zweite Hausaufgabe möchte ich euch gern eine Kassette mitgeben. Auf beiden Seiten sind darauf Entspannungsübungen zu hören. Eure Aufgabe besteht nun darin, euch in der Freizeit diese Entspannungskassette am besten jeden Tag einmal anzuhören. Und zwar sollt ihr zunächst erst mal die *Seite A* hören. Später werden wir uns die *Seite B* auch anhören. Wenn ihr die Kassette vor dem Schlafengehen hört, solltet ihr nicht wieder aufstehen. Durch die Entspannungsübung werdet ihr nämlich munter! Bleibt ihr aber im Bett liegen, schlaft ihr bestimmt gut ein.

Zusätzlich sollt ihr auf diesem Arbeitsblatt aufschreiben, wann ihr die Kassette gehört habt, wie ihr euch vorher und nachher gefühlt habt und wie euch die Entspannungsübung gefallen hat.

Auf der Kassette gehen wir auch wieder unterschiedliche Muskeln durch, wie heute bei dem Treffen. Ihr sollt wieder versuchen, eure Muskeln zu entspannen. Ich bin gespannt, wie euch die Kassette gefällt.

Wenn ihr einige Muskeln nicht entspannen konntet, schreibt es auf diesem Blatt auf. Wir können es dann beim nächsten Mal üben.

Nun gebe ich euch noch ein Blatt für euren „Streß-Flyer". Darauf stehen die Begleitsätze zu eurer Kassette. Wir werden sie jetzt lesen.

Wer möchte sie laut vorlesen?

Ein Kind liest die Anweisung vor.

Nächstes Mal besprechen wir dann, wie gut ihr euch entspannen konntet.

Dritter Sitzungstermin

*Tabelle 5.4: Ziele, praktisches Vorgehen und Materialien der **dritten** Trainingsstunde (AST_4).*

Ziele	Praktisches Vorgehen	Materialien
a) Innerhalb der Trainingsstunde		
Vertrautwerden mit den anderen Teilnehmern	Ratespiel der Namen der anderen Gruppenmitglieder	Papierzettel
Bewußtmachen des Streßgeschehens und der Bewältigungsstrategien	Besprechen der Hausaufgaben „Streß- waage" und „Entspannungskassette, Seite A"	ausgefüllte Arbeitsblätter „Streßwaage 1" und „Entspannungskassette"
Lernen eines Entspannungsverfahrens als Bewältigungsstrategie	Durchführen einer Kurzversion der Entspannungstechnik	Instruktion „Entspannungsübung II"
Lernen von positiven Selbstinstruktionen als Bewältigungsstrategie	Gespräch über die Karten und anschlie- ßendes Aufstellen eigener Selbst- instruktionen	Karten „Positive Selbstinstruktionen von Modellfiguren"
Reflexion und Vertiefung der differenzier- ten Wahrnehmung von Belastungs- situationen, Streßreaktionen und effektiven/ineffektiven Bewältigungs- strategien	Zuordnen von Karteikarten in das Modell der „Streßwaage"	vorgefertigte Karteikarten und ein Modell der Streßwaage
b) Außerhalb der Trainingsstunde		
Selbstbeobachtung von Belastungs- situationen, Streßreaktionen und effektiven/ineffektiven Bewältigungs- strategien	Selbstbeobachtung „Streßwaage"	Arbeitsblatt „Streßwaage 2"
Übertragen einer Bewältigungsstrategie auf den Alltag	Entspannungsübungen mit Hilfe der Kassette durchführen	Entspannungskassette (Seite B) und Arbeitsblatt A „Echt cooler Sound!"

Spiel zur Erinnerung an die Namen der Gruppenmitglieder (2 Minuten)

Instruktionen:

(bei sechs Kindern):

Bevor wir heute anfangen, möchte ich noch mal schauen, ob ihr euch denn noch an alle unsere Namen erinnert. Heute machen wir ein Ratespiel, um unser Gedächtnis zu testen. Ich habe hier für jeden fünf Papierschnipsel. Wir haben also fünf Zettel für die Namen der anderen fünf Kinder. Auf jeden Zettel schreibt ihr jetzt bitte versteckt immer den Na- men von einem der anderen Kinder. Dann legt ihr diesen Zettel mit dem Namen nach unten vor das jeweilige Kind. Ich bin gespannt, ob ihr alle Namen wißt, dann hat jedes Kind fünf richtige Treffer.

„Na? Hausaufgaben gemacht?": Besprechen der Hausaufgaben

Ziel	Bewußtmachen des Streßgeschehens und der Bewältigungsstrategien
Dauer	ca. 18 Minuten
Durchführung	Stuhlkreis
Materialien	ausgefüllte Arbeitsblätter „Streßwaage 1" und „Echt cooler Sound", Memo-Karten (s. 7.1.1)

Auswertung:

Ich hatte euch zwei Aufgaben für heute gestellt.

Ich würde gern wissen, was ihr so beobachtet habt. Fangen wir mit der „Streßwaage" an.

Aber erst mal bin ich gespannt, ob ihr unsere vier Memo-Karten denn richtig in die Streßwaage einsortieren könnt! Welche

vier Begriffe waren das noch? Vier Kinder können nun die Karten einsortieren.
Jedem der Kinder eine Memo-Karte geben.

Die beiden, die nicht dran waren, für die habe ich natürlich auch eine Aufgabe: Könnt ihr mir noch mal sagen, was die Bilder mit der „Streßwaage" auf eurem Arbeitsblatt darstellen sollen? Der eine erklärt bitte die linke und der andere die rechte Waage.
Streßwaagen beschreiben lassen.

Jetzt bin ich aber neugierig, was ihr euch notiert habt! Konntet ihr unsere Lösungen der Rätsel prüfen?
Durchgehen der Arbeitsblätter „Streßwaage 1" (im Uhrzeigersinn).

Habt ihr die Entspannungskassette gehört? Wann habt ihr sie gehört? Wie habt ihr euch dabei entspannen können? Hat euch die Kassette gefallen?
Durchgehen der Arbeitsblätter „Echt cooler Sound" (gegen den Uhrzeigersinn). Bei Problemen einfach alle Kinder diese Muskelgruppe entspannen lassen.

Darstellung des Themas „Streß":

1. Entspannung: Zweite Übung (nach Florin, 1975; Petermann, 1996)

Ziel	Lernen eines Entspannungsverfahrens als Bewältigungsstrategie
Dauer	ca. 15 Minuten
Durchführung	Stuhlkreis
Materialien	Instruktionen „Entspannungsübung II" (identisch mit der Instruktion der Entspannungskassette auf der Seite B; s. 7.1.7)

Instruktionen:
Nun möchte ich euch gern zeigen, wie ihr die Entspannungsübung machen könnt, ohne daß andere da etwas von merken. Diese Übung könnt ihr dann machen, wenn ihr in einer Streßsituation seid. Also, wenn ihr eine Arbeit schreibt und ihr merkt, daß ihr ganz unruhig seid und euch gar nicht konzentrieren könnt. Oder ihr habt eine wichtige Prüfung in eurem Hobby, zum Beispiel, wenn ihr Musik macht und ein Vorspielen habt, oder wenn ihr Sport macht und einen Wettkampf habt.
Auch hier werdet ihr feststellen, daß ihr ruhiger werdet, wenn ihr die Übung macht. Diese Übung ist allerdings kürzer und

ihr braucht schon eine bestimmte Routine mit der ausführlichen Entspannungsübung von der Kassette, daß ihr das auch toll schafft. Damit ihr sie jederzeit machen könnt, ist diese kürzere Entspannungsübung auf der zweiten Seite eurer Kassette.
Wenn die Übung bei euch jetzt noch nicht so gut klappt, macht das nichts. Wir werden ja danach wieder über die Übung sprechen. Dann können wir ja wieder herausfinden, was euch gestört hat.
Heute machen wir die Übung nicht im Liegen, sondern im Sitzen. Setzt euch also alle bequem hin. Streckt euch noch mal so richtig und holt tief Luft und atmet die ganze Luft wieder aus. Schaut mal, ich zeige euch, wie ihr am bequemsten sitzen könnt. Wir nennen diese Haltung „Droschkenkutschersitz": Legt einfach eure Unterarme und Hände ganz locker auf die Oberschenkel. Heute schließt ihr bitte eure Augen. Wenn ihr in Zukunft viel geübt habt, müßt ihr die Augen nicht unbedingt schließen, sondern könnt die Augen geöffnet halten und einfach auf den Boden gucken (2 sec Pause).

Versuche, eine ganz bequeme Haltung zu finden (5).

Weitere Instruktionen s. 7.1.7; Entspannungskassette, Seite B

Auswertung:
Das habt ihr ja wieder super gemacht. Wenn ihr noch weiter so fleißig übt, werdet ihr unschlagbar sein!
Wie hat euch diese Entspannungsübung gefallen?
Wie fühlt ihr euch jetzt?
Hilft euch die Entspannungsübung, in Streßsituationen ruhiger zu werden oder ruhig zu bleiben?
Welche Situationen könnt ihr euch vorstellen, in denen ihr diese kürzere Form machen könnt?
Stört euch irgendwas, so daß ihr sie lieber nicht macht? Was können wir ändern, damit ihr sie machen könnt und ihr euch dadurch wohler fühlt?
Denkt immer daran, daß diese kürzere Form nur klappt, wenn ihr vorher längere Zeit eifrig die ausführliche Übung gemacht habt. Dann könnt ihr euch so schnell entspannen!

2. Spiel: „Stolz wie ... ich" (vgl. Dirks et al., 1993)

Ziel	Lernen von positiven Selbstinstruktionen als Bewältigungsstrategie
Dauer	ca. 15 Minuten
Durchführung	Stuhlkreis
Materialien	Karteikarten „Positive Selbstinstruktionen von Modellfiguren" (s. 7.1.4), Schreibkarten

Instruktionen:

Ich möchte mit euch heute noch weitere Rätsel aufklären. Als nächstes würde ich gern von euch wissen, auf was ihr stolz seid. Kennt ihr den Spruch „Stolz wie Oscar"? Dieses Spiel habe ich nach diesem Spruch so genannt.

Damit uns die Lösung leichter fällt, habe ich hier einige Karten mitgebracht, auf denen wir Tierfiguren sehen und die uns zeigen, worauf sie stolz sind. Wir überlegen uns dann, ob es bei uns Situationen gibt, wo wir diesen Stolz auch erleben. Nachdem wir die Karten besprochen haben, möchte ich gern, daß sich jeder von euch überlegt, worauf ihr stolz seid und wir werden dann von jedem hören, was er für sich herausgefunden hat. Ihr werdet sehen, daß es eigentlich ganz viele Situationen gibt, in denen wir stolz auf uns sein können. So etwa, wenn ihr Angst hattet und diese Angst gemeistert habt. Denkt nur mal an euren ersten Sprung im Schwimmbad vom 3-Meter-Brett. Oder wenn ihr jemandem geholfen habt. Wir müssen dies nur herausfinden.
Zunächst die Karten durchgehen und besprechen (4 Minuten).

Jetzt überlegt euch etwas, worauf ihr stolz seid, und schreibt es bitte auf eine Karte. Wir werden es dann von jedem hören. Ich finde es schön, wenn wir alle klatschen, nachdem uns jemand gesagt hat, worauf er stolz ist.

Auswertung:

Das war schon ganz toll. Jeder hat ja jetzt mindestens ein Beispiel gefunden. Achtet mal jeden Tag darauf und überlegt euch am Abend, was ihr an diesem Tag gemacht habt, worauf ihr stolz sein könnt. Ihr findet bestimmt etwas. Stellt es euch dann noch mal richtig fest vor. Ich bin gespannt, was ihr alles sammeln könnt. Jetzt kann jeder das Kärtchen bei den Streßkillern an der Streßwaage anheften.

Freies Spielen (5 Minuten)

3. „Streßwaagen-Spiel, die Zweite"

Ziel	Reflexion und Vertiefung der differenzierten Wahrnehmung von Belastungssituationen, Streßreaktionen und Bewältigungsstrategien (s. Leitfaden „Streßkiller/Mega-Stresser" s. 7.2.14)
Dauer	ca. 30 Minuten
Durchführung	Stuhlkreis
Materialien	Modell der Streßwaage, Karteikarten für die „Streßwaage" (s. 7.1.6); Memo-Karten (s. 7.1.1)

Instruktionen:

Beim letzten Mal haben wir das Spiel „Streßwaage" gespielt und ihr habt jede Menge Karten mit euren Einfällen an der Waage festgemacht. Da waren tolle Sachen dabei, zum Beispiel bei den *Streßsituationen* (ein Beispiel einfügen und das Kind benennen) oder bei den *Streßantworten* (ein Beispiel einfügen und das Kind benennen) oder bei den *Streßkillern* (ein Beispiel einfügen und das Kind benennen) oder die *Happy-Hippo-Laune* (ein Beispiel einfügen und das Kind benennen).

Wo uns noch mehr einfallen sollte, sind die ... (ergänzen, wo zu wenige Beispiele genannt wurden). Heute habe ich euch Karten von mir mitgebracht und bin gespannt, wie ihr die zuordnen könnt. Könnt ihr die vier wichtigen Begriffe noch einmal benennen und mir sagen, was sie bedeuten?
Die Kinder beschreiben die vier Memo-Karten an der Streßwaage.

Ich gebe jetzt jedem acht Karten. Mischt sie gut durch und lest sie jeder für sich durch.
Jedes Kind erhält 2 mal 4 Karten aus den verschiedenen Bereichen:
Streßsituationen, Streßantworten, Streßkiller und Happy-Hippo-Laune.

Ihr habt von jedem der vier Begriffe zwei Karten bekommen. Macht jetzt bitte vier Päckchen, also zwei Streßsituationen, zwei Streßantworten, zwei Streßkiller und zweimal die Happy-Hippo-Laune. Toll, und nun nehmt ihr von jedem Päckchen eine Karte weg. Wir machen jetzt zuerst einen Durchgang, wo ihr kreuz und quer die vier Karten in die Streßwaage einsortieren könnt.
Einordnen der ersten vier Karten.

Jetzt möchte ich, daß wir immer in vier Lösungsschritten unsere Karten in die Streßwaage einordnen.
Gut, fangen wir an mit ... (ein Kind auswählen).
Ich werde jetzt immer einen Lösungsschritt nennen und du sollst prüfen, welche Karte dazu paßt.
Zunächst der erste Lösungsschritt:

1. Welche äußeren Anforderungen werden an dich gestellt oder wann setzt du dich selbst unter Druck? Also: In welcher *Situation* erlebst du Streß?
Welche Karte paßt?
Das Kind darf vorlesen und anheften.

Reflexion:

Ist das eine Anforderung von innen oder außen? Wäre das für dich eine mögliche Streßsituation? Hast du so was vielleicht schon selbst erlebt?
Jetzt der zweite Lösungsschritt:

2. Was fühlst du in einer Streßsituation? Was ist im Kopf los? Wie reagiert dein Körper in einer Streßsituation? Also: *Streßantworten*.
Das Kind darf vorlesen und anheften.

Reflexion:

Ist das ein Streßgefühl oder eine körperliche Reaktion oder im Kopf? Woran merkst du, daß du in einer Streßsituation ist?
Nun der dritte Lösungsschritt:

3. Was kannst du in einer Streßsituation tun, um den Streß zu verringern. Also: *Streßkiller*.
Das Kind darf vorlesen und anheften.

Reflexion:

Ist das ein Streßkiller, den du auch schon mal benutzt hast? Meinst du, den könntest du in deiner Streßsituation einsetzen?
Und jetzt der letzte, der vierte Lösungsschritt:

4. Wie fühlst du dich, wenn du das Richtige bei Streß getan hast? Also: *Happy-Hippo-Laune*.
Ein Kind darf vorlesen und anheften.

Reflexion:

Hast du das auch schon mal gefühlt, wenn du das Richtige gegen Streß gemacht hast? Oder wie fühlst du dich, wenn du den Streß in den Griff gekriegt hast?
Gut, jetzt haben wir die vier wichtigen Begriffe in unserer Streßwaage geklärt.

Toll, das hat ... doch toll gemacht! Jetzt machen wir mit demselben Ablauf weiter, bis alle Karten angeheftet sind. Wißt ihr jetzt schon die richtige Reihenfolge, in der die vier Karten gelegt werden müssen?
..., versuche es mal. Wir fangen damit an, daß wir Streß erkennen. Wir wissen, in welcher Situation ihr Streß erlebt und was ihr fühlt, wenn ihr Streß habt. Und dann machen wir etwas gegen den Streß. Wenn wir das Richtige getan haben, merken wir das dann.
Währenddessen auf die vier Memo-Karten zeigen. Die Kinder legen nacheinander die Karten in der richtigen Sequenz und verändern die Position der Streßwaage entsprechend.

5. Wir hatten aber auch schon angesprochen, daß es Dinge gibt, die den Streß nicht wegmachen. Stattdessen verschlimmern sie noch den Streß. Wir nennen das *Mega-Stresser*.

Mega-Stresser sind Dinge, die ihr macht und der Streß geht dadurch nicht weg, sondern er wird noch viel schlimmer.

Welche Farbe haben die Mega-Stresser in der Streßwaage und wo sind sie versteckt?
Ein Kind muß die grüne Waagschale entfernen, so daß die gelbe zum Vorschein kommt.

Hier habe ich wieder eine Memo-Karte, das ist unsere fünfte und letzte Memo-Karte. Könnt ihr erkennen, welcher Mega-Stresser hier abgebildet ist?
Genau, „Ich schaffe das nie!". Wer ordnet die Karte in die Streßwaage ein?
Verändere bitte auch die Waage so, wie sie sich verändert, wenn ihr einen Mega-Stresser einsetzt. Sehr gut!

So, nun habe ich für jeden von euch noch ein Beispiel für einen Mega-Stresser auf diesen Karteikarten. Lest ihn mal laut vor und sagt uns, ob das auch ein Mega-Stresser ist, den ihr kennt und schon mal eingesetzt habt.
Überlegt bitte jetzt, welche Mega-Stresser ihr manchmal einsetzt, und schreibt sie auf diese Karte.
Auf die Karten Mega-Stresser schreiben lassen und in die Waage einsortieren lassen.

Hausaufgaben:

4. „Noch mal gucken, was ich schon gelernt habe": Selbstbeobachtung

Ziel	Selbstbeobachtung von Belastungssituationen, Streßreaktionen und Bewältigungsstrategien
Dauer	ca. 3 Minuten
Durchführung	Stuhlkreis
Materialien	Arbeitsblatt „Streßwaage 2" (s. 7.2.4; enthält das Deckblatt und das Ausfüllblatt)

Instruktionen:

Die erste Aufgabe ist genau so wie beim letzten Mal. Ihr kriegt von mir wieder ein Blatt für euren „Streß-Flyer". Ihr sollt wieder bis zum nächsten Termin beobachten,
- welche inneren und äußeren Anforderungen, also *Streßsituationen*,
- welche *Streßantworten*,
- welche *Streßkiller* und diesmal noch
- welche *Mega-Stresser*

es zu Hause und in der Schule so gibt.
Versucht also, noch mal ganz genau euch und eure Umwelt zu beobachten und tragt eure Beobachtungen wieder in den Bogen hier ein.
Nächstes Mal besprechen wir wieder eure Eintragungen und stellen bestimmt fest, daß ihr jetzt schon besser beobachten konntet als beim ersten Mal.

Es wäre toll, wenn ihr diesmal die Beobachtungen nicht so kreuz und quer eintragt. Ihr habt ja heute gelernt, daß das eine Kette ist: Versucht doch, zu einer bestimmten Streßsituation, eine passende Streßantwort, einen passenden Streßkiller und einen passenden Mega-Stresser zu finden.

5. „Echt cooler Sound": Entspannungskassette, Seite B

Ziel	Einüben des Entspannungsverfahrens im Alltag
Dauer	ca. 2 Minuten
Durchführung	Stuhlkreis
Materialien	Entspannungskassette (s. 7.1.7) und Arbeitsblatt A „Echt cooler Sound" (s. 7.2.6)

Instruktionen:

Da ihr ja fleißig die Entspannung geübt habt, könnt ihr nun bis zum nächsten Mal ausprobieren, ob denn die kürzere Entspannungsübung bei euch auch klappt. Diese Übung ist auf eurer *Seite B* der Kassette, und zwar am Anfang.

Ich bin gespannt, ob sie euch auch gefällt. Wir besprechen beim nächsten Mal, wie gut ihr euch entspannen konntet.

Ihr bekommt wieder ein Blatt für euren Flyer.

Vierter Sitzungstermin

*Tabelle 5.5: Ziele, praktisches Vorgehen und Materialien der **vierten** Trainingsstunde (AST_4).*

Ziele	Praktisches Vorgehen	Materialien
Innerhalb der Trainingsstunde		
Bewußtmachen des Streßgeschehens und der Bewältigungsstrategien	Besprechen der Hausaufgaben „Streßwaage" und „Entspannungskassette, Seite B"	ausgefüllte Arbeitsblätter „Streßwaage 2" und „Entspannungskassette"
Lernen eines Entspannungsverfahrens als Bewältigungsstrategie	Durchführen einer Kurzformel der Entspannung	Instruktion „Kurzformel"
Erproben erworbener Handlungsroutinen, Steigern der Kompetenzerwartung, Modellernen	Verhaltensübung: Spielen, Reflexion und erneutes Spielen einer Belastungssituation	Geschichte „Klassenarbeit schreiben"
Verstärken erlernter Bewältigungsstrategien und der Kompetenzerwartungen	Rückblickendes Gespräch über die Lerninhalte mit Bekräftigung seitens der Kinder und des Trainers	Instruktionskarten als Erinnerungshilfen für zukünftige Belastungssituationen
Identifikation von Rückfallfaktoren und Ermittlung von Bewältigungsstrategien zur Rückfallverarbeitung und -prävention	Ausblickendes Gespräch über die Bewältigungskompetenzen mit Bekräftigung seitens der Kinder und des Trainers	Instruktionskarten als Erinnerungshilfen für zukünftige Belastungssituationen

„Na? Hausaufgaben gemacht?": Besprechen der Hausaufgaben

Ziel	Bewußtmachen des Streßgeschehens und der Bewältigungsstrategien
Dauer	ca. 20 Minuten
Durchführung	Stuhlkreis
Materialien	ausgefüllte Arbeitsblätter „Streßwaage 2" Memo-Karten (s. 7.1.1) und „Echt cooler Sound"

Auswertung:

Ich hatte euch zwei Aufgaben für heute gestellt. Ich würde gern wissen, was ihr so beobachtet habt. Fangen wir zuerst mit der „Streßwaage" an. Was habt ihr notiert?

Habt ihr den Eindruck gehabt, daß es euch schon leichter gefallen ist, euch und eure Umwelt zu beobachten als beim ersten Mal?

Wer hat es geschafft, eine Kette aufzuschreiben? Das ist ja super!

Streßwaagen beschreiben und die fünf Memo-Karten anbringen lassen. Durchgehen der Arbeitsblätter „Streßwaage 2" (im Uhrzeigersinn).

Habt ihr die Entspannungskassette gehört? Wann habt ihr sie gehört? Wie habt ihr euch dabei entspannen können? Hat euch die Kassette gefallen?

Durchgehen der Arbeitsblätter „Echt cooler Sound" (gegen den Uhrzeigersinn). Bei Problemen einfach alle Kinder diese Muskelgruppe entspannen lassen.

Darstellung des Themas „Streß":

1. Entspannung: Kurzformel (nach Florin, 1975)

Ziel	Lernen eines Entspannungsverfahrens als Bewältigungsstrategie
Dauer	ca. 10 Minuten
Durchführung	Stuhlkreis
Materialien	Arbeitsblatt „Kurzformel" (s. 7.2.8)

Instruktionen:

Ihr habt ja nun schon gelernt, wie ihr die Entspannungsübung machen könnt, ohne daß andere da etwas von merken. Unsere neue Übung heute ist super kurz. Sie dauert nur ca.

2,5 Minuten. Die Übung nenne ich „*Kurzformel der Ent-spannung*". Die klappt aber nur, wenn ihr die anderen Übungen ganz fleißig jeden Tag gemacht habt. Die Kurz-formel könnt ihr euch dann sagen, wenn ihr in einer Streßsi-tuation seid. Also, wenn ihr einen unangekündigten Test schreibt und ihr merkt, daß ihr ganz unruhig seid und euch gar nicht konzentrieren könnt. Da habt ihr nicht die Zeit, die längeren Übungen zu machen.

Oder ihr könnt die Formel zum Beispiel auch einsetzen, wenn euch jemand stark geärgert hat. Damit ihr nicht „in die Luft geht", könnt ihr euch diese Kurzformel denken.

Mit dieser Kurzformel könnt ihr in wenigen Minuten ruhiger werden.

Hier nun ein Blatt mit der Kurzformel für euren „Streß-Flyer".

Ich werde euch diese Kurzformel erst mal vorlesen. Achtet auch auf die Pausen, die ich mache.

Nun möchte ich, daß einer von euch diese Sätze laut vorliest.
Falls noch ein Kind mag, dieses auch vorlesen lassen.

Toll, nun schauen wir mal, ob ihr euch entspannen könnt, wenn ich euch nun die Kurzformel sage. Setzt euch wieder bequem in den „Droschkenkutschersitz", laßt aber die Augen geöffnet. Räkelt euch noch mal und dann fangen wir an.

Kurzformel s. 7.2.8

Auswertung:
Wie war das für euch? Habt ihr das Gefühl, daß ihr ruhiger seid?
Die Kurzformel ist ja auch auf eurer Kassette, und zwar auf der *Seite B* hinter der kurzen Entspannungsübung. So könnt ihr sie zu Hause auch hören und einüben. Ihr könnt sie be-stimmt bald auswendig.

2. „So tun, als ob wir eine Klassen-arbeit schreiben": Rollenspiel (Thema modifiziert nach Dirks et al., 1993)

Ziel	Erproben von erworbenen Handlungsroutinen Steigern der Kompetenzerwartung Modellernen
Dauer	ca. 25 Minuten
Durchführung	Stuhlkreis
Materialien	Schreibkarten, Arbeitsblatt „Streßkiller" (s. 7.2.12) und Rollenspieltext (s. 7.1.8)

Instruktionen:
Ich möchte nun mit euch ein Rollenspiel machen. Weiß jemand von euch, was das ist?
Nun, ich werde euch gleich eine Geschichte vorlesen und ihr sollt dann spielen, wie die Geschichte wohl weiter geht. Die Geschichte handelt von einem Jungen, der eine Mathearbeit schreiben soll:

Rollenspieltext s. 7.1.8

Wir wollen jetzt spielen, wie die Geschichte weitergehen könnte.
– Zuvor besprechen wir noch mal, um was es hier über-haupt geht.
– Was haben die unterschiedlichen Rollen zu spielen?
– Was denkt ihr, wie geht es weiter? Was könnte Marco gegen den Streß tun?
    Besprechen wir erst mal, welche *Mega-Stresser* den Streß bei Marco nicht wegmachen. Richtig, damit kriegen wir den Streß nicht in den Griff!

Fällt euch jetzt ein *Streßkiller* ein?
1 Minute überlegen lassen.

So, nun verteile ich euch noch ein Arbeitsblatt, auf dem ihr angebt, welche Streßkiller ihr könnt und welche ihr üben möchtet. Lest und bearbeitet es in Ruhe.
Arbeitsblatt „Streßkiller" verteilen und ausfüllen lassen.

So, nun sucht euch einen Streßkiller davon aus, den ihr jetzt spielen möchtet. Schreibt diesen Streßkiller auf diese Kartei-karte.
Die Streßkiller werden von den Kindern auf den Kartei-karten vermerkt.

Wir spielen nun, wie die Geschichte weitergehen könnte, wenn Marco diesen *Streßkiller* einsetzt.
– Nun legen wir fest, welche Kinder die drei Rollen über-nehmen.
– Die Kinder, die jetzt zuschauen, beachten bei Marco unsere drei wichtigen Dinge: die Streßsituationen, die Streßantworten und vor allem den *Streßkiller*.
– Nun kann's losgehen! Fangt bitte damit an, daß es an Marco's Haustür klingelt!

Ende des Spiels: Klatschen

Auswertung:
Reflexion des Rollenspiels:
a) Darsteller der Hauptrolle:
– Was wolltest du ausdrücken?
– Wie hast du dich gefühlt? War es vom Anfang bis zum Ende gleich, was du gefühlt hast?
– Wie beurteilst du das, was du gegen den Streß getan hast: War es richtig? Wäre es auch in anderen Situationen wirksam?

b) Beobachter:
– Was habt ihr beobachtet? War das eine Streßsituation für Marco? Was waren die Anforderungen an Marco?
– Was fühlte Marco? Was waren seine Streßgefühle?
– Was hat Marco gemacht? Welchen *Streßkiller* hat er eingesetzt?
– Hat der *Streßkiller* gewirkt?
– Fallen euch andere *Streßkiller* ein?

Jetzt können wir die Geschichte mit einem anderen Ausgang und mit vertauschten Rollen spielen. Wer spielt nun die Hauptrolle und welche beiden Kinder übernehmen die beiden Nebenrollen?
..., du spielst wieder den *Streßkiller*, den du auf deiner Karteikarte aufgeschrieben hast.
Nachdem alle Kinder einmal die Hauptrolle gespielt haben, sortieren die Kinder ihre Karteikarte in die Streßwaage ein.

– Habt ihr schon mal eine ähnliche Situation erlebt?

Freies Spielen (5 Minuten)

3a. „Zurück in die Vergangenheit: Was habe ich gelernt?“: Rückblick auf erlernte Bewältigungsstrategien

Ziel	Verstärkung erlernter Bewältigungsstrategien (s. Leitfaden „Streßkiller/Mega-Stresser“; 7.2.14) Fördern der Kompetenzerwartungen
Dauer	ca. 20 Minuten
Durchführung	an Gruppentischen
Materialien	Instruktionskarten als Erinnerungshilfen (vgl. 7.2.16)

Instruktionen:
Ich würde jetzt gern mit euch auf unsere letzten Treffen zurückblicken.

Habt ihr einige *Streßkiller* gelernt, von denen ihr gar nicht dachtet, daß ihr sie machen könnt?
Habt ihr erkannt, daß die *Mega-Stresser* euren Streß noch vergrößern?
Jeder überlegt sich jetzt mal bitte eine für ihn typische Streßsituation. Und dann überlegt ihr euch, wie ihr früher in der Streßsituation versucht habt, mit dem Streß umzugehen.

Ich gebe euch zwei Beispiele aus unserem Training:
1. Beispiel: Denkt an das Video. Der Marco war immer beim Vorlesen seines Aufsatzes so aufgeregt, daß er nicht ohne Fehler vorlesen konnte. Er hat ewig über das Problem gegrübelt, aber davon ging der Streß nicht weg.
2. Beispiel: Kati hat die Nerven immer bei einem Rechentest verloren. Was hat sie sich so gedacht?

Ich möchte, daß ihr das wieder versucht, in kurzen Rollenspielen darzustellen. Und zwar schreibt auf die Karteikarte eure *Streßsituation*, eure *Streßantworten* und euren *Mega-Stresser*. Und dann spielt mal nur, was ihr in dieser Streßsituation gemacht habt.
Also, ..., welche Streßsituation war für dich wichtig? Was hast du dann gemacht? Versuche, es mal kurz darzustellen.

Würdest du heute auch noch dasselbe machen?
Ggf. selbst eine Streßsituation anführen und durchsprechen!

Was hat euch am meisten geholfen, mit der Streßsituation nun fertig zu werden?
Schreibt die *Streßkiller* auf die Karte und versucht nun, die Streßkiller in kleinen Rollenspielen darzustellen.
Alle Kinder spielen die Streßkiller.

Könnt ihr mal einschätzen, wie ihr solchen Streßsituationen nun gegenüber steht? Denkt ihr, ihr habt den Streß nun besser im Griff?
Damit jeder für zukünftige Streßsituationen einige einfache Regeln hat, kann jeder ein kleines Erinnerungskärtchen mit seiner Regel beschreiben. Das Kärtchen könnt ihr dann immer bei euch tragen.

Falls ein Elternabend stattgefunden hat:
Ich habe euren Eltern beim Elternabend auch ein Erinnerungskärtchen gegeben. Sie haben sich auch einen Streßkiller auf das Kärtchen geschrieben. Vergleicht mal, ob ihr denselben Streßkiller habt.

Die Streßkiller werden dem Leitfaden „Streßkiller/Mega-Stresser“ entnommen.

Beispiele:

A: Ein Mädchen hat berichtet, daß es auf dem Nachhauseweg von anderen Mitschülern bedroht wird.

Lösung: Sie fragt einen netten Jungen in ihrer Klasse, daß er mit ihr gemeinsam nach Hause geht.

Kärtchen: „Ich bitte jemanden um Hilfe!"

B: Der Vater verbietet seinem Sohn, sofort nach der Schule Fußballspielen zu gehen.

Lösung: Der Junge reagiert nicht gleich aggressiv („Ich gehe gleich in die Luft!" als Mega-Stresser")

Kärtchen: „Ich muß mich in den Griff kriegen!"

3b. „Zurück in die Zukunft: Was kann ich in Zukunft bei Streß tun?": Ausblick auf Rückfälle

Ziel	Identifikation von Rückfallfaktoren Ermittlung von Bewältigungsstrategien zur Rückfallverarbeitung und -prävention
Dauer	ca. 10 Minuten
Durchführung	an Gruppentischen
Materialien	Instruktionskarten als Erinnerungshilfen (vgl. 7.2.16)

Instruktionen:

Ich finde, ihr habt toll dazugelernt. Nun wißt ihr aber selbst, daß ihr zwar jetzt besser mit Streß umgehen könnt, aber daß es immer wieder Streßsituationen geben kann, in denen ihr nicht wißt, was der richtige Streßkiller ist. Oder ihr etwas macht, was nicht wirkt.

Ich hatte euch ja schon zu Anfang gesagt, daß wir den Streß nicht 100%ig verhindern können. Es ist ja sogar auch gut, in einer *gewissen Menge*, Streß zu erleben. In den Situationen, in denen es schwer ist, alles in den Griff zu bekommen und ihr es aber trotzdem geschafft habt, lernt ihr sehr viel. Ihr erinnert euch, daß es schön ist, wenn wir auf uns stolz sind.

Fällt euch jetzt schon eine Streßsituation ein, bei der ihr so ein komisches Gefühl habt, daß ihr sie vielleicht in Zukunft mal nicht in den Griff bekommt?
Situationen sammeln.

Ich möchte nun, daß ihr euch überlegt, wie ihr euch dann fühlt.

Was werdet ihr nach der Situation machen?
Nachfragen, ob das Kind dann in Zukunft Angst vor der Situation hat oder einfach ausprobiert, einen anderen Streßkiller einzusetzen.

Könnt ihr nun wieder in einem kurzen Rollenspiel darstellen, wie ihr die Streßsituation doch noch in den Griff bekommen könnt.
Damit jeder für zukünftige Streßsituationen, die ihr nicht so toll gelöst habt, einige einfache Regeln hat, kann jeder wieder ein kleines Erinnerungskärtchen mit seiner Regel beschreiben. Ihr könnt auch dieses Kärtchen immer bei euch tragen.
Jedes Kind nennt und spielt den Umgang mit zukünftigen Streßsituationen.

Beispiele:

A: Ein Mädchen hat berichtet, daß es auf dem Nachhauseweg von anderen Mitschülern bedroht wird.

Lösung 1:   Sie fragt einen netten Jungen in ihrer Klasse, ob er mit ihr gemeinsam nach Hause geht. Der antwortet ihr, daß er dazu keine Lust hat.

Lösung 2:   Sie schaut sich die Situation genau an und entschließt sich, in einen Verein zu gehen, um Selbstverteidigung zu lernen. Bis sie sich sicher fühlt, schließt sie sich anderen Mädchen an und muß dafür auf dem Nachhauseweg einen kleinen Umweg machen.

Kärtchen: „Ich mache mir einen Plan!"

B: Ein Vater verbietet seinem Sohn, sofort nach der Schule Fußballspielen zu gehen, weil er Hausaufgaben machen soll. Diesmal hat er aber ausnahmsweise keine auf.

Lösung 1:   Der Junge reagiert nicht gleich aggressiv („Ich gehe gleich in die Luft!" als Mega-Stresser"). Der Vater ist völlig verunsichert und läßt nicht mit sich reden.

Lösung 2:   Der Junge geht erst mal in sein Zimmer, um seine Lieblings-CD zu hören und an etwas Schönes zu denken. Später versucht er, noch mal seinen Vater anzusprechen.

Kärtchen: „Ich denke an etwas anderes!"

Erinnerung an die Entspannungskassette; Erinnerungsblatt „Streßkiller" (s. 7.2.13)

Zum Schluß möchte ich euch noch einmal daran erinnern, daß ihr ja jederzeit die Entspannungskassette zur Verfügung habt. Ihr könnt also in Pausen die Kassette hören und euch mit dieser Kassette gut entspannen. Das ist ja ein toller Streßkiller! ihr habt aber gelernt, daß ihr viele Möglichkeiten habt, mit den Streßsituationen umzugehen. Ihr müßt versuchen, den richtigen Streßkiller für die jeweilige Streßsituation auszusuchen. Ich bin sicher, daß ihr das schafft, und ihr werdet sehen, daß ihr die Situation in den Griff bekommt. Ihr habt ja schon im Training gezeigt, daß ihr das toll könnt.

Wenn ihr mal nicht mehr so sicher seid, was ihr in den Streßpausen zur Erholung machen könnt, habt ihr ja euer Erinnerungsblatt. Nun gebe ich euch noch ein Blatt mit, und zwar ein Erinnerungsblatt für eure Streßkiller. Da stehen die Streßkiller drauf, die wir hier besprochen haben. Dann könnt ihr immer in eurem „Streß-Flyer" nachschauen, wenn ihr euch nicht sicher seid. Vielleicht habt ihr ja auch Lust, ein Rollenspiel mal mit euren Eltern oder Freunden zu Hause zu machen. Dann könnt ihr noch mal üben und eure Eltern und Freunde lernen dann auch, wie sie den Streß besser in den Griff kriegen.

Erinnerungsblatt „Streßkiller" austeilen. Die Urkunden können am Ende des Trainings oder im Nachgespräch verliehen werden (s. 7.2.18).

5.3 Trainingsspezifische Arbeitsmaterialien

Übersicht

Tabelle 5.6: Überblick über den Ablauf des Trainings (AST_4).

Wann?	Was?
Erste Trainingsstunde	Was ist Streß? Was liegt in den Sitzungen an? Spiele: • Pantomimen-Spiel „Ich fühle mich ganz ..." • Hörspiel „Dr. Beat-Spiel" • „Cool-man-Spiel" Hausaufgaben: • „Echt cool, man"
Zweite Trainingsstunde	Na? Hausaufgaben gemacht??? Übung: • Entspannung Spiele: • Video-Spiel „Was tun bei Streß?" • „Streßwaagen-Spiel, die Erste" Hausaufgaben: • „Mal gucken, was ich schon gelernt habe" • „Echt cooler Sound"
Dritte Trainingsstunde	Na? Hausaufgaben gemacht??? Übung: • Entspannung „In der Kürze liegt die Würze" Spiele: • „Stolz wie ... ich!" • „Streßwaagen-Spiel, die Zweite" Hausaufgaben: • „Noch mal gucken, was ich schon gelernt habe" • „Echt cooler Sound"
Vierte Trainingsstunde	Na? Hausaufgaben gemacht??? Übung: • Entspannung „Schnell wie der Schall" Spiele: • „So tun, als ob wir eine Klassenarbeit schreiben" • „Zurück in die Vergangenheit: Was habe ich gelernt?" • „Zurück in die Zukunft: Was kann ich in Zukunft bei Streß tun?"

6 Anti-Streß-Training als Baustein für andere Interventionsprogramme (AST_2)

6.1 Stundenübersicht

Tabelle 6.1: Ablauf des Trainings im Überblick (AST_2)*

Programmeinheit	Programminhalte

Erste Trainingsstunde	• Begrüßung (3)
	
	• Definition „Streß" und Zielbestimmung des Trainings (5)
	
	• Vorstellung der Trainingsinhalte der beiden Sitzungen (2)
	
	• Darstellung des Themas „Streß":
	  1. Pantomimen-Spiel „Ich fühle mich ganz ..." (15)
	  2. Videobeispiel „Effektive/ineffektive Bewältigung" (20)
	  3. „Streßwaagen-Spiel, die Erste" (25)
	  4. Informationssammlung „Erholungsaktivitäten" (10)
	
	• Vorstellung der Hausaufgaben:
	  5. Selbstbeobachtung „Streßwaage 1" (5)
	  6. Selbstbeobachtung „Erholung" (5)

Zweite Trainingsstunde	• Besprechen der Hausaufgaben (10)
	
	• Darstellung des Themas „Streß":
	  1. Spiel: „Stolz wie ... ich!" (10)
	  2. „Streßwaagen-Spiel, die Zweite" (25)
	  3. Rollenspiel: Klassenarbeit schreiben (25)
	  4. Rück- und Ausblick auf Ge- und Mißlingen der Streßbewältigung (10,10)

* Anmerkung: In Klammern ist die Dauer des Trainingselementes in Minuten angegeben.

6.2 Instruktion

Erster Sitzungstermin

Tabelle 6.2: Ziele, praktisches Vorgehen und Materialien der **ersten** Trainingsstunde (AST_2).

Ziele	Praktisches Vorgehen	Materialien
a) Innerhalb der Trainingsstunde		
Information und Motivation	Überblick über die Trainingsinhalte	Memo-Karten Übersicht
Differenzierte Wahrnehmung: Diskrimination von Emotionen	Pantomimen-Spiel „Ich fühle mich ganz ..."	Karten „Emotionen und Stimmung"
Differenzierte Wahrnehmung: Diskrimination von Bewältigungsstrategien	Modellernen und Gespräch über Bewältigungsstrategien	Videofilm „Effektive vs. ineffektive Bewältigungsstrategien"
Wissensvermittlung und differenzierte Wahrnehmung von Belastungssituationen, Streßreaktionen und Bewältigungsstrategien; Reformulierung des Streßgeschehens	Gespräch über das Streßmodell	Modell der Streßwaage
Differenzierte Wahrnehmung: Erholungsaktivitäten	Sammeln von individuellen Erholungsaktivitäten	
b) Außerhalb der Trainingsstunde		
Selbstbeobachtung von Belastungssituationen, Streßreaktionen und Bewältigungsstrategien	Selbstbeobachtung „Streßwaage"	Arbeitsblatt „Streßwaage 1"
Übertragen von Bewältigungsstrategien auf den Alltag	Ruhe- und Entspannungsphasen einbauen	Arbeitsblatt „Cool-man"

Begrüßung (3)

Zum Begriff „Streß" (5 Minuten)

Instruktionen:
Wie ihr wißt, werden wir zwei Anti-Streß-Trainingsstunden in den nächsten Sitzungen machen.
Wißt ihr, was Streß ist oder wie ihr euch fühlt, wenn ihr Streß habt? Wir könnten statt „Ich bin im Streß" auch sagen: „Ich fühle mich unter Druck gesetzt".
Tafel: Was ist Streß?

Ihr habt schon alle eine Vorstellung, was Streß ist und unsere Aufgabe ist, uns noch klar zu werden, was Streß ist. Auch wenn ihr schon etwas wißt, möchte ich hier das Wort „Streß"

kurz erklären. Später werden wir immer mehr über den Streß erfahren.
Das Wort „Streß" ist sowieso ein sehr schwieriges Wort. Wir sollten es eigentlich so verwenden:
Wir sollten besser sagen, wann ihr Streß erlebt. Also: Wann fühlt ihr euch unter Druck gesetzt? Oder: Welche *Streß-situationen* gibt es? Zum Beispiel wenn ihr eine Klassenarbeit schreiben müßt.
Memo-Karte „Streßsituationen" (s. 7.1.1) hinlegen.

Und wir sollten besser sagen, woran wir merken, daß wir in einer Streßsituation sind: Also welche *Streßantworten* bemerken wir an uns? Z.B. wenn sich alle Gedanken in unserem Kopf nur noch drehen und wir gar keine „klaren" Gedanken mehr fassen können.
Memo-Karte „Streßantworten" (s. 7.1.1) hinlegen.

Und wir sollten besser sagen, was wir in einer solchen Streß-situation machen, um den Streß in den Griff zu kriegen. Also: Was können wir tun gegen Streß? Ich nenne das einfach *Streßkiller*. Z.B. wenn ihr euch erst mal durch langsames Ein- und Ausatmen beruhigt, bevor ihr euch die Aufgaben der Klassenarbeit anguckt.
Memo-Karte „Streßkiller" (s. 7.1.1) hinlegen.

Jeder von euch schreibt jetzt bitte die drei Begriffe auf eine Karte, also: Streßsituationen, Streßantworten und Streßkiller.

Bevor wir nun richtig beginnen, ist mir aber noch wichtig, euch zu sagen, welches *Ziel* dieses Training hat: Am Ende, wißt ihr viel mehr darüber ...
• wann ihr Streß erlebt, also über die *Streßsituationen*,
• wie ihr euch fühlt, wenn ihr Streß habt, also über die *Streßantworten* und
• was ihr gegen Streß machen könnt, also über die *Streß-killer*.

Es ist besonders wichtig, daß ihr lernt, was ihr gegen Streß tun könnt. Das Ziel ist aber nicht, daß ihr gar keinen Streß mehr habt. Es ist auch gar nicht so gut, denn ein bißchen Streß ist ja auch ganz gut. Ohne Streß strengt man sich vielleicht gar nicht mehr an, etwas gut zu schaffen.

Wir können aber erreichen, daß ihr die *Streßsituationen* und eure *Streßantworten* besser erkennt und den Streß besser in den Griff bekommt.
Vorstellung der Trainingsinhalte der zwei Sitzungen (s. Tab. 6.4) mit der Dauer von ca. zwei Minuten. Die Übersicht dient als Leitfaden für die jeweilige Sitzung. Ein Kind kann zum Beispiel immer aufgefordert werden, mit einem Stift zu markieren, welches Spiel nun gespielt wird.

Darstellung des Themas „Streß":

1. Pantomimen-Spiel: „Ich fühle mich ganz ..." (vgl. Dirks et al., 1993)

Zunächst wird ein Pantomimen-Spiel durchgeführt, um die Kinder schon früh aktiv mit einzubeziehen.

Ziel	Sensibilisierung für die Selbst- und Fremdwahr-nehmung und das Ausdrücken emotionaler Streßreaktionen
Dauer	ca. 15 Minuten
Durchführung	auf dem Boden beginnen
Materialien	Karteikarten mit Gefühlen „Angst, Ärger, Trauer, innere Erregtheit, Freude" und der Stimmung „Positives Wohlbefinden" (vgl. 7.1.2)

Instruktionen:
Damit wir etwas gegen Streß unternehmen können, müssen wir vor allem erkennen, was uns in Streß versetzt und was dann mit uns passiert. Damit ihr bei diesen Treffen zum Streß-experten werdet, müßt ihr einige Rätsel lösen. So müssen wir zum Beispiel herausfinden, was ihr bei Streß empfindet.
Deswegen möchte ich jetzt mit euch ein Spiel machen, bei dem ihr erkennt, wann ihr Streß oder eben keinen Streß erlebt. Dieses Spiel heißt „Ich fühle mich ganz ..." und hierzu brauchen wir diese sechs Karten, auf denen jeweils ein Gefühl steht. Es müssen immer zwei zusammenspielen. Dabei ist im Wechsel einer der Darsteller und der andere der Zuschauer. Als Darsteller ist es eure Aufgabe, das Gefühl, das auf der Karte steht, nachzustellen. Hierbei dürft ihr aber keine Worte benutzen, ihr sollt also eine Pantomime spielen. Als Zuschauer ist es eure Aufgabe, das Gefühl, das euer Partner euch vorstellt, zu erkennen und ihm eure Lösung ins Ohr zu flüstern. Wenn alle fertig sind, sagt ihr mir die Lösungen laut und woran ihr die Gefühle erkannt habt.

Wenn alle Kinder durch sind, die anderen Begriffe nochmals raten lassen:
Das ist ja toll, ihr habt alle die gespielten Gefühle eures Partners gewußt. Jetzt tauscht eure Karten aus und nun stellt ihr die Gefühle dar, die ihr eben erkennen mußtet.

Auswertung:
Na, habt ihr das erste Rätsel gelöst? Was glaubt ihr, waren die sechs Gefühle?
Woran habt ihr die Gefühle erkannt?
Alle sechs Begriffe durchgehen.

Richtig.
So, nun waren einige Gefühle dabei, die ihr im Streß erlebt. Welche waren das?
Angst, Ärger, Trauer, Aufregung
Und dann waren Gefühle dabei, die ihr habt, wenn ihr keinen Streß habt. Welche waren das?
Freude, sich wohl fühlen

2. Videobeispiel „Was tun bei Streß?": Effektive/ineffektive Bewältigungs-strategien

Ziel	Erkennen von Streßbewältigungsstrategien und deren Aufbau durch Modellernen (s. Leitfaden „Streßkiller/Mega-Stresser"; 7.2.14)
Dauer	ca. 20 Minuten
Durchführung	auf dem Boden
Materialien	Videofilm „Effektive/ineffektive Bewältigungs-strategien" (s. 7.1.5)

Instruktionen:

Ihr habt ja schon toll herausgefunden, was ihr fühlt, wenn ihr Streß erlebt oder keinen Streß habt. Beim nächsten Rätsel ist herauszufinden, was ihr macht, um mit dem Streß fertig zu werden. Hierzu möchte ich euch nun Videofilme zeigen, in denen dargestellt ist, wie sich ein Kind in einer Streßsituation verhält und was es sich dabei denkt. Wir werden zwei unterschiedliche Streßsituationen erst mit einem ungünstigen Ausgang sehen und dann aber auch mit mehreren günstigen Lösungen.

Nachdem wir den ersten Ausschnitt gesehen haben, möchte ich mit euch darüber reden, ob sich die Kinder günstige oder ungünstige Gedanken gemacht haben. Ich möchte gern von euch wissen, ob sie sich richtig verhalten haben.

Fangen wir an mit dem ersten Ausschnitt, den wir bis zum Schluß sehen. Schaut mal, was die Streßsituation ist und wie die Kinder damit fertig werden.

> **Erster Film: im Mittelpunkt: zwei Jungen und zwei Mädchen, Situation: „Vor der Klasse den eigenen Aufsatz vorlesen"**

– Ausgang:

Junge 1:   Negative Gedanken: „Ich werde nichts mehr 'rauskriegen; den Aufsatz finden die anderen bestimmt doof." Verhalten: stottern, verhaspeln.

Mädchen 1: Positive Selbstinstruktionen: „Ich schaffe es; es ist schön, wenn alle meinen Aufsatz hören und mir sagen, wie sie ihn finden." Verhalten: flüssig lesen.

Junge 2:   Bagatellisierung: „Für mich ist er o.k., so ist es mir egal, was die anderen denken; es ist alles halb so schlimm." Verhalten: flüssig lesen.

Mädchen 2: Reaktionskontrolle: „Nur ruhig bleiben, erst mal tief einatmen, bloß nicht die Fassung verlieren." Verhalten: ruhig anfangen, aber gut lesen.

Auswertung:

Was habt ihr gesehen? Welche Situation war dargestellt?

Welches Kind ist nicht mit der Streßsituation fertig geworden? Was hat sich das Kind gedacht? Welche Gedanken haben den Streß nur noch schlimmer gemacht?

Welches Kind hat den Streß in den Griff gekriegt? Was hat das Kind sich gedacht?

Was hättet ihr in so einer Situation gemacht?

Instruktionen:

Nun sehen wir eine andere Situation, und ich halte den Film an, bevor ihr seht, wie das Kind sich verhält.

> **Zweiter Film: wieder Jungen und Mädchen, Situation: „unangekündigter Rechentest"**

Wie, denkt ihr, geht es weiter? Was könnte sich ein Kind denken? Was würde den Streß nur noch schlimmer machen? Was könnte das Kind machen, um den Streß in den Griff zu kriegen?

Mal sehen, wie es in dem Film weitergeht!

– Ausgang:

Mädchen 1: Negative Gedanken: „Ich weiß gar nichts mehr." Verhalten: nicht mehr rechnen können.

Junge 1:   Situationskontrolle und positive Selbstinstruktionen: „Ich mache eine Aufgabe nach der anderen; ich schaffe es; erst die einfachen, dann die schweren." Verhalten: rechnet fleißig.

Mädchen 2: Bagatellisierung: „Ich versuche mein Bestes, egal was dabei 'rauskommt." Verhalten: rechnet fleißig.

Junge 2:   Reaktionskontrolle: „Jetzt bloß cool bleiben, nur nicht aufregen; erst mal mein Verhalten unter Kontrolle kriegen." Verhalten: langsam anfangen, Aufgaben fleißig zu lösen.

Auswertung:

Hat das Kind sich so verhalten, wie ihr es euch gedacht habt? Was war die ungünstige Lösung? Was hat sich dieses Kind gedacht?

Welche Streßkiller haben die anderen Kinder eingesetzt?

PAUSE

3. „Streßwaagen-Spiel, die Erste": Einführung in die Streßwaage (vgl. Dirks et al., 1993)

Ziel	Wahrnehmung von Belastungssituationen, Streßreaktionen und Bewältigungsstrategien (s. Leitfaden „Streßkiller/Mega-Stresser"; 7.2.14) Aufbau von Kompetenzerwartungen
Dauer	ca. 25 Minuten
Durchführung	an Gruppentischen
Materialien	Magnettafel/Pinnwand mit einer Pappwaage, Schreibkarten, Stifte, Magnete oder Stecknadeln, Memo-Karten (s. 7.1.1)

Instruktionen:

Ihr habt nun schon einige schwierige Rätsel gelöst. Wir werden uns aber noch weiter mit dem Thema „Streß" beschäftigen. Streßsituationen gibt es viele. Wir werden uns vor allem mit Streß beschäftigen, den ihr in der Schule erlebt. Was glaubt ihr, ist „Streß"?
Sammeln an der Magnettafel/Pinnwand, Überschrift: Was ist Streß?

Ich möchte nun mit euch das, was wir heute und bei den nächsten Treffen zum Thema „Streß" gemeinsam erarbeiten, in eine große Waage einsortieren. Dann haben wir hinterher eine „Streßwaage". Ihr werdet sehen, daß das, was mit dem „Streßerleben" zusammenhängt, mit einer Waage vergleichbar ist: In die eine Waagschale können wir die Situationen legen, bei denen ihr Streß erlebt, zum Beispiel daß ihr noch eine schwierige Hausaufgabe machen müßt oder eine Klassenarbeit schreibt. Es sind also Anforderungen, die an euch gestellt werden. Wir können auch sagen: Wodurch werdet ihr unter Druck gesetzt?
Das ist also unser nächstes Rätsel: Welche *Streßsituationen* fallen euch noch ein, die wir in diese Waagschale legen können?
Zunächst Kärtchen schreiben lassen, dann vorlesen und danach darf jedes Kind seine Belastungssituation selbst anheften. Ggf. werden noch weitere ermittelt.

Wenn wir uns diese Anforderungen noch mal angucken, könnt ihr mir sagen, ob diese Anforderungen immer von den anderen an euch gestellt werden? Oder gibt es auch Situationen, in denen ihr euch selbst *unter Druck* setzt, also diese Anforderungen an euch selbst stellt? Zum Beispiel wenn ihr eine Klassenarbeit schreibt und ihr unbedingt eine viel bessere Note als sonst haben wollt.
Nochmals Situationen durchsprechen und innere Anforderungen auf Karten aufschreiben und dazu anheften.

So haben wir in dieser Waagschale also das, was euch unter Druck setzt. Das kann von außen sein, zum Beispiel durch die Freunde. Das sind dann also von außen an euch gestellte Anforderungen.
Oder ihr könnt euch selbst unter Druck setzen. Das sind dann innere Anforderungen.
Wenn wir beide zusammenfassen, haben wir die „*Streßsituationen*".

Oh, aber guckt, unsere Waage hängt jetzt ganz schön schief und wir müssen sehen, daß die Waage wieder ins Gleichgewicht kommt. Das können wir, indem wir in die andere Waagschale etwas hineinlegen.
In die andere Waagschale kommt das, was ihr tun könnt, um weniger Streß zu erleben. Wenn ihr zum Beispiel eine Klassenarbeit unangekündigt schreiben sollt, könnt ihr euch erst mal die Fragen durchlesen und mit der einfachsten Aufgabe anfangen. Oder wenn ihr einen Aufsatz vor der Klasse vorlesen sollt, könnt ihr erst mal tief durchatmen, bevor ihr anfangt, zu lesen. Wir wollten das ja „*Streßkiller*" nennen.
Nun wieder ein Rätsel: Was könnt ihr noch alles machen, damit ihr in einer Streßsituation weniger Streß erlebt? Was könnt ihr gegen den Streß tun?
Streßkiller auf Karten schreiben und von den Kindern an die Wand heften lassen.

An unserer Waage gibt es aber noch einen Zeiger. Der zeigt an, ob die Waage im Gleichgewicht ist oder ob eine Waagschale schwerer ist. Wenn die Waagschale mit den Streßsituationen schwerer ist, so merkt ihr das an euren Streßantworten. Ihr könnt zum Beispiel keine klaren Gedanken fassen oder ihr merkt, wie euer Herz bis zum Hals schlägt. Wenn die Waage im Gleichgewicht ist, so merkt ihr das auch an euren Antworten. Ihr fühlt euch dann wohl und euer Herz schlägt ruhig.

Aber manchmal wißt ihr gar nicht, was ihr in der Streßsituation tun sollt, was das Richtige ist. Manchmal tut ihr auch etwas, aber es scheint doch nicht das Richtige zu sein, es scheint gar nicht zu wirken. Dann fühlt ihr euch schlecht. Ihr fühlt euch „im Streß". Ihr merkt das an euren „*Streßantworten*". Das ist der Fall, wo die Waagschale mit den Streßsituationen schwerer ist und der Zeiger auf die Streßantworten weist.
Nun kommt wieder ein Rätsel: Welche Gefühle habt ihr, wenn ihr in einer Streßsituation seid? Welche körperliche Antworten habt ihr in einer Streßsituation? Was ist in eurem Kopf los?
Streßreaktionen auf Kärtchen schreiben und an der Waage einordnen.

Es gibt also Streßantworten aus drei Bereichen.

- Erstens haben wir die *Streßgefühle*. Was hattet ihr da genannt?
- Zweitens haben wir die *körperlichen Antworten*. Was hattet ihr da genannt?
- Drittens haben wir den Gedankenstop, also Chaos im Kopf. Was hattet ihr da genannt?

Falls die Kinder einen Bereich nicht frei assoziieren, sollte darauf aufmerksam gemacht werden, daß es noch andere Streßreaktionen gibt. Ggf. an vorige Spiele (Pantomine) erinnern.

Wenn die „Streßwaage" im Gleichgewicht ist, zeigt der Zeiger auf die Gefühle, die ihr erlebt, wenn ihr euch wohl fühlt. Das könnt ihr erreichen, indem ihr genau das Richtige tut, um eine Streßsituation in den Griff zu bekommen. Also hier habt ihr richtige Streßkiller zur Hand und der Zeiger schlägt zu den angenehmen Gefühlen aus. Außerdem merkt ihr noch, daß euer Körper ganz locker ist. Ich nenne das alles „Happy-Hippo-Laune".

Welche angenehmen Gefühle habt ihr noch, wenn ihr euch wohl fühlt, wenn der Streß vorbei ist?

Was macht euer Gedankenstop? Ist da immer noch Chaos im Kopf?

Und wie ist eurer Körper, wenn ihr euch wohl fühlt?

„Happy-Hippo-Laune" auf Karten schreiben und anheften lassen.

Zur Wiederholung die vier „Memo-Karten" (Streßsituationen, Streßantworten, Streßkiller, Happy-Hippo-Laune; s. 7.1.1) an der Waage befestigen:

Nun schauen wir uns noch mal an, was alles wichtig ist, damit wir Streß erkennen können und was wir dagegen tun können. Ihr habt in die Streßwaage eure Karten zu den vier Begriffen richtig eingeordnet:

- die äußeren und inneren Anforderungen, also die *Streßsituationen*,
- die *Streßantworten*, mit den drei Bereichen: Gefühle, Körper und Kopf,
- die *Streßkiller* und
- die *Happy-Hippo-Laune*.

4. „Cool-man-Spiel": Informations- sammlung „Erholungsaktivitäten"

Ziel	Sensibilisierung für die Wahrnehmung von Erholungsaktivitäten (s. Erinnerungsblatt „Streß-Pausen", 7.2.15)
Dauer	ca. 10 Minuten
Durchführung	an Gruppentischen
Materialien	Schreibkarten

Instruktionen:

Jetzt habt ihr schon viele schwierige und wichtige Rätsel gelöst und ihr wißt jetzt,

- wie ihr besser Ereignisse erkennt, in denen ihr Streß erlebt und
- wie ihr euch fühlt, wenn ihr in einer Streßsituation seid und
- wie ihr den Streß besser in den Griff bekommt.

Nun erlebt ihr zum Glück nicht den ganzen Tag Streß. In den „Streß-Pausen" könnt ihr euch ausruhen und abschalten. Diese Pausen sind nicht nur wichtig, daß ihr euch von Anstrengungen erholt, sondern auch, daß ihr neue Energie sammelt für die nächste Anstrengung.

Nun wieder ein Rätsel: Wißt ihr, was ihr alles machen könnt, um euch in solchen Pausen zu erholen? Das gehört alles zu unserem Streßkiller „Pause machen".

Karten schreiben und an die Magnettafel/Pinnwand heften.

Hausaufgaben:

Instruktionen:

Damit ihr noch mal testen könnt, ob unsere Lösungen der vielen Rätsel auch so richtig sind, gebe ich euch bis zum nächsten Mal zwei Aufgaben auf.

Für die Aufgabe verteile ich euch dieses Blatt für euren „Streß-Flyer". Ihr werdet ja noch andere Blätter von mir im Training bekommen. Diese hier sollt ihr ausfüllen, andere müßt ihr nur lesen.

5. „Mal gucken, was ich schon gelernt habe": Selbstbeobachtung „Streßwaage"

Ziel	Selbstbeobachtung von Belastungssituationen, Streßreaktionen und Bewältigungsstrategien
Dauer	ca. 5 Minuten
Durchführung	an Gruppentischen
Materialien	Arbeitsblatt „Streßwaage 1" (s. 7.2.4; enthält das Deckblatt und das Ausfüllblatt)

Instruktionen:

Die erste Aufgabe bezieht sich darauf, daß ihr bis zum nächsten Termin einfach mal beobachtet,

- welche inneren und äußeren Anforderungen, also *Streßsituationen*,
- welche *Streßantworten* und
- welche *Streßkiller*

es in eurem Alltag so gibt. Heute haben wir oft von Streß in der Schule gesprochen, aber ihr erlebt ja auch sonst Streß. Versucht also, mal ganz genau euch und andere zu beobachten. Ihr sollt also ein Detektiv für euer Streßerleben sein. Tragt eure Beobachtungen in den Bogen hier ein. Nächstes Mal besprechen wir eure Eintragungen.

6. „Echt cool, man": Selbstbeobachtung „Erholungsaktivitäten"

Ziel	Übertragen der Bewältigungsstrategien auf den Alltag
Dauer	ca. 5 Minuten
Durchführung	an Gruppentischen
Materialien	Arbeitsblatt „Cool-man" (s. 7.2.5)

Instruktionen:

Die Aufgabe besteht darin, daß ihr mal prüft, ob ihr die Erholungsaktivitäten, die eben jeder für sich herausgefunden hat, nicht öfter am Tag einsetzen könnt. Beobachtet, was ihr in den Pausen macht und, ob ihr eure Erholungsaktivitäten dann machen könnt. Tragt das bitte in dieses Blatt hier ein.

Falls das AST im stationären Bereich durchgeführt wird:
Sicher sind hier die Möglichkeiten nicht so groß wie bei euch zu Hause, aber bestimmt findet ihr eine Lösung, euch in den Pausen zu entspannen.

Ich bin gespannt, was ihr alles so gemacht und erlebt habt und wünsche euch viel Erfolg.

Wenn es euch schwerfällt, eure Beobachtungen aufzuschreiben, gebt nicht auf, etwas einzutragen. Ihr findet bestimmt etwas.

Zweiter Sitzungstermin

*Tabelle 6.3: Ziele, praktisches Vorgehen und Materialien der **zweiten** Trainingsstunde (AST_2).*

Ziele	Praktisches Vorgehen	Materialien
Innerhalb der Trainingsstunde		
Bewußtmachen des Streßgeschehens und der Bewältigungsstrategien	Besprechen der Hausaufgaben „Streßwaage" und „Erholung"	ausgefüllte Arbeitsblätter „Streßwaage 1" und „Cool-man"
Lernen von positiven Selbstinstruktionen als Bewältigungsstrategie	Gespräch über die Karten und anschließendes Aufstellen eigener Selbstinstruktionen	Karten „Positive Selbstinstruktionen von Modellfiguren"
Reflexion und Vertiefung der differenzierten Wahrnehmung von Belastungssituationen, Streßreaktionen und effektiven/ineffektiven Bewältigungsstrategien	Zuordnen der vorgefertigten Karteikarten in das Modell der „Streßwaage"	vorgefertigte Karteikarten und ein Modell der Streßwaage
Erproben erworbener Handlungsroutinen, Steigern der Kompetenzerwartung, Modellernen	Verhaltensübung: Spielen, Reflexion und erneutes Spielen einer Belastungssituation	Geschichte „Klassenarbeit schreiben"
Verstärkung erlernter Bewältigungsstrategien und der Kompetenzerwartungen	Rückblickendes Gespräch über die Lerninhalte mit Bekräftigung seitens der Kinder und des Trainers	Instruktionskarten als Erinnerungshilfen für zukünftige Belastungssituationen
Identifikation von Rückfallfaktoren und Ermittlung von Bewältigungsstrategien zur Rückfallverarbeitung und -prävention	Ausblickendes Gespräch über die Bewältigungskompetenzen mit Bekräftigung seitens der Kinder und des Trainers	Instruktionskarten als Erinnerungshilfen für zukünftige Belastungssituationen

„Na? Hausaufgaben gemacht?": Besprechen der Hausaufgaben

Ziel	Bewußtmachen des Streßgeschehens und der Bewältigungsstrategien
Dauer	ca. 10 Minuten
Durchführung	auf dem Boden
Materialien	ausgefüllte Arbeitsblätter „Streßwaage 1" und „Echt cool, man", Memo-Karten (s. 7.1.1), Erinnerungsblatt „Streß-Pausen" (s. 7.2.15)

Auswertung:

Ich hatte euch für heute zwei Aufgaben gestellt. Habt ihr alle euren „Streß-Flyer" mit?

Ich würde gern wissen, was ihr so beobachtet habt. Fangen wir mit der „Streßwaage" an.

Aber erst mal bin ich gespannt, ob ihr unsere vier Memo-Karten denn richtig in die Streßwaage einsortieren könnt!

Welche vier Begriffe waren das noch? Vier Kinder können nun die Karten einsortieren.
Jedem der Kinder eine Memo-Karte geben.

Die beiden, die nicht dran waren, für die habe ich natürlich auch eine Aufgabe: Könnt ihr mir noch mal sagen, was die Bilder mit der „Streßwaage" auf eurem Arbeitsblatt darstellen sollen? Der eine erklärt bitte die linke und der andere die rechte Waage.
Streßwaagen beschreiben lassen.

Jetzt bin ich aber neugierig, was ihr euch notiert habt! Konntet ihr unsere Lösung der Rätsel prüfen?
Durchgehen der Arbeitsblätter „Streßwaage 1" (im Uhrzeigersinn).

Was habt ihr beobachtet in euren Pausen? Wie habt ihr euch erholt? Konntet ihr eure eigenen Erholungsaktivitäten machen, die wir letzte Stunde herausgefunden haben? Oder habt ihr vielleicht andere Dinge zur Erholung gemacht?
Durchgehen der Arbeitsblätter „Echt cool, man" (gegen den Uhrzeigersinn).

Ich gebe euch hier eine Liste mit Erholungsaktivitäten, die ich für euch zusammengestellt habe. Das sind alles Dinge, die mir andere Kinder genannt haben. Schaut mal drauf! Fehlt euch etwas? Dann schreibt es einfach dazu!
Austeilen des Erinnerungsblattes „Streß-Pausen".

1. Spiel: „Stolz wie ... ich" (vgl. Dirks et al., 1993)

Ziel	Lernen von positiven Selbstinstruktionen als Bewältigungsstrategie
Dauer	ca. 10 Minuten
Durchführung	Stuhlkreis
Materialien	Karteikarten „Positive Selbstinstruktionen von Modellfiguren" (s. 7.1.4), Schreibkarten

Instruktionen:
Ich möchte mit euch heute noch weitere Rätsel aufklären. Als nächstes würde ich gern von euch wissen, auf was ihr stolz seid. Kennt ihr den Spruch „Stolz wie Oscar"? Dieses Spiel habe ich nach diesem Spruch so genannt.
Damit uns die Lösung leichter fällt, habe ich hier einige Karten mitgebracht, auf denen wir Tierfiguren sehen und die uns zeigen, worauf sie stolz sind. Wir überlegen uns dann, ob es bei uns Situationen gibt, wo wir diesen Stolz auch erleben. Nachdem wir die Karten besprochen haben, möchte ich gern, daß sich jeder von euch überlegt, worauf ihr stolz seid und wir werden dann von jedem hören, was er für sich herausgefunden hat. Ihr werdet sehen, daß es eigentlich ganz viele Situationen gibt, in denen wir stolz auf uns sein können. So etwa, wenn ihr Angst hattet und diese Angst gemeistert habt. Denkt nur mal an euren ersten Sprung im Schwimmbad vom 3-Meter-Brett. Oder wenn ihr jemandem geholfen habt. Wir müssen dies nur herausfinden.
Zunächst die Karten durchgehen und besprechen (4 Minuten).

Jetzt überlegt euch etwas, worauf ihr stolz seid, und schreibt es bitte auf eine Karte. Wir werden es dann von jedem hören. Ich finde es schön, wenn wir alle klatschen, nachdem uns jemand gesagt hat, worauf er stolz ist.

Auswertung:
Das war schon ganz toll. Jeder hat ja jetzt mindestens ein Beispiel gefunden. Achtet mal jeden Tag darauf und überlegt euch am Abend, was ihr an diesem Tag gemacht habt, worauf ihr stolz sein könnt. Ihr findet bestimmt etwas. Stellt es euch dann noch mal richtig fest vor. Ich bin gespannt, was ihr alles sammeln könnt.
Jetzt kann jeder das Kärtchen bei den Streßkillern an der Streßwaage anheften.

2. „Streßwaagen-Spiel, die Zweite"

Ziel	Reflexion und Vertiefung der differenzierten Wahrnehmung von Belastungssituationen, Streßreaktionen und Bewältigungsstrategien (s. Leitfaden „Streßkiller/Mega-Stresser"; 7.2.14)
Dauer	ca. 25 Minuten
Durchführung	Stuhlkreis
Materialien	vorgefertigtes Modell der Streßwaage, Karteikarten für die „Streßwaage" (s. 7.1.6); Memo-Karten (s. 7.1.1)

Instruktionen:
Beim letzten Mal haben wir das Spiel „Streßwaage" gespielt und ihr habt jede Menge Karten mit euren Einfällen an der Waage festgemacht. Da waren tolle Sachen dabei, zum Beispiel bei den *Streßsituationen* (ein Beispiel einfügen und das Kind benennen) oder bei den *Streßantworten* (ein Beispiel einfügen und das Kind benennen) oder bei den *Streßkillern* (ein Beispiel einfügen und das Kind benennen) oder die *Happy-Hippo-Laune* (ein Beispiel einfügen und das Kind benennen).
Wo uns noch mehr einfallen sollte, sind die ... (ergänzen, wo zu wenige Beispiele genannt wurden). Heute habe ich euch Karten von mir mitgebracht und bin gespannt, wie ihr die zuordnen könnt. Könnt ihr die vier wichtigen Begriffe noch einmal benennen und mir sagen, was sie bedeuten?
Die Kinder beschreiben die vier Memo-Karten an der Streßwaage.

Ich gebe jetzt jedem acht Karten. Mischt sie gut durch und lest sie jeder für sich durch.
Jedes Kind erhält 2 mal 4 Karten aus den verschiedenen Bereichen: Streßsituationen, Streßantworten, Streßkiller und Happy-Hippo-Laune.

Ihr habt von jedem der vier Begriffe zwei Karten bekommen. Macht bitte jetzt vier Päckchen, also zwei Streßsituationen, zwei Streßantworten, zwei Streßkiller und zweimal die Happy-Hippo-Laune. Toll, und nun nehmt ihr von jedem Päckchen eine Karte weg. Wir machen jetzt zuerst einen Durchgang, wo ihr kreuz und quer die vier Karten in die Streßwaage einsortieren könnt.
Einordnen der ersten vier Karten.

Jetzt möchte ich, daß wir immer in vier Lösungsschritten unsere Karten in die Streßwaage einordnen.
Gut, fangen wir an mit ... (ein Kind auswählen).
Ich werde jetzt immer einen Lösungsschritt nennen und du sollst prüfen, welche Karte dazu paßt.

Zunächst der erste Lösungsschritt:

1. Welche äußeren Anforderungen werden an dich gestellt oder wann setzt du dich selbst unter Druck? Also: In welcher *Situation* erlebst du Streß?

   Welche Karte paßt?

Das Kind darf vorlesen und anheften.

Reflexion:

Ist das eine Anforderung von innen oder außen? Wäre das für dich eine mögliche Streßsituation? Hast du so was vielleicht schon selbst erlebt?

Jetzt der zweite Lösungsschritt:

2. Was fühlst du in einer Streßsituation? Was ist im Kopf los? Wie reagiert dein Körper in einer Streßsituation? Also: *Streßantworten.*

Das Kind darf vorlesen und anheften.

Reflexion:

Ist das ein Streßgefühl oder eine körperliche Reaktion oder im Kopf? Woran merkst du, daß du in einer Streßsituation bist?

Nun der dritte Lösungsschritt:

3. Was kannst du in einer Streßsitua-tion tun, um den Streß zu verringern. Also: *Streßkiller.*

Das Kind darf vorlesen und anheften.

Reflexion:

Ist das ein Streßkiller, den du auch schon mal benutzt hast? Meinst du, den könntest du in deiner Streßsituation einsetzen?

Und jetzt der letzte, der vierte Lösungsschritt:

4. Wie fühlst du dich, wenn du das Richtige bei Streß getan hast? Also: *Happy-Hippo-Laune.*

Ein Kind darf vorlesen und anheften.

Reflexion:

Hast du das auch schon mal gefühlt, wenn du das Richtige gegen Streß gemacht hast? Oder wie fühlst du dich, wenn du den Streß in den Griff gekriegt hast?

Gut, jetzt haben wir die vier wichtigen Begriffe in unserer Streßwaage geklärt.

Toll, das hat ... doch toll gemacht! Jetzt machen wir mit demselben Ablauf weiter, bis alle Karten angeheftet sind. Wißt ihr jetzt schon die richtige Reihenfolge, in der die vier Karten gelegt werden müssen?

..., versuche es mal. Wir fangen damit an, daß wir Streß erkennen. Wir wissen, in welcher Situation ihr Streß erlebt und was ihr fühlt, wenn ihr Streß habt. Und dann machen wir

etwas gegen den Streß. Wenn wir das Richtige getan haben, merken wir das dann.

Währenddessen auf die vier Memo-Karten zeigen. Die Kinder legen nacheinander die Karten in der richtigen Sequenz und verändern die Position der Streßwaage entsprechend.

5. Wir hatten aber auch schon angesprochen, daß es Dinge gibt, die den Streß nicht wegmachen. Stattdessen verschlimmern sie noch den Streß. Wir nennen das *Mega-Stresser.*

Mega-Stresser sind Dinge, die ihr macht und der Streß geht dadurch nicht weg, sondern er wird noch viel schlimmer.

Welche Farbe haben die Mega-Stresser in der Streßwaage und wo sind sie versteckt?

Ein Kind muß die grüne Waagschale entfernen, so daß die gelbe zum Vorschein kommt.

Hier habe ich wieder eine Memo-Karte, das ist unsere fünfte und letzte Memo-Karte. Könnt ihr erkennen, welcher Mega-Stresser hier abgebildet ist?

Genau, „Ich schaffe das nie!". Wer ordnet die Karte in die Streßwaage ein?

Verändere bitte auch die Waage so, wie sie sich verändert, wenn ihr einen Mega-Stresser einsetzt. Sehr gut!

So, nun habe ich für jeden von euch noch ein Beispiel für einen Mega-Stresser auf diesen Karteikarten. Lest ihn mal laut vor und sagt uns, ob das auch ein Mega-Stresser ist, den ihr kennt und schon mal eingesetzt habt.

Überlegt bitte jetzt, welche Mega-Stresser ihr manchmal einsetzt und schreibt sie auf diese Karte.

Auf die Karten Mega-Stresser schreiben lassen und in die Waage einsortieren lassen.

Pause

3. „So tun, als ob wir eine Klassenarbeit schreiben": Rollenspiel (Thema modifiziert nach Dirks et al., 1993).

Ziel	Erproben von erworbenen Handlungsroutinen Steigern der Kompetenzerwartung Modellernen
Dauer	ca. 25 Minuten
Durchführung	Stuhlkreis
Materialien	Schreibkarten, Arbeitsblatt „Streßkiller" (s. 7.2.12) und Rollenspieltext (s. 7.1.8)

Instruktionen:

Ich möchte nun mit euch ein Rollenspiel machen. Weiß jemand von euch, was das ist?

Nun, ich werde euch gleich eine Geschichte vorlesen und ihr sollt dann spielen, wie die Geschichte wohl weiter geht. Die Geschichte handelt von einem Jungen, der eine Mathearbeit schreiben soll:

Rollenspieltext s. 7.1.8

Wir wollen jetzt spielen, wie die Geschichte weitergehen könnte.

- Zuvor besprechen wir noch mal, um was es hier überhaupt geht.
- Was haben die unterschiedlichen Rollen zu spielen?
- Was denkt ihr, wie geht es weiter? Was könnte Marco gegen den Streß tun? Besprechen wir erst mal, welche *Mega-Stresser* den Streß bei Marco nicht wegmachen. Richtig, damit kriegen wir den Streß nicht in den Griff!

Fällt euch jetzt ein *Streßkiller* ein?
1 Minute überlegen lassen.

So, nun verteile ich euch noch ein Arbeitsblatt, auf dem ihr angebt, welche Streßkiller ihr könnt und welche ihr üben möchtet. Lest und bearbeitet es in Ruhe.
Arbeitsblatt „Streßkiller" verteilen und ausfüllen lassen.

So, nun sucht euch einen Streßkiller davon aus, den ihr jetzt spielen möchtet. Schreibt diesen Streßkiller auf diese Karteikarte.
Die Streßkiller werden von den Kindern auf den Karteikarten vermerkt.

Wir spielen nun, wie die Geschichte weitergehen könnte, wenn Marco diesen *Streßkiller* einsetzt.

- Nun legen wir fest, welche Kinder die drei Rollen übernehmen.
- Die Kinder, die jetzt zuschauen, beachten bei Marco unsere drei wichtigen Dinge: die Streßsituationen, die Streßantworten und vor allem den *Streßkiller*.
- Nun kann's losgehen! Fangt bitte mit dem Beispiel an, daß es an Marco's Haustür klingelt!

Ende des Spiels: Klatschen

Auswertung:
Reflexion des Rollenspiels:
a) Darsteller der Hauptrolle:
- Was wolltest du ausdrücken?
- Wie hast du dich gefühlt? War es vom Anfang bis zum Ende gleich, was du gefühlt hast?
- Wie beurteilst du das, was du gegen den Streß getan hast: War es richtig? Wäre es auch in anderen Situationen wirksam?

b) Beobachter:
- Was habt ihr beobachtet? War das eine Streßsituation für Marco? Was waren die Anforderungen an Marco?
- Was fühlte Marco? Was waren seine Streßgefühle?
- Was hat Marco gemacht? Welchen *Streßkiller* hat er eingesetzt?
- Hat der *Streßkiller* gewirkt?
- Fallen euch andere *Streßkiller* ein?

Jetzt können wir die Geschichte mit einem anderen Ausgang und mit vertauschten Rollen spielen. Wer spielt nun die Hauptrolle und welche beiden Kinder übernehmen die beiden Nebenrollen?
..., du spielst wieder den *Streßkiller*, den du auf deiner Karteikarte aufgeschrieben hast.

Nachdem alle Kinder einmal die Hauptrolle gespielt haben, sortieren die Kinder ihre Karteikarte in die Streßwaage ein.

- Habt ihr schon mal eine ähnliche Situation erlebt?

4a. „Zurück in die Vergangenheit: Was habe ich gelernt?": Rückblick auf erlernte Bewältigungsstrategien

Ziel	Verstärkung erlernter Bewältigungsstrategien (s. Leitfaden „Streßkiller/Mega-Stresser"; 7.2.14) Fördern der Kompetenzerwartungen
Dauer	ca. 10 Minuten
Durchführung	an Gruppentischen
Materialien	Instruktionskarten als Erinnerungshilfen (vgl. 7.2.16)

Instruktionen:
Ich würde jetzt gern mit euch auf unser letztes Treffen zurückblicken.

Habt ihr einige *Streßkiller* gelernt, von denen ihr gar nicht dachtet, daß ihr sie machen könnt?

Habt ihr erkannt, daß die *Mega-Stresser* euren Streß noch vergrößern?

Jeder überlegt sich jetzt mal bitte eine für ihn typische Streßsituation. Und dann überlegt ihr euch, wie ihr früher in der Streßsituation versucht habt, mit dem Streß umzugehen.

Ich gebe euch zwei Beispiele aus unserem Training:

1. Beispiel: Denkt an das Video. Der Marco war immer beim Vorlesen seines Aufsatzes so aufgeregt, daß er nicht ohne Fehler vorlesen konnte. Er hat ewig über das Problem gegrübelt, aber davon ging der Streß nicht weg.
2. Beispiel: Kati hat die Nerven immer bei einem Rechentest verloren. Was hat sie sich so gedacht?

Ich möchte, daß ihr das wieder versucht, in kurzen Rollenspielen darzustellen. Und zwar schreibt auf die Karteikarte eure *Streßsituation*, eure *Streßantworten* und euren *Mega-Stresser*. Und dann spielt mal nur, was ihr in dieser Streßsituation gemacht habt.

Also, ..., welche Streßsituation war für dich wichtig? Was hast du dann gemacht? Versuche, es mal kurz darzustellen.

Würdest du heute auch noch dasselbe machen?

Ggf. selbst eine Streßsituation anführen und durchsprechen!

Was hat euch am meisten geholfen, mit der Streßsituation nun fertig zu werden?

Schreibt die *Streßkiller* auf die Karte und versucht nun, die Streßkiller in kleinen Rollenspielen darzustellen.

Alle Kinder spielen die Streßkiller.

Könnt ihr mal einschätzen, wie ihr solchen Streßsituationen nun gegenüber steht? Denkt ihr, ihr habt den Streß nun besser im Griff?

Damit jeder für zukünftige Streßsituationen einige einfache Regeln hat, kann jeder ein kleines Erinnerungskärtchen mit seiner Regel beschreiben. Das Kärtchen könnt ihr dann immer bei euch tragen.

> **Falls ein Elternabend stattgefunden hat:**
> Ich habe euren Eltern beim Elternabend auch ein Erinnerungskärtchen gegeben. Sie haben sich auch einen Streßkiller auf das Kärtchen geschrieben. Vergleicht mal, ob ihr denselben Streßkiller habt.

Die Streßkiller werden dem Leitfaden „Streßkiller/ Mega-Stresser" entnommen.

Beispiele:

A: Ein Mädchen hat berichtet, daß es auf dem Nachhauseweg von anderen Mitschülern bedroht wird.

Lösung: Sie fragt einen netten Jungen in ihrer Klasse, daß er mit ihr gemeinsam nach Hause geht.

Kärtchen: „Ich bitte jemanden um Hilfe!"

B: Der Vater verbietet seinem Sohn, sofort nach der Schule Fußballspielen zu gehen.

Lösung: Der Junge reagiert nicht gleich aggressiv („Ich gehe gleich in die Luft!" als Mega-Stresser")

Kärtchen: „Ich muß mich in den Griff kriegen!"

4b. „Zurück in die Zukunft: Was kann ich in Zukunft bei Streß tun?": Ausblick auf Rückfälle

Ziel	Identifikation von Rückfallfaktoren Ermittlung von Bewältigungsstrategien zur Rückfallverarbeitung und -prävention
Dauer	ca. 10 Minuten
Durchführung	an Gruppentischen
Materialien	Instruktionskarten als Erinnerungshilfen (vgl. 7.2.16)

Instruktionen:

Ich finde, ihr habt toll dazu gelernt. Nun wißt ihr aber selbst, daß ihr zwar jetzt besser mit Streß umgehen könnt, aber daß es immer wieder Streßsituationen geben kann, in denen ihr nicht wißt, was der richtige Streßkiller ist. Oder ihr etwas macht, was nicht wirkt.

Ich hatte euch ja schon zu Anfang gesagt, daß wir den Streß nicht 100%ig verhindern können. Es ist ja sogar auch gut, in einer *gewissen Menge*, Streß zu erleben. In den Situationen, in denen es schwer ist, alles in den Griff zu bekommen und ihr es aber trotzdem geschafft habt, lernt ihr sehr viel. Ihr erinnert euch, daß es schön ist, wenn wir auf uns stolz sind.

Fällt euch jetzt schon eine Streßsituation ein, bei der ihr so ein komisches Gefühl habt, daß ihr sie vielleicht in Zukunft mal nicht in den Griff bekommt?

Situationen sammeln.

Ich möchte nun, daß ihr euch überlegt, wie ihr euch dann fühlt.

Was werdet ihr nach der Situation machen?

Nachfragen, ob das Kind dann in Zukunft Angst vor der Situation hat oder einfach ausprobiert, einen anderen Streßkiller einzusetzen.

Könnt ihr nun wieder in einem kurzen Rollenspiel darstellen, wie ihr die Streßsituation doch noch in den Griff bekommen könnt.

Damit jeder für zukünftige Streßsituationen, die ihr nicht so toll gelöst habt, einige einfache Regeln hat, kann jeder wieder ein kleines Erinnerungskärtchen mit seiner Regel beschreiben. Ihr könnt auch dieses Kärtchen immer bei euch tragen.

Jedes Kind nennt und spielt den Umgang mit zukünftigen Streßsituationen.

Beispiele:

A: Ein Mädchen hat berichtet, daß auf dem Nachhauseweg von anderen Mitschülern bedroht wird.

Lösung 1:   Sie fragt einen netten Jungen in ihrer Klasse, ob er mit ihr gemeinsam nach Hause geht. Der antwortet ihr, daß er dazu keine Lust hat.

Lösung 2:   Sie schaut sich die Situation genau an und entschließt sich, in einen Verein zu gehen, um Selbstverteidigung zu lernen. Bis sie sich sicher fühlt, schließt sie sich anderen Mädchen an und muß dafür auf dem Nachhauseweg einen kleinen Umweg machen.

Kärtchen: „Ich mache mir einen Plan!"

B: Ein Vater verbietet seinem Sohn, sofort nach der Schule Fußballspielen zu gehen, weil er Hausaufgaben machen soll. Diesmal hat er aber ausnahmsweise keine auf.

Lösung 1:   Der Junge reagiert nicht gleich aggressiv („Ich gehe gleich in die Luft!" als Mega-Stresser). Der Vater ist völlig verunsichert und läßt nicht mit sich reden.

Lösung 2:   Der Junge geht erst mal in sein Zimmer, um seine Lieblings-CD zu hören und an etwas Schönes zu denken. Später versucht er, noch mal seinen Vater anzusprechen.

Kärtchen: „Ich denke an etwas anderes!"

Erinnerungsblatt „Streßkiller"
(s. 7.2.13)

Zum Schluß möchte ich euch noch einmal sagen, daß ihr viel gelernt habt. Ich möchte euch auch noch mal daran erinnern, daß ihr ja nun wißt, daß ihr viele Möglichkeiten habt, mit den Streßsituationen umzugehen. Ihr müßt versuchen, den richtigen Streßkiller für die jeweilige Streßsituation auszusuchen. Ich bin sicher, daß ihr das schafft, und ihr werdet sehen, daß ihr die Situation in den Griff bekommt. Ihr habt ja schon im Training gezeigt, daß ihr das toll könnt.

Wenn ihr mal nicht mehr so sicher seid, was ihr in den Streßpausen zur Erholung machen könnt, habt ihr ja euer Erinnerungsblatt. Nun gebe ich euch noch ein Blatt mit, und zwar ein Erinnerungsblatt für eure Streßkiller. Da stehen die Streßkiller drauf, die wir hier besprochen haben. Dann könnt ihr immer in eurem „Streß-Flyer" nachschauen, wenn ihr euch nicht sicher seid. Vielleicht habt ihr ja auch Lust, ein Rollenspiel mal mit euren Eltern oder Freunden zu Hause zu machen. Dann könnt ihr noch mal üben und eure Eltern und Freunde lernen dann auch, wie sie den Streß besser in den Griff kriegen.

Erinnerungsblatt „Streßkiller" austeilen.

6.3 Trainingsspezifische Arbeitsmaterialien

Übersicht

Tabelle 6.4: Überblick über den Ablauf des Trainings.

Wann?	Was?
Erste Trainingsstunde	Was ist Streß? Was liegt in den Sitzungen an? Spiele: • Pantomimen-Spiel „Ich fühle mich ganz ..." • Video-Spiel „Was tun bei Streß?" • „Streßwaagen-Spiel, die Erste" • „Cool-man-Spiel" Hausaufgaben: • „Mal gucken, was ich schon gelernt habe?" • „Echt cool, man"
Zweite Trainingsstunde	Na? Hausaufgaben gemacht??? Spiele: • „Stolz wie ... ich!" • „Streßwaagen-Spiel, die Zweite" • „So tun, als ob wir eine Klassenarbeit schreiben" • „Zurück in die Vergangenheit: Was habe ich gelernt?" • „Zurück in die Zukunft: Was kann ich in Zukunft bei Streß tun?"

7 Arbeitsmaterialien für die Kinder

7.1 Allgemeine Arbeitsmaterialien

7.1.1 Memo-Karten („Streßwaagen-Spiele")

7.1.2 Gefühle-Karten („Ich fühle mich ganz ...")

7.1.3 Anleitungen zu den Übungen zur Körperwahrnehmung („Dr. Beat")

7.1.4 Karten „Positive Selbstinstruktionen" („Stolz wie...")

7.1.5 Drehbuch für die Erstellung eines Videos

7.1.6 Beispiele für die Streßkarten („Streßwaage, die Zweite"; „Streßwaage, die Vierte")

7.1.7 Entspannungsinstruktionen für die Audiokassette (Seite A und B)

7.1.8 Rollenspieltexte

Tabelle 7.1: Aufstellung der Arbeitsmaterialien für die Kinder für die jeweilige Trainingsversion (AST_8, AST_6, AST_4, AST_2) und die jeweilige Trainingssitzung.

Arbeitsmaterialien	AST_8		AST_6		AST_4		AST_2
Trainingsspezifische Arbeitsmaterialien							
Stundenübersicht[1]	s. Tabelle 3.10 und 3.11 in Abschnitt 3.3		s. Tabelle 4.5 in Abschnitt 4.3		s. Tabelle 5.6 in Abschnitt 5.3		s. Tabelle 6.4 in Abschnitt 6.3
Arbeitsblatt „Daddy cool"[1]	8_4[2] in Abschnitt 3.3						

7.1 Allgemeine Arbeitsmaterialien

Arbeitsmaterialien	AST_8		AST_6		AST_4		AST_2
Memo-Karten (7.1.1)	8_1 8_2 8_3 8_4 8_7		6_1 6_2 6_3		4_1 4_2 4_3 4_4		2_1 2_2
Gefühle-Karten (7.1.2)	8_1 8_4		6_1		4_1		2_1
„Dr. Beat" (7.1.3)	8_1		6_1		4_1		–
Positive Selbstinstruktionen (7.1.4)	8_2 8_7		6_2		4_3		2_2
Videoprotokoll (7.1.5)	8_2		6_2		4_2		2_1
Beispielkarten für die Streßwaage (7.1.6)	8_2 8_7		6_2		4_3		2_2
	Hausaufgabe:	Text in Sitzung:	Hausaufgabe:	Text in Sitzung:	Hausaufgabe:	Text in Sitzung:	
Audiokassette, Seite A (7.1.7)	8_3 8_4 8_5		6_3 6_4		4_2	4_2	–
Audiokassette, Seite B (7.1.7)	8_6 8_7	8_6	6_5	6_5	4_3	4_3	–
Kurzformel (7.1.7)		8_7 8_8		6_6		4_4	–
Rollenspieltext (7.1.8)							
• Klassenarbeit schreiben	8_3		6_3		4_4		2_2
• gehänselt werden	8_5		6_4		–		–
• Arbeit zurückbekommen	8_7		6_5		–		–
• freies Thema	8_6		6_6		–		–
• freies Thema	8_8		–		–		–

Tabelle 7.1: Fortsetzung

7.2 Arbeitsblätter

Arbeitsmaterialien	AST_8	AST_6	AST_4	AST_2
Deckblatt zur Arbeitsmappe (7.2.1)	8_1	6_1	4_1	optional
Vertragsentwurf (7.2.2)	optional: 8_1	optional: 6_1	optional: 4_1	optional
Namensschild (7.2.3)	8_1	6_1	4_1	optional
Deckblatt zur Streßwaage (7.2.4)	8_1 8_2	6_1 6_2	4_2 4_3	2_1
„Streßwaage 1" (7.2.4)	8_1	6_1	4_2	2_1
„Streßwaage 2" (7.2.4)	8_2	6_2	4_3	–
„Cool-man" (7.2.5)	8_3	6_3	4_1	2_1
„Cooler Sound", Form A (7.2.6)	8_6 8_7	6_4 6_5	4_2 4_3	–
„Cooler Sound", Form B (7.2.6)	8_3 8_4 8_5	6_3	–	–
Begleitblatt zur Audiokassette (7.2.7)	8_3	6_3	4_2	–
Blatt „Kurzformel" (7.2.8)	8_7 8_8	6_6	4_4	–
„The winner is ..." (7.2.9)	8_5	6_4	–	–
„Space 2009" (7.2.10)	8_6 8_7	6_5	–	–
„Space 2009 + 1" (7.2.11)	8_8	6_6	–	–
Arbeitsblatt „Streßkiller" (7.2.12)	8_3 8_5 8_6 8_7 8_8	6_3 6_4 6_5 6_6	4_4	2_2
Erinnerungsblatt „Streßkiller" (7.2.13)	8_8	6_6	4_4	2_2
Leitfaden „Streßkiller/Mega-Stresser" (7.2.14)	8_1 8_2 8_4 8_5 8_7	6_1 6_2 6_4	4_2 4_3 4_4	2_1 2_2
Erinnerungsblatt „Streß-Pausen" (7.2.15)	8_3 8_4	6_3 6_4	4_1 4_2	2_1 2_2

Tabelle 7.1: Fortsetzung

Arbeitsmaterialien	AST_8	AST_6	AST_4	AST_2
Instruktionskarten (7.2.16)	8_5 8_6 8_8	6_4 6_5 6_6	4_4	2_2
Protokollbogen (7.2.17)	immer	immer	immer	immer
Entwurf der Urkunde (7.2.18)	8_8	6_6	4_4	optional

Anmerkungen : [1] Diese Arbeitsmaterialien befinden sich am Ende der Instruktionen im Abschnitt „Trainingsspezifische Arbeitsmaterialien".
[2] Die erste Zahl gibt die Trainingsversion an und die zweite Zahl die Trainingssitzung.

Memo-Karten

Streßsituationen

Streßantworten

Memo-Karten

Streßkiller

Happy-Hippo-Laune

Memo-Karten

Mega-Stresser

Gefühle-Karten

Ich habe Angst!	Ich ärgere mich!
Ich bin traurig!	Ich freue mich!
Ich bin aufgeregt!	Ich fühle mich wohl!

Übungen zur Körperwahrnehmung

Zeig her deine Hände ...

Mit dieser Übung kann demonstriert werden, welche körperlichen Veränderungen mit dem Gefühl der Wärme und Schwere einhergehen.
Diese Übung ist auch sehr geeignet, um den Kindern vor einer Entspannungsübung das Gefühl der Schwere und Wärme zu vermitteln.

Instruktionen:

Stellt euch nun alle im Raum auf und achtet darauf, daß ihr viel Platz habt!
So, nun schaut wieder zu mir. Ich zeige euch erst mal, was ihr machen sollt. Ihr laßt einen Arm ganz schnell kreisen, der andere Arm bleibt aber ruhig. So, und jetzt schaut mal auf meine Hände und Arme. Unterscheiden die sich?
So, jetzt macht ihr es mal. Also, laßt euren Arm kreisen, wie einen Propeller.
Gut, und nun schaut auf eure Hände und Arme. Unterscheiden die sich? Wie fühlt sich denn der Arm an, den ihr eben bewegt habt?

Lockert mal beide Arme aus, denn wir machen jetzt noch einmal eine ähnliche Übung:
Seht bitte mal her: Nehmt den einen Arm mal hoch und haltet ihn da oben. Wir spielen jetzt sozusagen Schülerlotse. Den anderen Arm laßt wieder ganz locker.
Gut, und nun laßt den Arm wieder fallen und schaut auf eure Hände und Arme. Unterscheiden die sich? Wie fühlt sich denn der Arm an, den ihr eben bewegt habt?
Die Kinder sollen die Unterschiede in der Farbe, dem Heraustreten der Adern und der Schwellung beschreiben.

„Nur Fliegen ist schöner" (modifizierte Übung „Kohnstamm-Effekt" von Kruse & Haak, 1993)

Diese Übung vermittelt die Erfahrung, daß manchmal etwas bewirkt werden kann, ohne selbst direkt aktiv sein zu müssen.

Instruktionen:

Jeder sucht sich nun mal einen Platz an der Wand oder an der Schranktür. Ich zeige euch, was ihr gleich machen sollt. Stellt euch seitlich (im rechten Winkel; mit etwa 20 Zentimeter Abstand) an die Wand. Laßt eure Arme rechts und links neben dem Körper hängen.

So, jetzt schaut erst mal nur zu! Nun drücke ich mit dem Handrücken des Armes, der sich an der Wand befindet, gegen die Wand. Aber nicht zu schwach und nicht zu stark, sondern mit einer mittleren Stärke. Ihr müßt darauf achten, daß euer Arm gestreckt ist und ihr nur mit dem Handrücken drückt. Bleibt mit dem Körper gerade und aufrecht.
Gut, habt ihr es verstanden?
Nun drückt mit dem Handrücken gegen die Wand, mit einer mittleren Stärke. Das machen wir eine Minute! Ich schaue auf die Uhr und sage euch, wann ihr wieder locker lassen könnt.
Gut, und nun geht von der Wand weg und laßt den Arm ganz locker. Na?????????

Pinocchio (modifizierte Übung „Gliederpuppe" von Kruse & Haak, 1993)

In dieser Übung können die Kinder sowohl passiv als auch aktiv den Zusammenhang zwischen muskulärer Entspannung und körperlicher Schwere erleben.
Die Übung ist auch geeignet, daß sie vor der ersten Entspannungsübung gemacht wird. Hier können die Kinder angewiesen werden, erst die Arme 100% anzuspannen und dann 50%. So können die Kinder lernen, ihre muskuläre Spannung zu variieren. Für die Progressive Muskelrelaxation ist es wichtig, daß sie eine mittlere Anspannung aufbauen und wahrnehmen können.

Instruktionen:

Ihr könnt mit der nächsten Übung spüren, wie eure Arm- und Beinmuskeln sich anfühlen, wenn ihr entspannt seid. Ihr müßt euch wieder zu zweit zusammenfinden. Keine Angst, wir machen die Übung zweimal, so daß ihr es alle mal ausprobieren könnt. Einer von euch legt sich auf den Boden und läßt die Arme und Beine so locker wie möglich. Nun stell' dir vor, du bist eine Marionette und dein Partner bewegt deine Arme und Beine.
Einige Zeit warten.

Dein Partner nimmt jetzt also deine Arme und Beine und bewegt sie. Wenn er z.B. einen Arm anhebt, ist der Arm ganz schwer. Läßt er den Arm los, dann fällt der Arm schwer auf eure Matte. Euer Partner paßt darauf auf, daß ihr euch nicht weh tut. Er fängt den Arm oder das Bein ein wenig mit der Hand ab. Nun konzentriert euch nur auf euren Körper und laßt die Muskeln ganz locker. Jetzt versucht mal, die Arme und Beine ganz stark anzuspannen. Nach einiger Zeit spannt ihr dann die Arme oder Beine so an, daß ihr die Anspannung gerade gut spürt.
Toll, nun drehen wir die Rollen um. Nun dürfen die anderen mal spüren, wie sich der Körper anfühlt, wenn ihr ganz entspannt seid.

Ich bin stolz darauf, …

© Michael Schuster

… daß ich so gemütlich bin!

Ich bin stolz darauf, …

© Michael Schuster

… daß ich so tolle Freunde habe!

Ich bin stolz darauf, …

© Michael Schuster

… daß ich so stark bin!

Ich bin stolz darauf, …

© Michael Schuster

daß ich so schlau bin!

Videofilm „Effektive/ineffektive Bewältigungsstrategien"

Zwei Filme jeweils mit zwei Jungen und zwei Mädchen im Mittelpunkt, die in einer Situation entweder effektives oder ineffektives Bewältigungsverhalten spielen.

Erster Film:

Situation: „Vor der Klasse den eigenen Aufsatz vorlesen"

Sprecher: Die Lehrerin gibt eine Klassenarbeit über einen Deutsch-Aufsatz zum Thema „Mein schönstes Ferienerlebnis" zurück und sagt, sie würde gern vier Kinder Teile ihres Aufsatzes vorlesen lassen. Zuerst ruft sie Marco auf:
Lehrerin: „Marco, könntest du uns bitte deinen Anfang, also den ersten Absatz deines Aufsatzes, vorlesen?"
Sprecher: Marco zuckt zusammen und denkt sich:
Marco: „Ich werde nichts mehr rauskriegen, ich habe einen richtigen Kloß im Hals. Die anderen finden meinen Aufsatz bestimmt doof. Ich merke, wie mein Herz rast und ich ganz nasse Hände bekomme!"
Sprecher: Marco beginnt ganz aufgeregt mit unsicherer Stimme und sehr stockend seinen Aufsatz vorzulesen:

Marco: „Mit Papa auf dem Fußballplatz"

Papa hatte bei der Tombola zwei Eintrittskarten für das Fußballspiel Werder Bremen gegen den HSV am letzten Samstag hier im Weserstadion gewonnen. Wir sind extra mit dem Sonderbus gefahren, damit wir nicht so lange einen Parkplatz suchen mußten. Der Bus platzte fast aus allen Nähten. Bestimmt hundert Werder-Fans mit ihren Schals und den T-Shirts waren mit uns im Bus. Wir saßen im Stadion in der Ostkurve. Da war natürlich eine tolle Stimmung. Leider konnte ich aber nichts sehen, weil nur große Leute vor mir saßen. Da hat mein Papa mich einfach Huckepack genommen und dann konnte ich super sehen.

Sprecher: Nachdem Marco vorgelesen hat, ruft die Lehrerin Kati auf:
Lehrerin: „Gut Marco. Kati, könntest du uns jetzt bitte deinen ersten Absatz deines Aufsatzes vorlesen?"
Sprecher: Kati ist auch erst etwas erschrocken. Dann macht sie sich Mut und denkt sich:
Kati: „Ich schaffe das schon. Es ist schön, wenn alle meinen Aufsatz hören und mir sagen, wie sie ihn finden. Ich finde ihn o.k."
Sprecher: Kati fängt ganz ruhig und sicher an, ihren Aufsatz vorzulesen.

Kati: „Meine erste Reitstunde"

Mittwoch waren meine Freundin Hanna und ich das erste Mal reiten. Meine liebe Tante Marion hatte mir nämlich zum Geburtstag einen Gutschein über zehn Reitstunden geschenkt. Meine Mama rief bei unserem Reitclub an und wir sollten am Mittwoch zur ersten Reitstunde kommen. Wir bekamen zuerst unsere Pferde gezeigt. Mein Pferd, das ich jetzt immer reiten darf, hat einen lustigen Namen: Es heißt „Apfelsaft" und ist wunderschön. Wir waren in der ersten Gruppe und die Reitlehrerin sagte uns, daß die erste Gruppe immer vor dem Reiten erst die Pferde striegeln muß. Dann lernten wir noch, wie wir die Trense anlegen, den Sattel richtig befestigen und aufsitzen.

Sprecher: Nachdem Kati vorgelesen hat, ruft die Lehrerin Benjamin auf:
Lehrerin: „Sehr schön, Kati. Benni, könntest du bitte jetzt vorlesen?"
Sprecher: Benni fühlt sich auch erst etwas überrumpelt. Dann denkt er sich aber:
Benni: „Für mich ist der Aufsatz o.k., so ist es mir egal, was die anderen denken. Es ist alles halb so schlimm, also fange ich jetzt mal an."
Sprecher: Benni fängt an, flüssig zu lesen.

Benni: „Mein Tag auf Papas Baustelle"

An meinem zehnten Geburtstag hat mein Papa mir das beste Geschenk gemacht. Er hat mich mit auf seine Baustelle genommen. Er arbeitet dort und muß gucken, ob auch alle das Richtige machen. Die Baustelle ist riesig groß, daß wir zwei Stunden brauchten, um alles zu sehen. Damit ich alles von oben gucken konnte, hat mich der Kranführer mit nach oben bis in seine Führerkabine genommen. Von dort aus konnten wir alles prima sehen. Wir konnten sogar noch weiter gucken, sogar unser Haus und unsere Schule. Aber das Tollste war, daß der Kranführer mir erlaubte, auch einmal den Kran zu bedienen.

Sprecher: Nachdem Benjamin vorgelesen hat, ruft die Lehrerin als Letzte Jasmin auf:
Lehrerin: „Sehr schön, Benni. Als Letzte würde ich jetzt gern Jasmin bitten, vorzulesen."
Sprecher: Jasmin zuckt leicht zusammen und bekommt Herzklopfen, dann denkt sie sich aber:
Jasmin: „Das mußte ja kommen. Naja, nur ruhig bleiben, erst mal tief einatmen. Bloß nicht die Fassung verlieren! Also, los!"
Sprecher: Jasmin fängt erst verhalten an, zu lesen und wird schnell sehr sicher.

Jasmin: „Ein Tag mit meinen Eltern im Erlebnisbad"

Weil es schon drei Wochen hintereinander geregnet hatte, haben wir am Wochenende mit der ganzen Familie einen Ausflug ins Spaßbad unternommen. Wir wollten schon ganz früh losfahren, aber bis wir alles zusammen hatten, dauerte es ganz schön lange. Als wir dann endlich im Bad waren, hatte meine Mama die Schwimmflügel von meinem kleinen Bruder vergessen. Ich habe schon im letzten Schuljahr meinen Freischwimmer bestanden, daß ich schon lange keine mehr brauche. Wir sind fast den ganzen Tag auf der Riesenrutsche gewesen. Das hat viel Spaß gemacht, vor allem wenn wir auf dem Bauch gerutscht sind. Einmal haben wir unsere Mama überredet, mit uns zusammen zu rutschen.

Zweiter Film:

Situation: „Unangekündigter Rechentest"

Sprecher: Der Lehrer begrüßt die Kinder morgens zur Mathematikstunde und sagt, daß jetzt ein Rechentest geschrieben wird und verteilt die Aufgaben. Kati denkt sich:

Kati: „Oh, das darf doch nicht wahr sein! Ich weiß gar nichts mehr. Ich habe damit gar nicht gerechnet. Ich weiß zwar, was wir gelernt haben, aber mir fällt bestimmt nichts ein. In meinem Kopf dreht sich alles."

Sprecher: Kati schaut fassungslos auf die Aufgaben. Sie starrt auf das Blatt, löst aber keine Aufgaben.
Dagegen behält Marco die Ruhe, er denkt sich:

Marco: „Ich mache eine Aufgabe nach der anderen. Ich schaffe das schon. Erst die einfachen, dann die schweren Aufgaben."

Sprecher: Marco liest sich in Ruhe die Aufgaben durch und fängt mit einer einfachen Aufgabe an und löst so nach und nach die Aufgaben.
Jasmin nimmt es auch nicht so schwer. Sie denkt sich:

Jasmin: „Ich versuche mein Bestes, egal, was dann dabei ʻrauskommt."

Sprecher: Jasmin löst fleißig die Aufgaben, genauso wie Benjamin. Der versucht, ganz locker zu bleiben:

Benni: „Jetzt bloß cool bleiben, nur nicht aufregen. Ich muß erst mal mein Verhalten unter Kontrolle kriegen."

Sprecher: Nach und nach löst Benni die Aufgaben.

Beispielitems für die Karteikarten

1. Beispiel

Streßsituationen: A) Ich muß mit meiner neuen Brille zum ersten Mal in die Schule gehen.
B) Ich möchte unbedingt das beste Zeugnis haben.

Streßantworten: A) Ich habe Angst!
B) Ich habe Kopfweh!

Streßkiller: A) Ich denke mir: „Die Sache ist halb so wild!"
B) Ich mache mir einen Plan, wie ich die Situation lösen kann!

Happy-Hippo-Laune: A) Ich fühle, wie die Angst verfliegt.
B) Meine Verspannungen im Kopf lösen sich.

2. Beispiel

Streßsituationen: A) Ich möchte unbedingt null Fehler in der Mathearbeit haben.
B) Ich darf nicht wie alle meine Freunde abends weggehen.

Streßantworten: A) Ich kann gar nicht mehr klar denken!
B) Ich schwitze an den Händen!

Streßkiller: A) Ich mache mir Mut!
B) Ich muß mich erst mal in den Griff kriegen!

Happy-Hippo-Laune: A) Ich kann mich jetzt wieder auf die Situation konzentrieren.
B) Ich fühle, daß meine Hände aufhören zu zittern.

3. Beispiel

Streßsituationen: A) Ich möchte unbedingt den schönsten Aufsatz schreiben.
B) Ich muß allein zu Hause bleiben.

Streßantworten: A) Mein Herz klopft bis zum Hals!
B) Ich bin ganz aufgeregt!

Streßkiller: A) Ich denke: „Ich habe doch keinen Streß!"
B) Ich denke an etwas anderes!

Happy-Hippo-Laune: A) Ich fühle, wie mein Herz ruhiger schlägt.
B) Ich fühle, wie meine Aufregung weg ist.

4. Beispiel

Streßsituationen: A) Ich möchte unbedingt als Hobby ein Instrument spielen und eine Sportart ausüben.
B) Ich muß vor der Klasse ein Gedicht aufsagen.

Streßantworten: A) Mein Bauch kneift!
B) Ich bin traurig!

Streßkiller: A) Ich lege erst mal eine Pause ein!
B) Ich sage mir: „Ich schaffe das schon!"

Happy-Hippo-Laune: A) Ich fühle mich frei.
B) Ich bin fröhlich.

5. *Beispiel*

Streßsituationen:	A) Ich will unbedingt die/der Schnellste sein.
	B) Meine Eltern wollen, daß ich immer gute Noten habe.
Streßantworten:	A) Meine Muskeln sind ganz verkrampft!
	B) In meinem Kopf ist alles durcheinander!
Streßkiller:	A) Ich versuche, meinen Körper zu entspannen!
	B) Ich frage meine/n beste/n Freund/in, ob er/sie mir helfen kann!
Happy-Hippo-Laune:	A) Meine Muskeln sind entspannt.
	B) Ich merke, wie meine Gedanken sich wieder ordnen.

6. *Beispiel:*

Streßsituationen:	A) Morgen muß ich eine schwierige Klassenarbeit schreiben.
	B) Streit mit dem besten Freund/ der besten Freundin.
Streßantworten:	A) Mir wird ganz heiß!
	B) Ich bin nervös!
Streßkiller:	A) Ich heule mich bei jemandem aus!
	B) Ich gehe in Gedanken alle Lösungen noch mal durch!
Happy-Hippo-Laune:	A) Ich fühle mich wohl.
	B) Ich bin fröhlich.

Mega-Stresser:

1. Ich gehe dem Streß lieber aus dem Weg!
2. Nichts wie weg!
3. Ich igle mich ein!
4. Ich grüble ständig über das Problem!
5. Ich schaffe das nie!
6. Ich gehe erst mal in die Luft!

Entspannungskassette (nach Florin, 1975; Petermann, 1996)

Audio-Kassette Seite A: Ausführliche Entspannungsübung

Wir werden gleich nacheinander einige Muskeln an- und wieder entspannen. Dabei mußt du die Muskeln für eine kurze Zeit anspannen und sie dann wieder für eine längere Zeit locker lassen, bis ein anderer Muskel angespannt wird. Wenn du die Muskeln anspannst, ist es wichtig, daß du so stark anspannst, bis du die Spannung spürst. Du sollst aber nicht zu stark anspannen, so daß deine Muskeln zittern oder du einen Krampf in den Muskeln bekommst.

Bevor wir in die Entspannungsübung gehen, möchte ich dich an drei Regeln erinnern. Wenn du diese Regeln beachtest, dann klappt die Übung bestimmt ganz toll:
1. Folge meinen Anweisungen zur Entspannung ganz genau!
2. Konzentriere dich ganz auf deinen Körper! Achte auf den Gegensatz von An- und Entspannung.
3. Übe eine Entspannungsübung jeden Tag und du wirst es super schaffen!

Nun wollen wir anfangen:
Lege dich nun ganz bequem mit dem Rücken auf den Boden. Räkele dich noch mal so richtig und hole tief Luft und atme die ganze Luft wieder aus. Atme nun ruhig weiter. Lege die Arme ganz locker hin, so daß die Hände neben den Beinen sind (2 sec Pause).

Schließe nun deine Augen. Während der ganzen Übung solltest du die Augen geschlossen halten. Wenn du dich auf die Übungen konzentrierst, fällt dir das auch gar nicht so schwer.
Versuche, eine ganz bequeme Lage zu finden (5).

Schließe nun deine **rechte Hand** zur Faust. Stelle dir vor, daß du einen Schwamm ausdrückst
und achte darauf, wie sich die Spannung in deiner Hand und in deinem Unterarm anfühlt.
Und nun laß deine Hand und den Unterarm wieder locker, ganz locker (10).
Konzentriere dich darauf, was du nun in den Muskeln deiner Hand und deines Unterarms spürst (12).

Nun schließe deine rechte Hand noch einmal zur Faust. Stelle dir wieder vor, du drückst einen Schwamm aus.
Halte die Spannung in deiner Hand und in deinem Unterarm.
Laß nun deine Hand und deinen Unterarm wieder locker, ganz locker (10).
Achte auf den Gegensatz von An- und Entspannung (12).

Schließe nun deine **linke Hand** zur Faust. Stelle dir vor, daß du nun mit deiner linken Hand einen Schwamm ausdrückst.
Achte darauf, wie sich die Spannung in deiner Hand und in deinem Unterarm anfühlt.
Und nun laß deine Hand und den Unterarm wieder locker, ganz locker (10).
Konzentriere dich darauf, was du nun in den Muskeln deiner Hand und deines Unterarms spürst (12).

Nun schließe deine linke Hand noch einmal zur Faust. Stelle dir wieder vor, du drückst einen Schwamm aus.
Halte die Spannung in deiner Hand und in deinem Unterarm.
Laß nun deine Hand und deinen Unterarm wieder locker, ganz locker (10).
Achte auf den Gegensatz von An- und Entspannung (12).

Spanne nun deine **beiden Hände und Unterarme** an.
Achte auf die Spannung in deinen Händen und in deinen Unterarmen.
Laß nun wieder deine beiden Hände und die Unterarme locker, ganz locker (10).
Konzentriere dich darauf, wie sich nun deine Hände und deine Unterarme anfühlen.
Achte auf den Gegensatz von An- und Entspannung (12).

Als nächstes spanne deinen **rechten Oberarm** an. Winkele dazu deinen Arm an und schließe deine rechte Hand zur Faust. Stelle dir vor, daß du wie ein Bodybuilder deinen Oberarm-Muskel anspannst.
Achte darauf, wie sich die Spannung in deinem Oberarm anfühlt.
Und nun lege deine Hand und den Unterarm wieder ab und laß deine Hand, den Unterarm und den Oberarm wieder locker, ganz locker (10).
Konzentriere dich darauf, was du nun in den Muskeln deines Oberarms spürst (12).

Nun schließe deine rechte Hand noch einmal zur Faust. Stelle dir wieder vor, du zeigst wie ein Bodybuilder deinen Oberarmmuskel, und spanne deinen Oberarm an.
Halte die Spannung in deinem Oberarm.
Lege nun deine Hand und den Unterarm wieder ab und laß deine Hand, den Unterarm und den Oberarm wieder locker, ganz locker (10).
Achte auf den Gegensatz von An- und Entspannung (12).

Schließe nun deine linke Hand zur Faust. Stelle dir vor, daß du nun wie ein Bodybuilder deinen **linken Oberarm-Muskel** anspannst.
Achte darauf, wie sich die Spannung in deinem Oberarm anfühlt.
Und nun lege deine Hand und den Unterarm wieder ab und laß deine Hand, den Unterarm und den Oberarm wieder locker, ganz locker (10).
Konzentriere dich darauf, was du nun in den Muskeln deines Oberarms spürst (12).

Nun schließe deine linke Hand noch einmal zur Faust. Stelle dir wieder vor, du zeigst wie ein Bodybuilder deinen Oberarmmuskel, und spanne deinen Oberarm an.
Halte die Spannung in deinem Oberarm.
Lege nun deine Hand und den Unterarm wieder ab und laß deine Hand, den Unterarm und den Oberarm wieder locker, ganz locker (10).
Achte auf den Gegensatz von An- und Entspannung (12).

Schließe nun deine beiden Hände zu Fäusten, winkele deine Oberarme an und spanne nun deine **beiden Oberarme** an.
Achte auf die Spannung in deinen Oberarmen.
Lege nun deine Hände und die Unterarme wieder ab und laß wieder deine beiden Hände, die Unterarme und die Oberarme locker, ganz locker (10).
Konzentriere dich darauf, wie sich nun deine Oberarme anfühlen.
Achte auf den Gegensatz von An- und Entspannung (12).

Als nächstes spanne deine Stirn an. Runzele deine **Stirn**. Ziehe dazu deine **Augenbrauen hoch**, wie wenn du über etwas angestrengt nachdenkst.
Achte darauf, wie sich die Spannung in deinen Stirnmuskeln anfühlt.
Und nun laß deine Stirn wieder locker, ganz locker. Laß die Stirn los, wie wenn dir etwas eingefallen ist (10).
Konzentriere dich darauf, was du nun in deinen Stirnmuskeln spürst (12).

Nun spanne deine Stirn noch einmal an. Ziehe deine Augenbrauen wieder hoch, wie wenn du angestrengt über etwas nachdenkst.
Halte die Spannung in deiner Stirn.
Laß nun deine Stirn wieder locker, ganz locker (10).
Achte auf den Gegensatz von An- und Entspannung (12).

Als nächstes spanne noch einmal deine **Stirn** an. Ziehe dazu diesmal deine **Augenbrauen zusammen**, wie wenn du böse schauen und jemanden erschrecken wolltest.
Spüre die Spannung in der Augenpartie.

Und nun laß deine Augenbrauen wieder locker, ganz locker. Halte die Augen ganz ruhig geschlossen (10).
Konzentriere dich darauf, was du nun in deiner Augenpartie spürst (12).

Nun spanne deine Stirn noch einmal an. Ziehe die Augenbrauen wieder zusammen, wie wenn du böse schaust und jemanden erschreckst.
Halte die Spannung in der Augenpartie.
Laß nun deine Augenbrauen wieder locker, ganz locker (10).
Achte auf den Gegensatz von An- und Entspannung (12).

Als nächstes konzentriere dich auf deine **Bauchmuskeln**. Ziehe deinen Bauch ein, wie wenn du eine zu enge Hose anziehst und tief Luft holst, damit der Reißverschluß zugeht,
und achte darauf, wie sich die Spannung in deinen Bauchmuskeln anfühlt.
Und nun laß deinen Bauch wieder locker, ganz locker (10).
Konzentriere dich darauf, was du nun in deinen Bauchmuskeln spürst (12).

Nun spanne deine Bauchmuskeln noch einmal an. Stelle dir wieder vor, du ziehst eine zu enge Hose an, und hole ganz tief Luft, damit der Reißverschluß zugeht.
Halte die Spannung in deinen Bauchmuskeln.
Laß nun deinen Bauch wieder locker, ganz locker (10).
Achte auf den Gegensatz von An- und Entspannung (12).

Als nächstes spanne deine **Pomuskeln** an. Spanne die Pomuskeln so an, wie wenn du mit deinem Po vom Boden abheben möchtest.
Spüre die Spannung in deinen Pomuskeln.
Und nun laß deine Pomuskeln wieder locker, laß sie ganz locker (10).
Konzentriere dich darauf, was du nun in deinen Pomuskeln spürst (12).

Nun spanne deine Pomuskeln noch einmal an. Stelle dir wieder vor, du möchtest mit dem Po vom Boden abheben.
Halte die Spannung in deinen Pomuskeln.
Laß nun deine Pomuskeln wieder locker, ganz locker (10).
Achte auf den Gegensatz von An- und Entspannung (12).

Als nächstes spanne deine **rechten Wadenmuskeln** an. Dazu ziehe deine Zehen zum Körper und drücke die Ferse weg, als ob du einen Gegenstand wegdrücken möchtest.
Spüre die Spannung in deinen Wadenmuskeln.
Und nun laß deine Wadenmuskeln wieder locker, laß sie ganz locker (10).
Konzentriere dich darauf, was du nun in deinen Wadenmuskeln spürst (12).

Nun spanne deine rechten Wadenmuskeln noch einmal an. Stelle dir wieder vor, du drückst mit dem rechten Fuß etwas weg.
Halte die Spannung in deinen Wadenmuskeln.
Laß nun deine Wadenmuskeln wieder locker, ganz locker (10).
Achte auf den Gegensatz von An- und Entspannung (12).

Als nächstes spanne deine **linken Wadenmuskeln** an. Dazu ziehe deine Zehen zum Körper und drücke die Ferse weg, als ob du einen Gegenstand wegdrücken möchtest.
Spüre die Spannung in deinen Wadenmuskeln.
Und nun laß deine Wadenmuskeln wieder locker, laß sie ganz locker (10).
Konzentriere dich darauf, was du nun in deinen Wadenmuskeln spürst (12).

Nun spanne deine linken Wadenmuskeln noch einmal an. Stelle dir wieder vor, du drückst wieder mit dem linken Fuß etwas weg.
Halte die Spannung in deinen Wadenmuskeln.

Laß nun deine Wadenmuskeln wieder locker, ganz locker (10).
Achte auf den Gegensatz von An- und Entspannung (12).

Spanne nun deine **beiden Wadenmuskeln** an.
Achte auf die Spannung in deinen Wadenmuskeln.
Laß nun wieder deine Wadenmuskeln locker, ganz locker (10).
Konzentriere dich darauf, wie sich nun deine Wadenmuskeln anfühlen.
Achte auf den Gegensatz von An- und Entspannung (12).

Nun achte darauf, wie sich deine Muskeln anfühlen:
deine Wadenmuskeln (2),
deine Pomuskeln (2),
deine Bauchmuskeln (2),
die Stirn (2),
die Oberarme (2),
die Unterarme (2) und
deine Hände (8).

Atme jetzt tief ein (4)
und wieder aus (2).
Winkele deine Arme an (2),
strecke deine Arme (2),
stelle deine Beine auf (2),
strecke deine Beine (2)
und räkele dich (2).
Öffne langsam deine Augen (5).
Atme noch einmal richtig ein (2)
und aus (8)
und setze dich wieder langsam hin (8).

Entspannungskassette (nach Florin, 1975; Petermann, 1996):

Audiocassette Seite B: Kurze Entspannungsübung

Im folgenden werden wir eine Entspannungsübung durchführen, die du machen kannst, ohne daß andere davon etwas merken. Diese Übung kannst du dann machen, wenn du in einer Streßsituation bist. Also, wenn du eine Arbeit schreibst und du merkst, daß du ganz unruhig bist und dich gar nicht konzentrieren kannst. Oder du hast eine wichtige Prüfung in deinem Hobby, zum Beispiel wenn du ein Musikinstrument spielst und du vorspielen mußt oder wenn du Sport machst und du einen Wettkampf hast.

Setze dich nun bequem hin, ohne dich mit dem Rücken anzulehnen.
Strecke dich noch mal so richtig und hole tief Luft und atme die ganze Luft wieder aus.
Lege deine Unterarme und Hände ganz locker auf die Oberschenkel. Du kannst deine Augen schließen. Wenn du deine Augen lieber offen halten möchtest, schau einfach auf den Boden (2 sec Pause).

Nun wollen wir anfangen (5):

Konzentriere dich nun auf deinen **Atem** (2).
Achte darauf, wie die Luft ein- und ausströmt (11).
Atme nun tief ein und fülle die Lungen mit Luft und halte nach dem Einatmen die Luft kurz an.
Achte auf die Spannung in deinem Brustkorb
und laß die Luft von selbst wieder ausströmen (2).

Atme wieder tief ein und achte auf die Spannung in deinem Brustkorb.
Nun laß die Luft wieder ausströmen.
Atme noch einmal tief ein (2)
und aus (10).

Verfolge nun einfach das Ein- und Ausströmen deines Atems (4).
Sprich innerlich einfach mit, wie du ein- und ausatmest (3).
Achte nur auf deine Worte „Ein" (2)
und „Aus" (8).

Als nächstes ziehe die **Schultern** hoch, als ob du mit den Achseln zucken würdest, nach dem Motto: „Ich weiß es nicht!"
Spüre die Spannung in deinen Schultern.
Und nun laß deine Schultern wieder fallen, laß sie ganz locker (10).
Konzentriere dich darauf, was du nun in deinen Schultern spürst (12).

Nun ziehe deine Schultern noch einmal hoch, als wenn du mit den Achseln zuckst und sagen willst: „Ich weiß es nicht!".
Halte die Spannung in deinen Schultern.
Laß nun deine Schultern wieder locker, ganz locker (10).
Achte auf den Gegensatz von An- und Entspannung (12).
Nun drücke deine Oberarmmuskeln fest an deinen Körper und ziehe die Schultern weit nach hinten. Halte die Spannung und spüre diese Spannung.

Und nun laß alle deine Muskeln wieder locker, ganz locker (10).
Laß die Schultern locker (2),
die Brust (2)

und die Arme (2).

Atme schön ruhig und achte auf das Ein- und Ausströmen deines Atems (3).

Sprich wieder innerlich mit – „Ein" und „Aus" (12).

Als nächstes konzentriere dich auf deine **Bauchmuskeln**. Ziehe deinen Bauch ein, wie wenn du eine zu enge Hose anziehst und tief Luft holst, damit der Reißverschluß zugeht,

und achte darauf, wie sich die Spannung in deinen Bauchmuskeln anfühlt.

Und nun laß deinen Bauch wieder locker, ganz locker (10).

Konzentriere dich darauf, was du nun in deinen Bauchmuskeln spürst (12).

Nun spanne deine Bauchmuskeln noch einmal an. Stelle dir wieder vor, du ziehst eine zu enge Hose an, und hole ganz tief Luft, damit der Reißverschluß zugeht.

Halte die Spannung in deinen Bauchmuskeln.

Laß nun deinen Bauch wieder locker, ganz locker (10).

Achte auf den Gegensatz von An- und Entspannung (12).

Nun presse deine Fersen fest gegen den Boden. Stelle dir vor, du drückst den Boden unter deinen Füßen weg.

Spanne deine Unterschenkel an, die Oberschenkel und die Pomuskeln. Achte darauf, wie sich die Spannung in deinen **Beinmuskeln** anfühlt.

Und nun laß deine Muskeln wieder locker, ganz locker. Laß die Muskeln los, wie wenn du in einen gemütlichen Sessel gesunken bist (10).

Konzentriere dich darauf, was du nun in deinen Beinmuskeln spürst (12).

Nun spanne deine Beinmuskeln noch einmal an. Presse wieder die Fersen in den Boden, wie wenn du den Boden wegdrückst und presse diesmal auch die Zehenspitzen hinunter.

Halte die Spannung in deinen Unterschenkeln, den Oberschenkeln und den Pomuskeln.

Laß nun deine Muskeln wieder locker, ganz locker. Die Unterschenkel, die Oberschenkel und deine Pomuskeln (10).

Achte auf den Gegensatz von An- und Entspannung (12).

Nun spanne deine Bauchmuskeln, deine Pomuskeln und deine Beinmuskeln an. Halte die Spannung und spüre diese Spannung.

Und nun laß alle deine Muskeln wieder locker, ganz locker (10).

Laß die Beinmuskeln locker (2),

die Pomuskeln (2) und

den Bauch (6).

Atme schön ruhig und achte auf das Ein- und Ausströmen deines Atems (3).

Sprich wieder innerlich mit – „Ein" und „Aus" (12).

Atme jetzt tief ein (4)

und wieder aus (2).

Winkele deine Arme an (2),

strecke deine Arme (2),

strecke deine Beine (2)

und räkele dich (2).

Öffne langsam deine Augen (5).

Atme noch einmal richtig ein (2)

und aus (8)

und setze dich wieder locker hin (8).

Audio-Kassette Seite B:

Kurzformel der Entspannung zum AST

Es folgt nun noch die Kurzformel der Entspannung. Diese Kurzformel kannst du sozusagen als schnellen Streß-killer in einer Streßsituation einsetzen. Zum Beispiel wenn du merkst, daß dein Herz während einer Klassenarbeit ganz schnell schlägt. Oder wenn du ganz gereizt bist und gleich explodierst. Wenn du dir die Kurzformel dann sagst, wirst du bestimmt ruhiger. Denke aber daran, daß dir die Kurzformel erst richtig helfen kann, wenn du die anderen beiden Entspannungsübungen gut geübt hast.

Nun fangen wir an:

Laß deine Muskeln so locker wie möglich (5).
Konzentriere dich auf deinen Atem (2).
Achte darauf, wie die Luft ein- und ausströmt (11).
Atme tief ein und fülle die Lungen mit Luft und halte nach dem Einatmen die Luft kurz an (2).
Laß nun die Luft wieder von selbst ausströmen (8).
Verfolge nun einfach das Ein- und Ausströmen deines Atems (4).
Sprich innerlich einfach mit, wie du ein- und ausatmest (3).
Achte nur auf deine Worte „Ein" (2)
und „Aus" (8).

Rollenspieltext zum Rollenspiel „Klassenarbeit schreiben"

Die Lehrerin hatte heute angekündigt, daß morgen eine Mathearbeit geschrieben wird und die Schüler sich alle Aufgaben noch einmal anschauen sollen. Marco hatte in der letzten Arbeit viele Fehler gemacht und ihm wurde sofort ganz mulmig bei der Vorstellung. Marco vergaß in den anderen Schulstunden die Mathearbeit, aber auf dem Nachhauseweg kam da wieder dieses komische Gefühl im Magen, er war ganz nervös. Er hatte Angst, daß er wieder viele Fehler macht. Er nahm sein Matheheft und wollte sich alle Aufgaben anschauen, aber er starrte nur auf die Aufgaben und konnte sie vor Aufregung nicht mehr rechnen, obwohl er sie als Hausarbeit vor ein paar Tagen noch gekonnt hatte. Auf einmal schellt es an der Haustür. Seine Freundin Kati und sein Freund Benjamin, die beide in dieselbe Klasse gehen wie Marco, kommen und wollen mit Marco spielen. Sofort stellt Kati fest, daß Marco ganz blaß aussieht und sagt: „Mensch, du bist ja ganz grün im Gesicht. Was ist denn los? Siehst du das nicht, Benni?" Benni guckt Marco prüfend an: „Etwa wegen Mathe morgen...?" Marco wird ganz schwummerig, er weiß nicht, was er sagen soll. Soll er es zugeben, die beiden sind schließlich seine besten Freunde.

Rollenspieltext zum Rollenspiel „Gehänselt werden"

Benni hat ein wenig beim Frühstück getrödelt, daß er sich ganz schön beeilen muß, um noch pünktlich zur Schule zu kommen. Zum Glück ist kein Stau, so daß der Schulbus schnell durch den Straßenverkehr kommt. Benni ist ganz froh, daß er nun doch noch 10 Minuten vor Schulbeginn hat, weil sich seine Freunde immer vor der Schule treffen, um Neuigkeiten auszutauschen, bevor es zur ersten Stunde schellt. Hastig verläßt er den Bus und stürmt auf den Schulhof. Da entdeckt er am anderen Ende des Schulhofs seinen besten Freund Marco. Um Marco herum stehen einige Jungen aus der höheren Klasse. Als er endlich bei ihm ist, steht nur noch ein Junge bei ihm. Marco sieht ganz traurig aus, er scheint seine Tränen zu unterdrücken. Benni ist ganz außer Puste und keucht: „Hallo Marco!" Marco brummelt irgendwas, ohne dabei den Mund aufzumachen. Benni kann gar nichts verstehen und will ihn gerade fragen, was los ist, da platzt der ältere Junge dazwischen: „Hey Marco, lächle mich doch mal an! du siehst ja so blöd aus mit dieser Zahnspange. Sahst ja schon vorher nicht toll aus, aber jetzt kannst du ja echt vergessen, daß du noch 'ne Freundin abkriegst. Wer will denn schon mit einem Gebißträger befreundet sein ..." Marco sieht Benni flehend an.

Rollenspieltext zum Rollenspiel „Schwierige Klassenarbeit zurück bekommen"

Kati sitzt am Frühstückstisch und hat gar keinen Hunger. Sie denkt nur an die heutige Mathe-Stunde. Kati hatte in der letzten Mathe-Stunde eine schwere Arbeit geschrieben. Die Lehrerin wollte sie gleich korrigieren und sie heute zurückgeben. Kati war bislang in Mathe gar nicht so schlecht, aber auch keine Leuchte. Aber diese Arbeit war einfach zu schwer. Selbst die Mathe-Cracks wie Benni und Jasmin konnten eine Aufgabe nicht lösen. Nachdem sie nur einen Kakao getrunken hat, schleicht sie sich schnell aus der Küche, zieht ihren Mantel an und geht zur Schule. Im Klassenzimmer sitzen schon alle und warten aufgeregt auf die erste Stunde. Kati ist ganz zerknirscht und setzt sich neben Jasmin, die gerade mit Benni spricht: „Hallo Kati! Na, schlecht geschlafen? Das wird gleich was geben. Mal gespannt, wieviele Fünfen dabei sind! Ich fand einige Aufgaben richtig toll, da mußte ich richtig nachdenken, bis ich endlich die Lösung hatte. Was meinst du, Kati? Wie ist dein Gefühl? Warst ja nicht so begeistert von der Arbeit ..." Jasmin und Benni schauen sie erwartungsvoll an. Kati hat das Gefühl, daß es ihr immer schlechter geht.

7.2 Arbeitsblätter

7.2.1 Deckblatt „Streß-Flyer" (Arbeitsmappe)

7.2.2 Vertragsentwurf

7.2.3 Namensschild

7.2.4 Selbstbeobachtung „Streßgeschehen" („Streßwaage"; Form A und B)

7.2.5 Selbstbeobachtung „Erholungsaktivitäten" („Cool-man")

7.2.6 Selbstbeobachtung „Entspannungskassette"
(„Cooler Sound"; Form A und B; nicht bei AST_2; Form A nicht bei AST_4)

7.2.7 Begleitblatt zur Entspannungskassette (nicht bei AST_2)

7.2.8 Blatt „Kurzformel der Entspannung" (nicht bei AST_2)

7.2.9 Selbstbeobachtung „Streßkiller"
(„The winner is ..."; nicht bei AST_2 und AST_4)

7.2.10 Selbstbeobachtung „Zukünftige Streßbewältigung"
(„Space 2009"; nicht bei AST_2 und AST_4)

7.2.11 Selbstbeobachtung „Zukünftige Streßbewältigung"
(„Space 2009 + 1"; nicht bei AST_2 und AST_4)

7.2.12 Arbeitsblatt „Streßkiller"

7.2.13 Erinnerungsblatt „Streßkiller"

7.2.14 Leitfaden „Streßkiller/Mega-Stresser"

7.2.15 Erinnerungsblatt „Streß-Pausen"

7.2.16 Beispiele für Instruktionskarten

7.2.17 Protokollbogen

7.2.18 Entwurf der Urkunde

 **Arbeitsmappe**

von: _____ _____

Anti-Streß-Training

Anti-Streß-Training für Kinder (AST_8)

VERTRAG

zwischen...
und
Frau/Herrn ....

Unter der Leitung von .... wird ein Training durchgeführt, an
dem ich teilnehmen darf. An diesem Training nehmen auch andere Kinder teil.
Das Training soll mir helfen, Streß besser zu erkennen und mit dem Streß besser
fertig zu werden. Das Training geht über sechs Wochen und hat acht Treffen.

Damit ich bei dem Training viel lerne,
ϑ muß ich an dem ganzen Training teilnehmen und
ϑ meine Hausaufgaben fleißig machen.

Ich erkläre mich dazu bereit, zu allen Treffen zu kommen und bei allen Spielen
und Aufgaben mitzumachen.

....
Ort, Datum   Unterschrift des Kindes

                                        ....
                                        Unterschrift des/der Trainers/Trainerin

_____ hier knicken _____

_____ hier knicken _____

Mein Name

Arbeitsblatt „Streßwaage" von ....

Um meine Streßwaage im Gleichgewicht zu halten, muß ich erforschen,

— welche inneren und äußeren Anforderungen, also Streßsituationen,

— welche Streßantworten und

— welche Streßkiller und Mega-Stresser es gibt.

Was habe ich beobachtet?

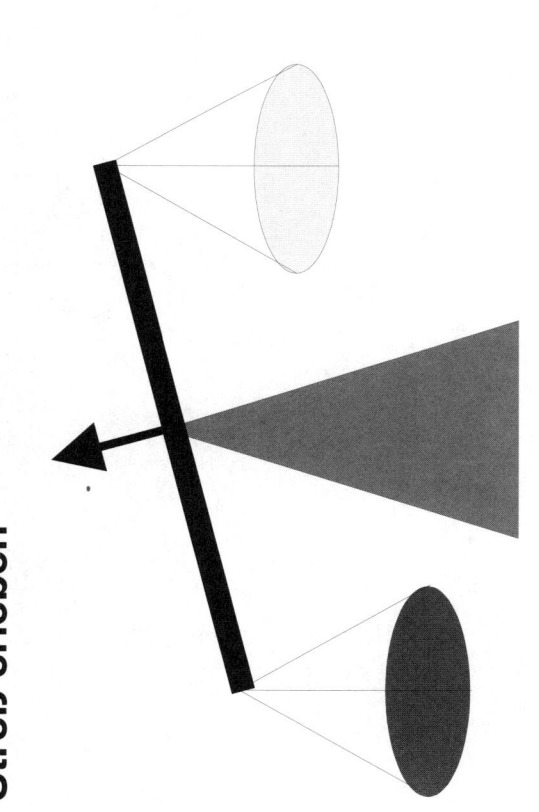

Streß erleben

sich wohl fühlen

Streßsituationen
z.B. unbedingt eine gute Note
in der Klassenarbeit kriegen
z.B. von den Mitschülern deinen
Aufsatz bewerten lassen

Mega-Stresser
z.B. Ich schaffe das nie!
z.B. Nichts wie weg! Ich sage
einfach: „Mir ist ganz übel."

Streßsituationen
z.B. unbedingt eine gute Note
in der Klassenarbeit kriegen
z.B. von den Mitschülern deinen
bewerten lassen

Streßkiller
z.B. Ich schaffe es! Erst die
einfachen, dann die
schwierigen Aufgaben ...
z.B. Den Aufsatz finde ich o.k.,
egal, was die anderen
denken....

Streßsituationen (Wann erlebst du Streß?)	Streßantworten (Was fühlst du, wenn du Streß hast? Wie antwortet dein Körper?)	Streßkiller (Was kannst du tun bei Streß?)

Streßsituationen (Wann erlebst du Streß?)	Streßantworten (Was fühlst du, wenn du Streß hast? Wie antwortet dein Körper?)	Streßkiller (Was kannst du tun bei Streß?)	Mega-Stresser (Womit kriegst Du den Streß nicht in den Griff?)

Arbeitsblatt „Echt cool, man" von ....

Wenn der Streß vorbei ist,
denke ich gar nicht mehr nach ...
Was kann ich alles in Pausen machen?

1.
2.
3.
4.
5.
6.
7.
8.

Arbeitsblatt „Echt cooler Sound!" (Form_A) von

....

Frage	Antwort (Tag 1) Uhrzeit:	Antwort (Tag 2) Uhrzeit:	Antwort (Tag 3) Uhrzeit:	Antwort (Tag 4) Uhrzeit:	Antwort (Tag 5) Uhrzeit:	Antwort (Tag 6) Uhrzeit:
Wie fühlst du dich jetzt im Vergleich zu vorher?	besser – genauso – schlechter	besser – genauso – schlechter	besser – genauso – schlechter	besser – genauso – schlechter	besser – genauso – schlechter	besser – genauso – schlechter
Wie hat dir die Entspannungsübung gefallen?	schlecht – ein wenig – gut	schlecht – ein wenig – gut	schlecht – ein wenig – gut	schlecht – ein wenig – gut	schlecht – ein wenig – gut	schlecht – ein wenig – gut
Bei welchen Muskeln ist es dir leicht gefallen, sie zu entspannen?	Hand, Arm Gesicht Schultern Beine	Hand, Arm Gesicht Schultern Beine	Hand, Arm Gesicht Schultern Beine	Hand, Arm Gesicht Schultern Beine	Hand, Arm Gesicht Schultern Beine	Hand, Arm Gesicht Schultern Beine
Bei welchen Muskeln ist es dir schwer gefallen, sie zu entspannen?	Hand, Arm Gesicht Schultern Beine	Hand, Arm Gesicht Schultern Beine	Hand, Arm Gesicht Schultern Beine	Hand, Arm Gesicht Schultern Beine	Hand, Arm Gesicht Schultern Beine	Hand, Arm Gesicht Schultern Beine
Hat dich etwas gestört, wodurch du dich nicht richtig entspannen konntest? Wenn ja, was?						

Arbeitsblatt „Echt cooler Sound!" (Form_B) von

....

Frage	Antwort (Tag 1) Uhrzeit:	Antwort (Tag 2) Uhrzeit:	Antwort (Tag 3) Uhrzeit:	Antwort (Tag 4) Uhrzeit:
Wie fühlst du dich jetzt im Vergleich zu vorher?	besser – genauso – schlechter	besser – genauso – schlechter	besser – genauso – schlechter	besser – genauso – schlechter
Wie hat dir die Entspannungsübung gefallen?	schlecht – ein wenig – gut	schlecht – ein wenig – gut	schlecht – ein wenig – gut	schlecht – ein wenig – gut
Bei welchen Muskeln ist es dir leicht gefallen, sie zu entspannen?	Hand, Arm Gesicht Schultern Beine	Hand, Arm Gesicht Schultern Beine	Hand, Arm Gesicht Schultern Beine	Hand, Arm Gesicht Schultern Beine
Bei welchen Muskeln ist es dir schwer gefallen, sie zu entspannen?	Hand, Arm Gesicht Schultern Beine	Hand, Arm Gesicht Schultern Beine	Hand, Arm Gesicht Schultern Beine	Hand, Arm Gesicht Schultern Beine
Hat dich etwas gestört, wodurch du dich nicht richtig entspannen konntest? Wenn ja, was?				

Anti-Streß-Training

Entspannungskassette

Nochmals zur Erinnerung:

Auf dieser Kassette sind mehrere Übungen, die dir dabei helfen sollen, dich zu entspannen. Auf der Seite A ist eine ausführliche Übung, die du in der ersten Zeit immer üben solltest. Die Übung dauert 20 Minuten. Wenn du fleißig geübt hast und dich schon gut mit dieser ersten Übung entspannen kannst, solltest du dir die Übung auf der Seite B anhören. Diese zweite Übung dauert 10 Minuten. Die erste und die zweite Übung kannst du als Streßkiller in deinen Pausen einsetzen. Dieser Streßkiller hilft dir, dich ruhiger zu fühlen. Am Ende des Trainings wirst du dann noch die Kurzformel kennenlernen, die auch auf der Seite B ist. Diese Kurzformel kannst du als Streßkiller in Streßsituationen einsetzen, um dich wieder ruhiger zu fühlen.

Zum Schluß noch drei wichtige Regeln:

1. Folge den Anweisungen zur Entspannung ganz genau!
2. Konzentriere dich ganz auf deinen Körper! Achte auf den Gegensatz von An- und Entspannung!
3. Übe eine Entspannungsübung jeden Tag, dann schaffst du es ganz toll!

Kurzformel der Entspannung

Laß deine Muskeln so locker wie möglich (5).
Konzentriere dich auf deinen Atem (2).
Achte darauf, wie die Luft ein- und ausströmt (11).
Atme tief ein und fülle die Lungen mit Luft und halte nach dem Einatmen die Luft kurz an (2).
Laß nun die Luft wieder von selbst ausströmen (8).
Verfolge nun einfach das Ein- und Ausströmen Deines Atems (4).
Sprich innerlich einfach mit, wie du ein- und ausatmest (3).
Achte nur auf deine Worte „Ein" (2)
und „Aus" (8).

Arbeitsblatt „The winner is ..." von ....

Ich habe den Streß im Griff!

Ich weiß, daß ich jetzt
mit einem Streßkiller
diese Streßsituation
in den Griff kriege!

Ich habe diese Streßsituation erlebt	*Ich habe den Streß mit diesem Streßkiller in den Griff gekriegt*	*Ich hätte den Streß auch mit diesem Streßkiller in den Griff gekriegt*

Arbeitsblatt „Space 2009: Meine Reise nach Eurion"

von ....

**Meine Fantasy-Geschichte über eine Streßsituation in der Zukunft
und wie ich damit fertig werde**

Arbeitsblatt „Space 2009 plus 1: Meine Reise von Eurion nach irgendwo"

von ....

**Meine Fantasy-Geschichte über eine Streßsituation in der Zukunft
und wie ich damit fertig werde**

Streßkiller

Welche Streßkiller kann ich schon,
welche möchte ich üben?

	Kann ich	Möchte ich üben
1. Alles halb so schlimm!		
2. Ich denke an etwas anderes!		
3. Erst einmal einen Plan machen!		
4. Ich muß mich in den Griff kriegen!		
5. Ich entspanne mich erst mal!		
6. Ich mache mir Mut!		
7. Ich bitte jemanden um Hilfe!		
8. Ich habe doch keinen Streß!		
9. Nach einer Pause geht alles besser!		

Streßkiller

Alles halb so schlimm!

Ich denke an etwas anderes!

Ich entspanne mich erst mal!

Erst einmal einen Plan machen!

Ich muß mich erst mal in den Griff kriegen!

Ich mache mir Mut!

Ich bitte jemanden um Hilfe!

Ich habe doch keinen Streß!

Nach einer Pause geht alles besser!

„Streßkiller"

Skala	Regel im AST
Bagatellisierung	Alles halb so schlimm!
Ablenkung	Ich denke an etwas anderes!
Entspannung	Ich entspanne mich erst mal!
Situationskontrolle	Erst einmal einen Plan machen!
Reaktionskontrolle	Ich muß mich erst mal in den Griff kriegen!
Positive Selbstinstruktionen	Ich mache mir Mut!
Suche nach sozialer Unterstützung	Ich bitte jemanden um Hilfe!
Leugnen	Ich habe doch keinen Streß!
Erholung	Nach einer Pause geht alles besser!

„Mega-Stresser"

Skala	Regel im AST
Vermeidung	Ich gehe dem Streß lieber aus dem Weg!
Flucht	Nichts wie weg!
Soziale Abkapselung	Ich igel mich ein!
Gedankliche Weiterbeschäftigung	Ich grübel ständig über das Problem!
Resignation	Ich schaffe das nie!
Aggression	Ich gehe erst mal in die Luft!

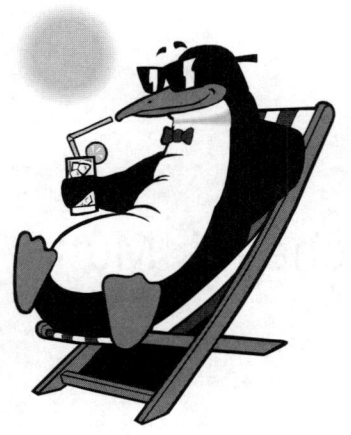

Cool-man

Musik hören

Musik machen

lesen

schlafen/sich aufs Bett legen

Entspannungsübungen

mit Freunden spielen

alleine spielen

basteln

malen

quatschen

Quatsch machen

schwimmen gehen

Sport treiben

Fern-/Video sehen

faulenzen

spazieren gehen/bummeln gehen

warmes Bad nehmen

in die Sauna gehen

telefonieren

Briefe oder Tagebuch schreiben

mit dem Haustier spielen

durch den Garten gehen oder im Garten arbeiten

Vorderseite: Rückseite:

Ich mache mir Mut!

Ich entspanne mich
erst mal!

Ich bitte jemanden
um Hilfe!

Nach einer Pause
geht alles besser!

Kind:

Sitzungstermin:

Gruppe:

ProtokollantIn:

Streßsituationen	Streßantworten	Streßkiller	Mega-Stresser

Bemerkungen

Anti-Streß-Training

Urkunde

Hiermit verleihen wir

Simon Streßfrei

diese Urkunde für die erfolgreiche Teilnahme am
Anti-Streß-Training.

Er hat bei den Spielen und in den Entspannungsübungen prima mitgemacht.
Wir freuen uns, daß er jetzt ein Streßexperte geworden ist.

Bremen, im März 1998

_____

Name des/der Trainers/Trainerin

8 Elternabend

8.1 Instruktion

Vor Beginn des Anti-Streß-Trainings wird ein Elternabend mit der Dauer von 90 Minuten durchgeführt. Zunächst werden die Eltern der angemeldeten Kinder begrüßt und die leitenden Trainer stellen sich vor. Der Ablauf des Elternabends wird anhand einer Übersicht (s. 8.2.1) dargestellt.

Darstellung des Begriffs „Streß" und der Trainingsziele (45 Minuten)

Die Erklärung des *Streßbegriffs* orientiert sich an der psychologischen Streßkonzeption von Lazarus. Mit Hilfe eines Modells der Streßwaage wird den Eltern – analog zu den Kindern – das Streßgeschehen vermittelt:
Gemäß der Theorie wird das Erleben von Streß durch das Verhältnis zwischen den Anforderungen und den Bewälti-gungsfähigkeiten bestimmt. Besteht ein Gleichgewicht zwischen den Anforderungen und unseren Bewältigungsfähigkeiten, dann erleben wir keinen Streß. Streß wird aber immer dann erlebt, wenn die Anforderungen die Bewältigungsmöglichkeiten überschreiten. Dann besteht ein Ungleichgewicht in der Streßwaage, indem die Schale mit den Anforderungen gefüllt ist, die andere Schale jedoch leer oder zu leicht ist. Zunächst schauen wir uns die Schale mit den Anforderungen genauer an: Hier ist die Einschätzung einer Person über die Anforderungen wichtig. Es stellt sich also die Frage, was uns eigentlich unter Druck setzt. Als Beispiele für die Kinder sind das Schreiben einer schwierigen Klassenarbeit und der Streit mit der Mutter zu nennen.

Die Anforderungen können dabei aus zwei Bereichen kommen: Zum einen sind es Anforderungen, die von außen an uns herangetragen werden. Ein Beispiel für eine *äußere* Anforderung wäre, wenn die Eltern von ihrem Kind gute Zeugnisnoten erwarten. Zum anderen können wir uns aber auch selbst unter Druck setzen. Ein Beispiel für eine *innere* Anforderung wäre, wenn ein Kind unbedingt das beste Zeugnis haben möchte, obwohl die Bezugspersonen eine derartige Erwartung nie geäußert haben. Die inneren und die äußeren Anforderungen werden in dem Training als *„Streßsituationen"* zusammengefaßt.

Ob Streß erlebt wird oder nicht, hängt von der Einschätzung der Person ab. Während ein Kind die Mathearbeit als eine Streßsituation einstuft, schätzt ein anderes Kind es nicht als Streßsituation ein. Das andere Kind würde das Vorlesen des Deutschaufsatzes vor der Klasse als Streßsituation einstufen. Genauso gibt es Unterschiede zwischen den Einschätzungen der Eltern bzw. den Lehrern und den Kindern. So ist es möglich, daß das Kind eine Situation als Streßsituation bewertet, aber die Eltern es nicht entsprechend einschätzen.

Als Beispiel werden die häufigen Unterschiede in unserem Fragebogen zur Streßtreppe angeführt. Hierbei wird abgefragt, welchen Druck die Kinder durch vorgegebene Streßsituationen erleben. Es werden vier Streßsituationen genannt, die einerseits die Kinder und andererseits die Eltern für ihre Kinder auf einer Streßtreppe nach ihrer Stärke des erlebten Druckes einsortieren sollen (Klassenarbeit schreiben, unbedingt eine gute Note haben wollen, Streit mit den Eltern, Streit mit den Freunden). Hier stufen die Eltern den Streit mit den Eltern als die Situation ein, die ihr Kind am stärksten unter Druck setzt. Die Kinder stufen dies aber als eher gering belastend ein.

Wenn wir in einer Streßsituation sind, müssen wir schauen, ob wir diese Situation in den Griff bekommen können. Hier stellt sich die Frage, ob wir Fähigkeiten haben, diese Streßsituation zu meistern. Diese Fähigkeiten, mit denen wir den Streß in Griff bekommen, bezeichnen wir im Training als *„Streßkiller"*. Beispiele hierfür sind das Einlegen einer Pause und das Durchführen einer Entspannungsübung. Habe ich einen Streßkiller, mit dem ich die Streßsituation in den Griff bekomme, so werde ich mich wohl fühlen. Im Training wird das als Happy-Hippo-Laune bezeichnet. Haben wir jedoch keinen Streßkiller zur Verfügung, so werden wir eher Streß erleben.

Das Prinzip der Streßwaage wird durch ein Beispiel nochmals erklärt:
Muß das Kind am anderen Tag eine schwierige Klassenarbeit schreiben, traut sich aber nicht, mit der Mutter nochmals zu üben, so wird es Streß erleben. Bittet das Kind aber jemanden um Hilfe, so wird die Streßwaage wieder ins Gleichgewicht gebracht.

Die Erklärung der Streßtheorie wird mit Hilfe der Übersicht „Streßwaage" (s. 8.2.2) nochmals in Ruhe wiederholt:

Hier ist das Verhältnis zwischen der Ereigniseinschätzung (den Streßsituationen) und der Ressourceneinschätzung (den Streßkillern) dargestellt. Hierbei beschreibt die Ereigniseinschätzung die Bewertung einer Situation als streßvoll durch die Person. Die Ressourceneinschätzung entspricht der Bewertung dieser Person, die Situation meistern zu können.

Die *Trainingsziele* werden mit Hilfe einer Übersicht (s. 8.2.3) dargestellt:
Zunächst erfolgt eine Wahrnehmungsschulung. Die Kinder werden geschult, besser die *Streßsituationen* zu erkennen. Es werden innere und äußere Anforderungen bei jedem Kind erfragt.

Dann müssen die Kinder lernen, ihre Veränderungen in einer Streßsituation besser zu erkennen. Die Veränderungen werden als „Streßantworten" im Training bezeichnet und in drei Bereiche unterschieden:
1. Streßgefühle,
2. körperliche Streßantworten und
3. Gedankenstop.

Streßgefühle können Angst, Ärger, Trauer und Aufregung sein. Wichtig ist, daß dies für jedes Kind sehr unterschiedlich sein kann. Ein Kind kann in Streßsituationen oft Ärger erleben, während ein anderes Kind traurig ist.
Bei den *körperlichen Antworten* ist es wichtig, daß die Kinder schon frühe Anzeichen einer körperlichen Reaktion wahrnehmen. So nennen Kinder zum Beispiel als Streßantwort gleich den Herzinfarkt oder Migräne, erkennen aber nicht, daß starkes Herzklopfen auch schon ein Signal für Streß ist.
Auch hier möchte ich darauf hinweisen, daß sich in der Streßforschung ergeben hat, daß die Kinder stärkere Beanspruchungssymptome angeben als ihre Eltern oder gar ihre Lehrer. Es ist also natürlich, wenn Sie die Symptome Ihres Kindes aus Ihrer Sicht unterschätzen. Tauschen Sie sich doch mal mit Ihrem Kind aus, wie stark es seine Symptome empfindet.
Bei dem *Gedankenstop* wird auf die Gedankenblockaden, das „Chaos im Kopf", hingewiesen.
Es wird aber nicht nur erarbeitet, wie die Kinder sich fühlen, wenn sie Streß erleben, sondern auch, wenn der Streß vorbei ist. Dies wird wegen der guten Stimmung *„Happy-Hippo-Laune"* genannt.
Wenn die Kinder nun besser erkennen können, wann sie Streß erleben und was sie an sich fühlen, wenn sie Streß erleben, müssen die Kinder nun auch lernen, wie sie die Streßsituationen besser meistern können. Hierzu lernen die Kinder Bewältigungsstrategien, die *Streßkiller*, kennen. Dies geschieht über Videobeispiele, in denen günstige Lösungsmöglichkeiten für eine Streßsituation dargestellt sind. Das

Einüben der Streßkiller erfolgt zum Beispiel in Rollenspielen. So müssen die Kinder eine Geschichte über die Streßsituation „eine Klassenarbeit schreiben" im Spiel umsetzen und ihre selbst ausgewählten Streßkiller spielen. Außerdem lernen die Kinder ein Entspannungsverfahren.
Als Beispiele für die Streßkiller werden nochmals die Entspannungsübungen und die Streßpausen genannt (hier Übersicht „Streßkiller" zeigen; s. 8.2.4).

Es ist aber nicht nur wichtig, daß das sogenannte Streßbewältigungsverhalten verändern wird, sondern auch das Verhalten in den Streß-Pausen. Denn die Kinder brauchen eine Zeit für die Erholung, bis sie eine nächste Anforderung verkraften können. Leider besteht die Tendenz bei den Kindern, entweder zu wenig Pausen zu haben oder die Pausen nicht richtig zu nutzen. So gucken die Kinder oft zu lange TV, statt sich zum Beispiel körperlich mal auszutoben. Dabei müssen die Pausentätigkeiten nicht immer kostenintensiv sein, sondern zum Beispiel beschrieb ein Mädchen, daß sie auf einer Wiese einen Blumenstrauß pflücken geht (vgl. 5.2.15).

Die Eltern bekommen ein Erinnerungskärtchen und können sich in der Innenseite einen Streßkiller notieren (s. 5.2.16).
Nun verteile ich Erinnerungskärtchen. Klappen Sie Ihr Kärtchen bitte zusammen und schreiben Sie in die Innenseite einen Streßkiller auf. Ihr Kind bekommt auch ein solches Kärtchen und Sie können ja vergleichen, was Ihr Kind sich aufgeschrieben hat. Das kann dann auch ein schöner Beginn eines Gesprächs über das Training und über das Streßerleben Ihres Kindes sein!
Das übergeordnete Ziel des Trainings ist, den Kindern zu vermitteln, daß sie nun die Fähigkeiten besitzen, mit Streßsituationen besser fertig zu werden. Hierdurch werden Streßsituationen nicht mehr als unüberwindbarer Berg eingeschätzt, sondern als lösbares Problem. Das Ziel kann jedoch nicht darin bestehen, daß die Kinder nach dem Training „ein Leben ohne Streß" haben. Streß in einer bestimmten Menge ist hilfreich, um an Situationen zu wachsen. Wichtig ist, daß die Kinder die Sicherheit bekommen, mit Streßsituationen besser umgehen zu können, so daß sie vor Streßsituationen keine Angst mehr haben und die Situationen deshalb vermeiden. Stattdessen sollten sie Streß als eine Herausforderung ansehen, die sie mit ihren gelernten Streßkillern annehmen können.

Alles wird noch einmal mit der Übersicht „Streßbegriffe" wiederholt (s. 8.2.5):
Zunächst müssen wir wissen, was uns unter Druck setzt. Also, welche inneren und äußeren Anforderungen es gibt. Dies wird im Training „Streßsituationen" genannt und kann zum Beispiel das Vorlesen vor der Klasse sein oder daß

ein Kind zum ersten Mal mit der neuen Brille in die Schule muß.
Dann müssen wir erkennen können, was wir fühlen und welche körperlichen Antworten vorhanden sind, wenn wir Streß erleben. Das sind die „Streßantworten". Das kann das Erleben von Angst sein, das Ziehen im Bauch oder das Durcheinander im Kopf.
Nun würde unsere Streßwaage im Ungleichgewicht sein, denn wir haben eine Streßsituation und merken auch an den Streßantworten, daß wir Streß erleben. Wenn wir dann aber einen Streßkiller einsetzen, können wir die Streßwaage wieder ins Gleichgewicht bringen. Also, wenn das Kind zum ersten Mal mit der neuen Brille in die Schule muß und es merkt, wie sein Herz ganz stark bis zum Hals klopft, kann es eine Entspannungsübung machen. Dann merkt es, daß es ruhiger wird. So hat das Kind wieder die Happy-Hippo-Laune.

Raum für Fragen (20 Minuten)

Raum für Fragen sollte generell immer bestehen, nicht nur an dieser Stelle. Es ist wichtig, die Besorgnis der Eltern abzufragen und inhaltliche Fragen zu klären. Außerdem sollten hier organisatorische Aspekte abgeklärt werden.

Hinweis auf Hausaufgaben (10 Minuten)

Den Eltern wird verdeutlicht, daß es wichtig für den Erfolg des Trainings ist, daß die Kinder ihre Hausaufgaben machen. Denn im Training werden wichtige Aspekte besprochen, die aber im Alltag getestet werden müssen. So kann ein Kind zu Hause feststellen, daß es keine Ruhe für die Entspannungsübungen hat, weil die Geschwister stören. Dies kann dann behoben werden, wenn zum Beispiel „Bitte nicht stören"-Schilder gemalt werden, die die Kinder zu Hause aufhängen.
Ein großer Teil der Aufgaben besteht in den Entspannungsübungen. Hier wird betont, daß die Kinder nicht gezwungen werden sollen, die Übungen immer bis zum Ende zu machen, wenn sie dazu keine Lust haben. Wenn die Kinder die Eltern bitten, doch die Übungen mitzumachen, so sollten die Eltern darauf eingehen. Die Kinder sollten jedoch nicht von den Eltern bedrängt werden, die Übungen gemeinsam mit ihnen zu machen. So kann dies auch bei bestimmten Familienkonstellationen ungünstig sein. So hatte ein Junge, bei dem der Vater gerade aus dem gemeinsamen Haushalt ausgezogen war, das Bedürfnis, die Vaterrolle zu übernehmen. Die ersten Entspannungs-

übungen im Liegen wurden von ihm abgelehnt. Die Mutter wollte das Interesse an diesen Übungen steigern, indem sie die Übungen zusammen mit ihm machen wollte. Dies lehnte der Junge aber vehement ab. In einem Gespräch wurde mit der Mutter vereinbart, daß der Vater am Wochenende mit seinem Sohn diese Übungen gemeinsam macht. Dies wurde von dem Jungen akzeptiert. Die Entspannungsübungen soll den Kindern Spaß machen und sie sollen sich selbstbestimmt an diese Übungen gewöhnen.

Es wird außerdem erklärt, daß es viele Entspannungsverfahren gibt und es durchaus sein kann, daß ein Kind sich nicht von unseren Entspannungsübungen begeistern läßt oder daß es mit den Entspannungsübungen bestens klappt. Die Auswahl des Verfahrens wird hierdurch begründet:

Dieses körperbetonte Entspannungsverfahren ist von den Kinder einfach zu lernen. Andere Verfahren, wie das Autogene Training, setzen eine hohe Fähigkeit zur Suggestion voraus, die einige Kinder nicht besitzen. Die Muskelentspannung dagegen können die Kinder gut verstehen und einfach umsetzen. Außerdem gibt es bei den Jungen oft eine Abneigung gegenüber Phantasiegeschichten. Das körperbetonte Entspannungsverfahren kommt ihnen dagegen eher entgegen.

Jedes Kind sollte für sich selbst herausfinden, wann es die Übungen am besten machen kann. Ein Kind macht es zwischen der Schule und den Hausaufgaben, ein anderes Kind lieber vor den Schlafengehen. Sollte Ihr Kind vor dem Schlafengehen die Übungen machen, achten Sie bitte darauf, daß Ihr Kind danach nicht wieder aufsteht. Es wird sich dann nämlich sehr munter und frisch fühlen, so daß es am liebsten mit Ihnen den Spätfilm gucken möchte, während Sie schon ganz müde sind!

Abschließend werden die Körperhaltungen bei den Entspannungsübungen erklärt. Es wird vor allem der Droschkenkutschersitz gezeigt und geübt.

Einverständniserklärung (5 Minuten)

Die Eltern werden gebeten, daß sie sich mit der Teilnahme ihres Kindes an dem Training schriftlich einverstanden erklären (s. 8.2.6). Sie erhalten auch einen Vertrag für die Kinder (s. 5.2.2), über den sie ihre Kinder informieren sollten. Hierzu können die Eltern den Vertrag mit nach Hause nehmen.

Programmeinheit	Programminhalte
Elternabend	• Begrüßung • Darstellung des Begriffs „Streß" und der Trainingsziele • Raum für Fragen • Hinweis auf Hausaufgaben • Einverständniserklärung

Streßtheorie

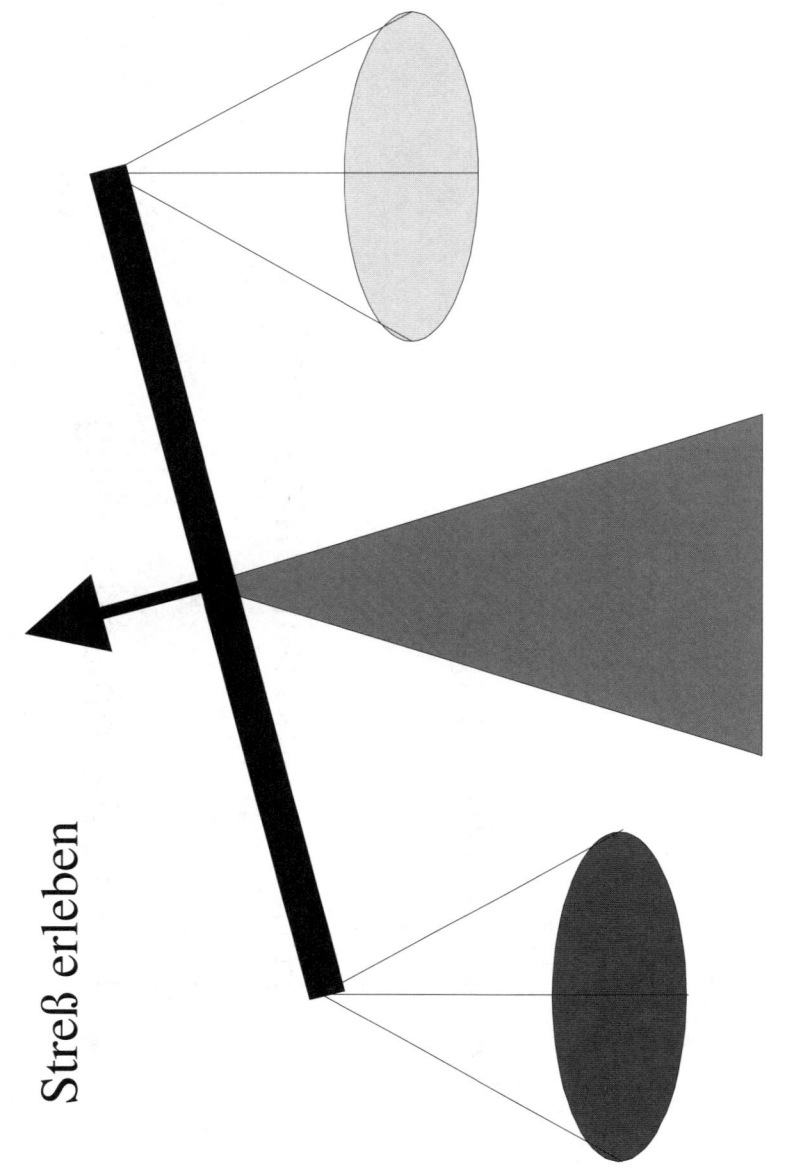

Streß erleben

Ressourcen-
einschätzung
(Streßkiller)

Ereignis-
einschätzung
(Streßsituationen)

Trainingsziele
Anti-Streß-Training für Kinder

Wahrnehmungsschulung

– Erkennen von Streßsituationen
– Erkennen von Streßantworten

Kennenlernen und Einüben von Streßkillern

Streß wird dann als ein lösbares Problem eingeschätzt!

Streßkiller

Ich entspanne mich erst mal!

Nach einer Pause geht alles besser!

Streßsituationen

Streßantworten

Streßkiller

Happy-Hippo-Laune

Anti-Streß-Training für Kinder (AST_8)

Einverständniserklärung

Am Zentrum für Rehabilitationsforschung der Universität Bremen findet unter der Leitung von Frau Dr. Petra Hampel ein Anti-Streß-Training statt, an dem Ihr Kind teilnehmen kann. Die Kinder lernen hierbei in Gruppen von sechs Teilnehmern, Streß besser zu erkennen und mit Streß besser umgehen zu können.

Ein Lernerfolg läßt sich nur sicherstellen, wenn Ihr Kind an allen Terminen teilnimmt und die Hausaufgaben bearbeitet. Sollte Ihr Kind aus Krankheitsgründen fehlen müssen, melden Sie es bitte bei uns ab. Wir möchten Sie darauf hinweisen, daß durch ein Fehlen der weitere Lernerfolg gefährdet ist, so daß Ihr Kind bei zweimaligem Fehlen leider nicht weiter an dem Training teilnehmen darf.

Im Rahmen des Trainings werden Fragenbogendaten erhoben und Videoaufnahmen erstellt. Dieses Datenmaterial dient ausschließlich Forschungszwecken und wird vertraulich behandelt.

Wir möchten Sie nun bitten, zu erklären, daß Sie über die wesentlichen Inhalte des Trainings aufgeklärt wurden und mit der Teilnahme Ihres Kindes an dem Training einverstanden sind.

....

Ort, Datum   Unterschrift eines Erziehungsberechtigten

Literatur

Adler, N. & Matthews, K. (1994). Why do some people get sick and some stay well? *Annual Review of Psychology, 45*, 229–259.

Allmer, H. (1996). *Erholung und Gesundheit. Grundlagen, Ergebnisse und Maßnahmen.* Göttingen: Hogrefe.

Arnold, L.E. (Ed.). (1990). *Childhood stress.* New York: Wiley.

Bachen, E., Manuck, S.B., Cohen, S., Muldoon, M.F., Raible, R., Herbert, T.B. & Rabin, B.S. (1995). Adrenergic blockade ameliorates cellular immune responses to mental stress in humans. *Psychosomatic Medicine, 57*, 366–372.

Banez, G.A. & Compas, B.E. (1990). Children's and parent's daily stressful events and psychological symptoms. *Journal of Abnormal Child Psychology, 18*, 591–605.

Boardway, R.H., Delamater, A.M., Tomakowsky, J. & Gutai, J.P. (1993). Stress management training for adolescents with diabetes. *Journal of Pediatric Psychology, 18*, 29–45.

Buske-Kirschbaum, A., Jobst, S., Wustmanns, A., Kirschbaum, C., Rauh, W. & Hellhammer, D. (1997). Attenuated free cortisol response to psychosocial stress in children with atopic dermatitis. *Psychosomatic Medicine, 59*, 419–426.

Cohen, F. (1987). Measurement of coping. In S. Kasl & C.L. Cooper (Eds.), *Research methods in stress and health psychology* (pp. 283–305). Chichester: Wiley.

Compas, B., Davis, G., Forsythe, C. & Wagner, B. (1987). Assessment of major and daily life events during adolescents: The adolescent perceived events scale. *Journal of Consulting and Clinical Psychology, 55*, 534–541.

Compas, B.E., Malcarne, V.L. & Fondacaro, K.M. (1988). Coping with stressful events in older children and young adolescents. *Journal of Consulting and Clinical Psychology, 56*, 405–411.

Dirks, S., Klein-Heßling, J. & Lohaus, A. (1993). *Entwicklung und Evaluation eines Streßbewältigungsprogrammes für Grundschulklassen.* Münster: Berichte aus dem Psychologischen Institut III, Nr. 23.

Döpfner, M., Schürmann, S. & Frölich, J. (1997). *Training für Kinder mit hyperaktivem und oppositionellem Problemverhalten – THOP.* Weinheim: Psychologie Verlags Union.

Dubow, E.F. & Tisak, J. (1989). The relation between stressful life events and adjustment in elementary school children: The role of social support and social problem-solving skills. *Child Development, 60*, 1412–1423.

Erdmann, G. & Baumann, S. (1996). Sind psychophysiologische Veränderungen im Paradigma „Öffentliches Sprechen" Ausdruck emotionaler Belastung? *Zeitschrift für Experimentelle Psychologie, 43*, 224–255.

Erdmann, G. & Voigt, K.-H. (1995). Vegetative und endokrine Reaktionen im Paradigma „Öffentliches Sprechen": Was indizieren sie? In G. Debus, G. Erdmann & K. W. Kallus (Hrsg.), *Biopsychologie von Streß und emotionalen Reaktionen* (S. 113–128). Göttingen: Hogrefe.

Esser, G., Laucht, M. & Schmidt, M.H. (1995). Der Einfluß von Risikofaktoren und der Mutter-Kind-Interaktion im Säuglingsalter auf die seelische Gesundheit des Vorschulkindes. *Kindheit und Entwicklung, 4*, 33–42.

Florin, I. (1975). Die Praxis der systematischen Desensibilisierung. In I. Florin & W. Tunner (Hrsg.), *Therapie der Angst: Systematische Desensibilisierung* (S. 241–267). München: Urban & Schwarzenberg.

Folkman, S. & Lazarus, R.S. (1988). *Ways of coping questionnaire.* Palo Alto: Consulting Psychologists Press.

Friebel, V. (1994). Entspannungstraining für Kinder – eine Literaturübersicht. *Praxis der Kinderpsychologie und Kinderpsychiatrie, 43*, 16–21.

Gagnon, D.J., Hudnall, L. & Andrasik, F. (1992). Biofeedback and related procedures in coping with stress. In A.M. LaGreca, L.J. Siegel, J.L. Wallander & C.E. Walker (Eds.), *Stress and coping in child health* (pp. 303–326). New York: Guilford.

Garmezy, N. & Rutter, M. (1985). Acute reactions to stress. In M. Rutter & L. Hersov (Eds.), *Child and adolescent psychiatry: Modern approaches* (pp. 152–176). Oxford: Blackwell Scientific, 2nd edition.

Goldberg, D. D. S. (1985). Hypnosis and the immune response. *International Journal of Psychosomatics, 32*, 34–36.

Goldberger, L. & Breznitz, S. (Eds.). (1993). *Handbook of stress. Theoretical and clinical aspects.* New York: Free Press, 2nd edition.

Greene, J.W., Walker, L.S., Hickson, G. & Thompson, J. (1989). Stressful life events and somatic complaints in adolescents. In T.W. Miller (Ed.), *Stressful life events* (pp. 633–642). Madison: International Universities Press.

Hains, A.A. (1992 a). A stress inoculation training program for adolescents in a high school setting: A multiple baseline approach. *Journal of Adolescence, 15*, 163–175.

Hains, A.A. (1992 b). Comparison of cognitive-behavioral stress management techniques with adolescent boys. *Journal of Counseling and Development, 70*, 600–605.

Hains, A.A. & Ellmann, S.W. (1994). Stress inoculation training as a preventative intervention for high school youths. *Journal of Cognitive Psychotherapy, 8*, 219–232.

Hains, A.A. & Szyjakowski, M. (1990). A cognitive stress-reduction intervention program for adolescents. *Journal of Counseling Psychology, 37*, 79–84.

Hall, N.R.S. & O'Grady, M.P. (1991). Psychosocial interventions and immune function. In R. Ader, D.L. Felten & N. Cohen (Eds.), *Psychoneuroimmunology* (pp. 1067–1080). San Diego: Academic Press.

Halley, F.M. (1991). Self-regulation of the immune system through biobehavioral strategies. *Biofeedback and Self-Regulation, 16*, 55–74.

Ham, M. & Larson, R. (1990). The cognitive moderation of daily stress in early adolescence. *American Journal of Community Psychology, 18*, 567–585.

Hamm, A. (1993). Progressive Muskelentspannung. In D. Vaitl & F. Petermann (Hrsg.), *Handbuch der Entspannungsverfahren. Bd. 1: Grundlagen und Methoden* (S. 245–271). Weinheim: Psychologie Verlags Union.

Hampel, P. (1994). *Zum Einfluß von Belastung und Entspannung auf die psychophysische Regulation Hoch- und Niedrigängstlicher. Ein Beitrag zur Psychoneuroimmunologie.* Frankfurt/Main: Lang.

Hampel, P., Haneberg, K., Pawlowski, M. & Petermann, F. (1998b). Evaluationsstudie eines Anti-Streß-Trainings für Kinder. *Kindheit und Entwicklung*, in Vorb.

Hampel, P. & Petermann, F. (1997). Patientenschulung und Patientenberatung – Zur Bedeutung der Streßkonzepte. In F. Petermann (Hrsg.), *Patientenschulung und Patientenberatung* (S. 53 – 99). Göttingen: Hogrefe, 2. überarb. Auflage.

Hampel, P., Petermann, F. & Dickow, B. (1998a). Entwicklung eines Streßverarbeitungsfragebogens für Kinder. *Kindheit und Entwicklung*, in Vorb.

Hetherington, E.M. & Blechman, E.A. (Eds.). (1996). *Stress, coping, and resiliency in children and adolescents.* Mahwah: Erlbaum.

Hobfoll, S.E. & Vaux, A. (1993). Social support: Resources and context. In L. Goldberger & S. Breznitz (Eds.), *Handbook of stress. Theoretical and clinical aspects* (pp. 685–705). New York: Free Press, 2nd edition.

Holmes, T.H. & Rahe, R.H. (1967). The social readjustment scale. *Journal of Psychosomatic Research, 11*, 213–218.

Hurrelmann, K. (1990). *Familienstreß, Schulstreß, Freizeitstreß. Gesundheitsförderung für Kinder und Jugendliche.* Weinheim: Juventa.

Hurrelmann, K. (1995). *Lebensphase Jugend.* Weinheim: Juventa.

Hurrelmann, K. (1997). Jugendliche mit chronischen Krankheiten. *Pflege aktuell, 5*, 302–305.

Hurrelmann, K. & Settertobulte, W. (1997). Prävention und Gesundheitsförderung. In F. Petermann (Hrsg.), *Lehrbuch der Klinischen Kinderpsychologie* (S. 95–124). Göttingen: Hogrefe, 3. Auflage.

Janke, W. & Erdmann, G. (1997). *Streßverarbeitungsfragebogen.* Göttingen: Hogrefe, 2. Auflage.

Janke, W., Erdmann, G. & Kallus, K. W. (1985). *Streßverarbeitungsfragebogen.* Göttingen: Hogrefe.

Janke, W., Hüppe, M., Kallus, W. & Schmidt-Atzert, L. (1988). *Befindlichkeitsskalierung anhand von Kategorien und Eigenschaften.* Würzburg: Institut für Psychologie I.

Janke, W. & Kallus, K.W. (1995). Reaktivität. In M. Amelang (Hrsg.), *Enzyklopädie der Psychologie. Differentielle Psychologie und Persönlichkietsforschung. Bd. 2: Verhaltens- und Leistungsunterschiede* (S. 1–89). Göttingen: Hogrefe.

Jerusalem, M. (1997). Gesundheitserziehung und Gesundheitsförderung in der Schule. In R. Schwarzer (Hrsg.), *Gesundheitspsychologie. Ein Lehrbuch* (S. 575–593). Göttingen: Hogrefe, 2. überarb. Auflage.

Kallus, K.W. (1992). *Beanspruchung und Ausgangszustand.* Weinheim: Psychologie Verlags Union.

Kallus, K.W. (1993). *Wissenschaftliche Begleituntersuchung zu den Streß-Management-Kursen der hessischen Geschäftsstellen der Techniker Krankenkasse.* Würzburg: Unveröff. Manuskript.

Kallus, K.W. & Ising, M. (1996). Konfigurale Analysen von Streßbewältigungsstrategien. In H. Mandl (Hrsg.), *Bericht über den 40. Kongreß der Deutschen Gesellschaft für Psychologie.* München: Kongreßband.

Kerr, G. & Leith, L. (1993). Stress management and athletic performance. *Sport Psychologist, 7*, 221–231.

Kimchy, J. & Schaffner, B. (1990). Child protective factors and stress risk. In L.E. Arnold (Ed.), *Childhood stress* (pp. 475–500). New York: Wiley.

Kindt, M., Broschott, J.F. & Everhaerd, W. (1997). Cognitive processing bias of children in a real life stress situation and a neutral situation. *Journal of Experimental Child Psychology, 64*, 79–97.

Kiselica, M.S., Baker, S.B., Thomas, R.N. & Reedy, S. (1994). Effects of stress inoculation training on anxiety, stress, and academic performance among adolescents. *Journal of Counseling Psychology, 41*, 335–342.

Klein-Heßling, J. (1997). *Streßbewältigungstrainings für Kinder: Eine Evaluation.* Tübingen: DGVT–Verlag.

Klein-Heßling, J. & Lohaus, A. (1995). Streßbewältigung im Kindesalter: Modifikation und Evaluation einer Präventionsmaßnahme. *Kindheit und Entwicklung, 4*, 240–247.

Klein-Heßling, J. & Lohaus, A. (1997). *Bleib locker. Ein Streßbewältigungstraining für Kinder.* Göttingen: Hogrefe.

Kolbe, J., Vanos, M., James, F., Elkind, G. & Garritt, G. (1996). Assessment of practical knowledge of self–management of acute asthma. *Chest, 109*, 86–90.

Kolip, P., Hurrelmann, K. & Schnabel, P.E. (Hrsg.). (1995). *Jugend und Gesundheit. Interventionsfelder und Gesundheit.* Weinheim: Juventa.

Krohne, H.W. (1996). *Angst und Angstbewältigung.* Stuttgart: Kohlhammer.

Krohne, K.W. (1997). Streß und Streßbewältigung. In R. Schwarzer (Hrsg.), *Gesundheitspsychologie. Ein Lehrbuch* (S. 267–283). Göttingen: Hogrefe, 2. überarb. Auflage.

Kruse, P. & Haak, K. (1993). *Autogenes Training mit Kindern ab sechs Jahre.* Niedernhausen: Falken.

LaGreca, A.M., Siegel, L.J., Wallander, J.L. & Walker, C.E. (Eds.). (1992). *Stress and coping in child health.* New York: Guilford.

Landmann, R., Müller, F.B., Perini, C. & Wesp, M. (1984). Changes of immunoregulatory cells induced by psychological and physical stress: Relationship to plasma catecholamines. *Clinical and Experimental Immunology, 58*, 127–135.

Lazarus, A.A. & Mayne, T.J. (1990). Relaxation: Some limitations, side effects and proposed solutions. *Psychotherapy, 27*, 261–266.

Lazarus, R.S. (1991). *Emotion and adaptation.* New York: Oxford University Press.

Lazarus, R.S. & Folkman, S. (1984). *Stress, appraisal and coping.* New York: Springer.

Lazarus, R.S. & Folkman, S. (1986). Cognitive theories of stress and the issue of circularity. In M.E. Appley & R. Trumbull (Eds.), *Dynamics of stress. Physiological, psychological, and social perspectives* (pp. 63–80). New York: Plenum Press.

Lazarus, R.S. & Launier, R. (1981). Streßbezogene Transaktionen zwischen Person und Umwelt. In J.R. Nitsch (Hrsg.), *Stress. Theorien, Untersuchungen, Maßnahmen* (S. 213–259). Bern: Huber.

Leppin, A. & Schwarzer, R. (1997). Sozialer Rückhalt, Krankheit und Gesundheitsverhalten. In R. Schwarzer (Hrsg.), *Gesundheitspsychologie. Ein Lehrbuch* (S. 349–373). Göttingen: Hogrefe, 2. überarb. Auflage.

Leventhal, H. & Tomarken, A. (1987). Stress and illness: Perspectives from health psychology. In S. Kasl & C.L. Cooper (Eds.), *Research methods in stress and health psychology* (pp. 27–55). Chichester: Wiley.

Lewinsohn, P.M., Clarke, G.N., Hops, H. & Andrews, J. (1990). Cognitive-behavioral treatment for depressed adolescents. *Behavior Therapy, 21*, 385–401.

Lohaus, A. (1990). *Gesundheit und Krankheit aus der Sicht von Kindern.* Göttingen: Hogrefe.

Lohaus, A., Fleer, B., Freytag, P. & Klein-Heßling, J. (1996). *Fragebogen zur Erhebung von Streßerleben und Streßbewältigung im Kindesalter (SSK).* Göttingen: Hogrefe.

Luka-Krausgrill, U. & Reinhold, B. (1996). Kopfschmerzen bei Kindern: Auftretensrate und Zusammenhang mit Streß, Streßbewältigung, Depressivität und sozialer Unterstützung. *Zeitschrift für Gesundheitspsychologie, 4*, 137–151.

Maag, J.W. & Kotlash, J. (1994). Review of stress inoculation training with children and adolescents. *Behavior Modification, 18*, 443–469.

MacLeod, C. & Rutherford, E.M. (1992). Anxiety and the selective processing of emotional information: Mediating roles of awareness, trait and state variables, and personal relevance of stimulus materials. *Behavior Research and Therapy, 30*, 479–491.

Martin, M., Horder, P. & Jones, G.V. (1992). Integral bias in naming of phobia-related words. *Cognition and Emotion, 6*, 479–486.

Matthews, K.A., Woodhall, K.L. & Stoney, C.M. (1990). Changes in and stability of cardiovascular responses to behavioral stress: Results from a four-year longitudinal study of children. *Child Development, 61*, 1134–1144.

Meichenbaum, D. (1975). A self-instructional approach to stress management: A proposal for stress inoculation training. In C. Spielberger & I. Sarason (Eds.), *Stress and anxiety* (Vol. 1, pp. 237–260). Washington: Hemisphere.

Meichenbaum, D. (1985). *Stress inoculation training.* New York: Pergamon Press.

Meichenbaum, D. (1991). *Intervention bei Streß – Anwendung und Wirkung des Streßimpfungstrainings.* Bern: Huber.

Meichenbaum, D. & Fitzpatrick, D. (1993). A constructivist narrative perspective on stress and coping: Stress inoculation applications. In L. Goldberger & S. Breznitz (Eds.), *Handbook of stress. Theoretical and clinical aspects* (pp. 706–723). New York: Free Press, 2nd edition.

Meichenbaum, D. & Novaco, R. (1978). Stress inoculation: A preventive approach. In C. Spielberger & I. Sarason (Eds.), *Stress and anxiety* (Vol. 5, pp. 317–330). Washington: Hemisphere.

Meichenbaum, D., Turk, D. & Burstein, S. (1975). The nature of coping with stress. In I. Sarason & C. Spielberger (Eds.), *Stress and anxiety* (Vol. 2, pp. 337–360). Washington: Hemisphere.

Mellins, C.A., Gatz, M. & Baker, L. (1996). Children's methods of coping with stress: A twin study of genetic and environmental influences. *Journal of Child Psychology and Psychiatry, 37*, 721–730.

Mullins, L.J., Gillman, J. & Harbeck, C. (1992). Multiple-level interventions in pediatric psychology settings: A behavioral-systems perspective. In A.M. LaGreca, L.J. Siegel, J.L. Wallander & C.E. Walker (Eds.), *Stress and coping in child health* (pp. 382–399). New York: Guilford.

Murphy, J.K., Alpert, B.S., Walker, S.S. & Willey, E.S. (1991). Children´s cardiovascular reactivity: Stability of racial differences and relation to subsequent blood pressure over a one-year period. *Psychophysiology, 28*, 447–457.

Nath, S. & Warren, J. (1995). Hypnosis and examination stress in adolescence. *Contemporary Hypnosis, 12*, 119–124.

Nitsch, J.R. (1981). Zur Gegenstandsbestimmung der Streßforschung. In J.R. Nitsch (Hrsg.), *Stress: Theorien, Untersuchungen, Maßnahmen* (S. 29–51). Bern: Huber.

Nordlehne, E., Hurrelmann, K. & Holler, B. (1990). Jugendspezifische Belastungen und die Rolle des Arzneimittelkonsums. In H.C. Steinhausen (Hrsg.), *Das Jugendalter. Entwicklungen – Probleme – Hilfen* (S. 87–103). Bern: Huber.

Noshpitz, J.D. (1990). Prevention and treatment of school–age and adolescent stress disorders. In L.E. Arnold (Ed.), *Childhood stress* (pp. 550–573). New York: Wiley.

Parrott, L. (1990). Helping children manage stress: Some preliminary observations. *Child and Family Behavior Therapy, 12*, 69–73.

Peterander, F., Bailer, J., Henrich, G. & Städler, T. (1992). Familiäre Belastungen, Elternverhalten und kindliche Entwicklung. *Zeitschrift für Klinische Psychologie, 21*, 411–424.

Petermann, F. (Hrsg.). (1997a). *Fallbuch der Klinischen Kinderpsychologie.* Göttingen: Hogrefe.

Petermann, F. (Hrsg.). (1997b). *Klinische Kinderpsychologie. Ein Lehrbuch.* Göttingen: Hogrefe, 2. überarb. Auflage.

Petermann, F. (1997c). Klinische Kinderpsychologie – Begriffsbestimmung und Grundlagen. In F. Petermann (Hrsg.), *Fallbuch der Klinischen Kinderpsychologie* (S. 1–14). Göttingen: Hogrefe.

Petermann, F. (1997d). Methoden und Anwendungsgebiete der Kinderverhaltenstherapie. In F. Petermann (Hrsg.), *Kinderverhaltenstherapie. Grundlagen und Anwendungen* (S. 10–21). Baltmannsweiler: Schneider.

Petermann, F. & Kusch, M. (1993). Imaginative Entspannungsverfahren. In D. Vaitl & F. Petermann (Hrsg.), *Handbuch der Entspannungsverfahren. Bd. 1: Grundlagen und Methoden* (S. 217–244). Weinheim: Psychologie Verlags Union.

Petermann, F. & Petermann, U. (1996a). *Training mit Jugendlichen.* Weinheim: Psychologie Verlags Union, 5. überarb. Auflage.

Petermann, F. & Petermann, U. (1997). *Training mit aggressiven Kindern.* Weinheim: Psychologie Verlags Union, 8. überarb. Auflage.

Petermann, F. & Vaitl, D. (Hrsg.). (1994). *Handbuch der Entspannungsverfahren. Bd. 2: Anwendungen.* Weinheim: Psychologie Verlags Union.

Petermann, F., Walter, H.-J., Biberger, A., Gottschling, R., Petermann, U. & Walter, I. (1997). Asthma-Verhaltenstraining mit Vorschulkindern: Konzeption und Materialien. In F. Petermann (Hrsg.), *Asthma und Allergie* (S. 137–189). Göttingen: Hogrefe, 2. Auflage.

Petermann, F., Wiedebusch, S. & Kroll, T. (Hrsg.). (1994). *Schmerz im Kindesalter.* Göttingen: Hogrefe.

Petermann, U. (1996). *Entspannungstechniken für Kinder und Jugendliche.* Weinheim: Psychologie Verlags Union.

Petermann, U. & Petermann, F. (1993). Entspannungsverfahren bei Kindern und Jugendlichen. In D. Vaitl & F. Petermann (Hrsg.), *Handbuch der Entspannungsverfahren. Bd. 1: Grundlagen und Methoden* (S. 316–334). Weinheim: Psychologie Verlags Union.

Petermann, U. & Petermann, F. (1996b). *Training mit sozial unsicheren Kindern.* Weinheim: Psychologie Verlags Union, 6. überarb. Auflage.

Pillow, D.R., Zautra, A. J. & Sandler, I. (1996). Major life events and minor stressors: Identifying mediational links in the stress process. *Journal of Personality and Social Psychology, 70*, 381–394.

Pirnay, L. (1993). *Kindgemäße Entspannung.* Lichtenbusch: Pirnay.

Rossman, B.B.R. (1992). School-age children's perceptions of coping with distress: Strategies for emotion regulation and the moderation of adjustment. *Journal of Child Psychology and Psychiatry, 33*, 1373–1397.

Ryan, N.M. (1989). Identification of children's coping strategies from the school–agers´ perspective. *Research in Nursing and Health, 12*, 111–122.

Ryan-Wenger, N.M. (1990). Children's psychosomatic responses to stress. In L.E. Arnold (Ed.), *Childhood stress* (pp. 109–138). New York: Wiley.

Schandry, R. (1996). *Psychophysiologie. Körperliche Indikatoren menschlichen Verhaltens.* Weinheim: Psychologie Verlags Union, 3. Auflage.

Scheewe, S., Warschburger, P., Clausen, K., Skusa-Freeman, B. & Petermann, F. (1997). *Neurodermitis-Verhaltenstrainings für Kinder, Jugendliche und ihre Eltern.* München: MMV-Quintessenz.

Schröder, K. (1997). Persönlichkeit, Ressourcen und Bewältigung. In R. Schwarzer (Hrsg.), *Gesundheitspsychologie. Ein Lehrbuch* (S. 319–347). Göttingen: Hogrefe, 2. überarb. Auflage.

Schulz, H. & Schulz, K.-H. (1997). Kurzfristige psychische Belastung und Immunfunktionen – Eine metaanalytische Übersicht. In K.-H. Schulz, J. Kugler & M. Schedlowski (Hrsg.), *Psychoneuroimmunologie* (S. 21–59). Göttingen: Huber.

Schwarzer, R. (1993). *Streß, Angst und Handlungskontrolle.* Stuttgart: Kohlhammer, 3. überarb. Auflage.

Schwarzer, R. & Schwarzer, C. (1996). A critical survey of coping instruments. In M. Zeidner & N.S. Endler (Eds.), *Handbook of Coping* (pp. 107–132). New York: Wiley.

Sears, S.J. & Milburn, J. (1990). School-age stress. In L.E. Arnold (Ed.), *Childhood stress* (pp. 223–246). New York: Wiley.

Seiffge-Krenke, I. (1988). Bewältigung alltäglicher Problemsituationen: Ein Coping-Fragebogen für Jugendliche. *Zeitschrift für Differentielle und Diagnostische Psychologie, 10*, 201–220.

Seiffge-Krenke, I. (1990). Coping and health-related behavior: A cross-sectional perspective. In K. Hurrelmann & F. Lösel (Hrsg.), *Health hazards in adolescence* (pp. 339–360). Berlin: de Gruyter.

Seiffge-Krenke, I. (1995). *Stress, coping and relationship.* Hillsdale: Erlbaum.

Seiffge-Krenke, I., Roth, M. & Kollmar, F. (1997). Eignen sich Väter und Mütter zur Einschätzung der Symptombelastung von Söhnen und Töchtern? Diskrepanzen zur Selbsteinschätzung der Jugendlichen im längsschnittlichen Verlauf. *Zeitschrift für Klinische Psychologie, 26,* 201–209.

Silverman, W.K., LaGreca, A.M. & Wasserstein, S. (1995). What do children worry about? Worries and their relation to anxiety. *Child Development, 66,* 671–686.

Skusa-Freeman, B., Scheewe, S., Warschburger, P., Wilke, K. & Petermann, U. (1997). Patientenschulung mit neurodermitiskranken Kindern und Jugendlichen: Konzeption und Materialien. In F. Petermann (Hrsg.), *Asthma und Allergie* (S. 327–354). Göttingen: Hogrefe, 2. Auflage.

Spielberger, C.D., Gonzalez, H.P., Taylor, C.J., Algaze, B. & Anton, W. D. (1978). Examination stress and test anxiety. In C.D. Spielberger & I.G. Sarason (Eds.), *Stress and anxiety* (Vol. 5, pp. 167–191). Washington: Hemisphere.

Spirito, A., Stark, L.J., Grace, N. & Stamoulis, D. (1991). Common problems and coping strategies reported in childhood and early adolescence. *Journal of Youth and Adolescence, 20,* 531–544.

Spirito, A., Stark, L.J. & Knapp, L.G. (1992). The assessment of coping in chronically ill children: Implications for clinical practice. In A.M. LaGreca, L.J. Siegel, J.L. Wallander & C.E. Walker (Eds.), *Stress and coping in child health* (pp. 327–344). New York: Guilford.

Stewart, A.C. & Thomas, S.E. (1995). Hypnotherapy as a treatment for atopic dermatitis in adults and children. *British Journal of Dermatology, 132,* 778–783.

Stoyva, J.M. & Carlson, J.G. (1993). A coping/rest model of relaxation and stress management. In L. Goldberger & S. Breznitz (Eds.), *Handbook of stress. Theoretical and clinical aspects* (pp. 724–756). New York: Free Press, 2nd edition.

Trad, P.V. & Greenblatt, E. (1990). Psychological aspects of child stress: Development and the spectrum of coping responses. In L.E. Arnold (Ed.), *Childhood stress* (pp. 23–49). New York: Wiley.

Treiber, F.A., Davis, H., Musante, L., Raunikar, R.A., Strong, W.B., McCaffrey, F., Meeks, M.C. & Vandervoord, R. (1993). Ethnicity, gender, family history of myocardial infarction, and hemodynamic responses to laboratory stressors in children. *Health Psychology, 12,* 6–15.

Vaitl, D. (1993a). Biofeedback. In D. Vaitl & F. Petermann (Hrsg.), *Handbuch der Entspannungsverfahren. Bd. 1: Grundlagen und Methoden* (S. 272–315). Weinheim: Psychologie Verlags Union.

Vaitl, D. (1993b). Autogenes Training. In D. Vaitl & F. Petermann (Hrsg.), *Handbuch der Entspannungsverfahren. Bd. 1: Grundlagen und Methoden* (S. 169–206). Weinheim: Psychologie Verlags Union.

Vaitl, D. (1993c). Psychophysiologie der Entspannung. In D. Vaitl & F. Petermann (Hrsg.), *Handbuch der Entspannungsverfahren. Bd. 1: Grundlagen und Methoden* (S. 25–63). Weinheim: Psychologie Verlags Union.

Vaitl, D. & Petermann, F. (Hrsg.). (1993). *Handbuch der Entspannungsverfahren. Bd. 1: Grundlagen und Methoden.* Weinheim: Psychologie Verlags Union.

Wagner, B., Compas, B. & Howell, D. (1988). Daily and major life events: A test of an integrative model of psychosocial stress. *American Journal of Community Psychology, 16,* 189–205.

Wagner-Link, A. (1995). *Verhaltenstraining zur Streßbewältigung. Arbeitsbuch für Therapeuten und Trainer.* München: Pfeiffer.

Walker, C. & Clement, P.W. (1992). Treating inattentive, impulsive, hyperactive children with self-modeling and stress inoculation training. *Child and Family Behavior Therapy, 14,* 75–85.

Walschburger, P. (1994). Action control and excessive demand: Effects of situational and personality factors on psychological and physiological functions during stressful transactions. In J. Kuhl & J. Beckmann (Eds.), *Volition and personality. Action versus state orientation* (pp. 233–266). Seattle: Hogrefe.

Walschburger, P., Hampel, P., Mayr, U. & Sauer, R. (1987). *Psychophysische Regulationsprozesse in Überforderungssituationen von unterschiedlicher Komplexität und bei unterschiedlichem Handlungsspielraum.* Berlin: Forschungsbericht der FU.

Wieland-Eckelmann, R., Allmer, H., Kallus, K.W. & Otto, J. (Hrsg.). (1994). *Erholungsforschung. Beiträge der Emotionspsychologie, Sportpsychologie und Arbeitspsychologie.* Weinheim: Psychologie Verlags Union.

Wierson, M. & Forehand, R. (1992). Family stressors and adolescent functioning: A consideration of models for early and middle adolescents. *Behavior Therapy, 23,* 671–688.

Wills, T.A., Blechman, E.A. & McNamara, G. (1996). Family support, coping, and competence. In E.M. Hetherington & E.A. Blechman (Eds.), *Stress, coping, and resiliency in children and adolescents* (pp. 107–133). Mahwah: Erlbaum.

Wills, T.A., McNamara, G. & Vaccaro, D. (1995). Parental education related to adolescent stress-coping and substance use: Development of a mediational model. *Health Psychology, 14,* 464–478.

Wills, T.A., McNamara, G., Vaccaro, D. & Hirky, A.E. (1996). Escalated substance use: A longitudinal grouping analysis from early to middle adolescence. *Journal of Abnormal Psychology, 105,* 166–180.

Zakowski, S.G. (1995). The effects of stressor predictability on lymphocyte proliferation in humans. *Psychology and Health, 10,* 409–425.

Zaragoza, N., Vaughan, S. & McIntosh, R. (1991). Social skills interventions and children with behavior problems: A review. *Behavioral Disorders, 16,* 260–275.

Zautra, A.J., Reich, J.W. & Guarnaccia, C.A. (1990). Some everyday life consequences of disability and bereavement for older adults. *Journal of Personality and Social Psychology, 57,* 550–561.

Ziegler, K. (1996). Psychosoziale Bewältigung von Streß im Kindesalter. In J. Mansel (Hrsg.), *Glückliche Kindheit – Schwierige Zeit?* (S. 40–83). Opladen: Leske & Budrich.

Materialien für die Arbeit mit Kindern und Jugendlichen

D. Betz/H. Breuninger
Teufelskreis Lernstörungen
Theoretische Grundlegung und
Standardprogramm
4. Aufl. 1996. XII, 335 Seiten. Broschiert.
ISBN 3-621-27167-8

M. Döpfner/S. Schürmann/J. Frölich
Therapieprogramm für Kinder mit hyperkinetischem und oppositionellem Problemverhalten - THOP
1997. 425 Seiten. Gebunden.
ISBN 3-621-27356-5

Siegfried Grosse
Bettnässen
Diagnostik und Therapie
2. Aufl. 1991. VIII, 189 Seiten. Broschiert.
ISBN 3-621-27007-8

P. Hampel/F. Petermann
Anti-Streß-Training für Kinder
1998. 202 Seiten. Broschiert.
ISBN 3-621-27392-1

W. Jaede/J. Wolf/B. Zeller-König
Gruppentraining mit Kindern aus Trennungs- und Scheidungsfamilien
1996. 128 Seiten. Gebunden.
ISBN 3-621-27312-3

G.W. Lauth/P.F. Schlottke
Training mit aufmerksamkeitsgestörten Kindern
3., überarb. Aufl. 1997. 228 Seiten. Broschiert.
ISBN 3-621-27337-9

G.W. Lauth/P.F. Schlottke
Therapie mit aufmerksamkeitsgestörten Kindern
1997. Video. VHS. 60 Min.
ISBN 3-621-27353-0

F. Petermann/G. Jugert/U. Tänzer/D. Verbeek
Sozialtraining in der Schule
1997. 220 Seiten. Broschiert.
ISBN 3-621-27365-4

F. Petermann/U. Petermann
Training mit aggressiven Kindern
Einzeltraining, Kindergruppen, Elternberatung
8. Aufl. 1997. 228 Seiten. Gebunden.
ISBN 3-621-27370-0

F. Petermann/U. Petermann
Training mit Jugendlichen
Förderung von Arbeits- und Sozialverhalten
5., überarb. Aufl. 1996. 184 Seiten. Gebunden.
ISBN 3-621-27199-6

F. Petermann/U. Petermann
Training mit sozial unsicheren Kindern
Einzeltraining, Kindergruppen, Elternberatung
6., überarb. Aufl. 1996. 208 Seiten. Gebunden.
ISBN 3-621-27341-7

F. Petermann/U. Petermann
Verhaltensgestörte Kinder
Fördermaterial für aggressive und sozial unsichere Kinder
1996. Video. VHS. 35 Min.
ISBN 3-621-27354-9

Ulrike Petermann
Entspannungstechniken für Kinder und Jugendliche
Ein Praxisbuch
1996. 106 Seiten. Broschiert.
ISBN 3-621-27340-9

BELTZ
PsychologieVerlagsUnion